CURACIÓN A TRAVÉS DE UN CURSO DE MILAGROS

El Camino hacia la sanación de la mente

Enric Corbera

EL GRANO DE MOSTAZA

Título: *Curación a través de Un curso de milagros*
Subtítulo: *El camino hacia la sanación de la mente*
Autor: Enric Corbera

Ilustraciones de portada e interior: Montserrat Adell Winkler
Diseño del libro: Félix Lascas

Primera edición en España, septiembre de 2013
Segunda edición en España revisada y ampliada, julio de 2021

Impreso en España
ISBN PAPEL: 9788412363098
ISBN EBOOK: 9788494134982
DL: B 12461-2021

El Grano de Mostaza Ediciones, S.L.
Carrer de Balmes 394, principal primera
08022 Barcelona, Spain
www.elgranodemostaza.com

CURACIÓN A TRAVÉS DE UN CURSO DE MILAGROS

El Camino hacia la sanación de la mente

Enric Corbera

AGRADECIMIENTO

«Al Ser que lo penetra todo,
que insufla la vida para que cada
parte de Sí Mismo experimente la
grandeza de la cual es partícipe y
heredero.
A las mentes oscuras y a las
mentes de luz, a las que deseo
decirles que todas ellas están en el
Reino y nada las puede separar».

Gracias a la Fundación para la Paz Interior por darme permiso para utilizar las numerosas referencias que me han hecho falta para explicar cómo veo la curación a través de *UCDM.*

PREFACIO

Este libro pretende ser una guía, un recurso para introducirse en el estudio de *Un curso de milagros*. Después de estos últimos veintiocho años, he podido comprobar, por los numerosos testimonios recibidos, que este libro ha cumplido con creces su principal objetivo.

También me he dado cuenta de que hay que hacer aclaraciones con relación a los conceptos utilizados, puesto que pueden tener muchas interpretaciones. Estas, a su vez, están sujetas a creencias, a los muchos filtros que tienen nuestras percepciones, muchas de ellas inconscientes. Son filtros que todos tenemos.

Vamos a ello: *Un curso de milagros* (*UCDM*) es un recurso de enseñanza y se compone de «Texto», «Libro de ejercicios» y «Manual para el maestro». Su único propósito es que las personas puedan *encontrar a su Maestro Interior*, y su objetivo es la *Paz Interior*, que es consecuencia de tomar conciencia de que no vemos las cosas tal como son, sino como nosotros somos. También se nos recuerda que el *Curso* es un comienzo y no un final. Lo que quiere decir que, a partir de este momento, todas las páginas de tu vida están en blanco y puedes, por decirlo de alguna forma, reescribirla. Esto se hará de una forma inconsciente al ir sanando tus percepciones y liberando tu pasado.

Para mí, el *Curso* es una forma de ver y entender la vida. Se sustenta en la experiencia *Advaita* —no dos—, palabra en sánscrito que nos dice que la dualidad es pura ilusión. El *Curso* propone esta experiencia, y este libro es una guía para empezar a invertir el pensamiento y sanar la percepción.

Advaita no es una filosofía ni una religión. La no-dualidad es una experiencia en la que no existe separación entre sujeto y objeto, entre un *yo* y el resto del universo, entre un *yo* y Dios. Es la experiencia de la *Consciencia*, nuestra verdadera naturaleza, que se manifiesta como felicidad, amor y belleza absolutos.

El *Advaita* trasciende todas las religiones, filosofías y nacionalidades. No divide, sino que une. Los fanáticos de las diferentes religiones nunca pueden ponerse de acuerdo en sus conceptos acerca de Dios, pero los sabios de diferentes orígenes nunca podrán estar en desacuerdo con respecto a la experiencia de la no-dualidad. Los fundadores de todas las religiones han sido sabios. La no-dualidad es el núcleo del hinduismo, sufismo, budismo zen, shivaísmo de Cachemira y las enseñanzas de Cristo.

Por lo tanto, el *Curso* es un experimento completamente voluntario para transformar la propia conciencia.

Se trata de aplicarnos *UCDM* a nosotros mismos. No necesitas creer en nada de lo que diga. No hay que entenderlo. No es una nueva teología. Tal como nos dice: al mundo no le hacen falta más teologías.

El *Curso* no ofrece mandamientos ni prescribe rituales ni prohíbe ningún comportamiento, y no tiene nada que decir sobre temas tan controvertidos como el aborto, la homosexualidad, el sexo extramarital, las políticas de derechas o las de izquierdas.

En el «Prefacio» nos recuerda:

1. Una vez que te quedas atrapado en la percepción, estás en el sueño.
2. La percepción es una limitación de la Conciencia.

3. El mundo que ves es simplemente el marco de tus referencias internas.
4. Siempre estamos proyectándonos.

También nos recuerda que el mundo en el que vivimos se basa en el principio de escasez y se sustenta en:

> «[...] buscamos en otros lo que consideramos que nos falta a nosotros. Amamos a otro con el objeto de ver qué podemos obtener de él».[1]

Hay un gran obstáculo para integrar el *Curso*, nuestras creencias fundamentales, que se sustentan en las siguientes premisas:

1. El mundo cotidiano que nos rodea es real. Nuestros sentidos nos lo demuestran.
2. Todos vivimos y morimos en cuerpos separados con mentes individuales.
3. El tiempo y el espacio limitan nuestra existencia.

Con relación a los conceptos, *Un curso de milagros* dice:

> «Los conceptos se aprenden. No son naturales ni existen a menos que se aprendan. No son algo que se te haya dado, de modo que tienen que haberse forjado. Ninguno de ellos es verdad, y muchos son el producto de imaginaciones febriles, que arden llenas de odio y de distorsiones nacidas del miedo. ¿Qué es un concepto, entonces, sino un pensamiento al que su hacedor le otorga un significado especial? Los conceptos mantienen vigente el mundo».[2]

Los conceptos son construcciones o auto-proyecciones mentales por medio de las cuales comprendemos nuestras experiencias. Son las unidades básicas del conocimiento humano, contenidos mentales de significado y conocimiento.

Veamos los siguientes conceptos acerca de Dios:

1. *UCDM* se refiere a Dios como una fuerza creativa e inteligente que está detrás de la creación. No importa el nombre que se le dé.
2. Se refiere a Jesucristo como a un ser que fue humano como nosotros, pero que se convirtió en parte eterna de una mente colectiva cuando pudo ver más allá de la ilusión del universo material.
3. El Espíritu Santo (E.S) es el eslabón de comunicación interna entre nuestras mentes aparentemente limitadas y la conciencia ilimitada de Dios.

Y con respecto al milagro:

1. El milagro no hace nada, sino que deshace.
2. Cuando pides un milagro, no esperas nada en concreto.
3. Los milagros son recursos de enseñanza para demostrar que dar es tan importante como recibir.
4. El tiempo es un recurso de enseñanza para alcanzar un fin.
5. El milagro es un recurso para sanar la percepción.

La *Expiación* es un recurso por el que reconoces que has cometido un error. Es un medio a través del cual puedes liberarte del pasado a medida que avanzas. El *Curso* expresa claramente la idea de que *Dios no creó el mundo* que vemos y, de hecho, este mundo no le preocupa, porque es una ilusión sensorial que nosotros fabricamos por nuestra cuenta.

Con relación a la *Curación*, el *Curso* siempre se centra en la mente. Para él, el cuerpo refleja la información que anida en la mente y en el inconsciente, información que se manifiesta mediante la genética, la epigenética y la herencia de nuestros ancestros.

El *Curso* llama *principios mágicos* a los remedios para curar el cuerpo, sean los que sean: desde la imposición de manos y las diversas terapias de todo tipo, hasta la medicación más ortodoxa. Poco tiene que decir con relación a todo ello. Solo nos recuerda que la mente, al estar plenamente identificada con el cuerpo, influye en su salud. También nos recuerda que no hay nada censurable en tomar remedios materiales.

Para el *Curso*, lo único que hay que sanar es la mente, concretamente nuestra percepción. Recalca la importancia de nuestras creencias y de nuestros estados emocionales. También la importancia de gestionar nuestras emociones y dice que al cuerpo hay que cuidarlo y tratarlo, pues es nuestro vehículo en este mundo.

Un apunte importante:

«Una mente sin entrenar no puede lograr nada».[3]

1. Cada cual aplica el *Curso* a su propia vida.
2. Consiste en adquirir un hábito, una forma de pensar diferente.
3. No te lo tienes que creer. Tienes que experimentarlo.
4. Vas a vivir muchas resistencias, pues el ego empieza a observar que se le quita su poder.
5. Hay una trampa en la que casi todo el mundo cae: el ego espiritual, que consiste en creer que hay que hacer cosas especiales para despertar.

Y un último apunte que considero fundamental: para mí no es importante creer en la autoría paranormal del *Curso*, ni siquiera creer que es Jesús quien lo transmite, para beneficiarse de las enseñanzas que promulga. Le puede servir tanto al ateo o al creyente como al científico. El *Curso* solo te recomienda que lo pongas en práctica, que lo apliques en tu vida, nada más. No pide que te lo creas porque sabe que las creencias son eso, *creencias* y no verdades. Cuando experimentas, sabes, y cuando sabes no necesitas creer.

Seguir las enseñanzas del *Curso* es una decisión personal. No hay nadie que te presione o te controle en la aplicación práctica. Se trata de una experiencia y como tal tienes la capacidad de vivirla e interpretarla. A medida que lo hagas, tus interpretaciones irán cambiando y, al final, no vivirás las experiencias como las vivías antes.

Querido lector, lectora, te acompaño a realizar un cambio de conciencia a través de este libro. Yo solo puedo mostrarte mis experiencias, no las verdades.

Muchas gracias,
Enric Corbera

INTRODUCCIÓN

Llevo unos veintiocho años de mi vida aprendiendo y enseñando *Un curso de milagros*. El *Curso* cayó en mis manos después de haber estado formulando una petición durante un año. Le pedía a Dios hacer un auténtico curso de autoconocimiento. Ya estaba cansado de cursos y cursillos, de técnicas para llegar a la iluminación, de trabajar con piedras, de energías, de hacer, de dejar de hacer, de tomar, de no tomar, de niveles, de meditaciones más o menos trascendentales. Estaba harto y me dije a mí mismo: «Esto no puede ser tan complicado; somos nosotros quienes lo complicamos todo y lo hacemos difícil. El ego está por todas partes. Llegar a Dios tiene que ser mucho más fácil».

Por entonces, yo practicaba la naturopatía como método de sanación. Una paciente mía viajó a Venezuela, de donde me trajo como regalo un libro. Me dijo: «Fue como un impulso; entré en una librería y una fuerza me llevó hasta la estantería donde estaba este libro. Sentí que era para ti y aquí lo tienes».

El libro era *Un curso de milagros*. En cuanto lo tomé entre mis manos, supe a ciencia cierta que Dios, la *Consciencia Universal*, el universo, respondía a mi petición, como otras tantas veces ya lo había hecho. Entonces, sentí que mi búsqueda espiritual había llegado a un nivel en el que podía descansar, que lo que debía hacer era leer el libro y ponerlo en práctica.

Empecé por «El manual para el maestro» y supe que ya tenía el libro, o el curso que había pedido. Durante un año lo leí e hice un resumen de unas cien páginas, formado por frases que se me iluminaban cuando leía el *Curso*. Me dije: «Si lo quieres aprender, tienes que enseñarlo». Hice mis ejercicios diariamente.

Había algo que me molestaba, y me molestaba bastante: era precisamente el nombre de este libro. Es más, cuando empecé a enseñarlo lo llamaba «curso para el autoconocimiento». Eso duró poco; un año más tarde ya lo llamaba «Taller sobre *Un curso de milagros*». Recuerdo que a mi primera clase, o taller, asistieron dos personas, las cuales no volvieron nunca más. Pero cada día había alguien nuevo. Al llegar al final del taller —que duró un curso lectivo—, había veinte personas. Durante un tiempo, este fue un número de referencia: contar con esa cantidad de interesados era la condición para hacer un taller de *Un curso de milagros* allí donde me lo pedían. Han transcurrido veintiocho años. Ha sido un camino maravilloso, de aprendizaje, de trasformación; un camino en el que se ahorra tiempo, mucho tiempo, y durante el cual uno se da cuenta de que con las prácticas espirituales más famosas se avanza lentamente, si las comparamos con la aplicación de los principios que el *Curso* alberga. Es muy cierto lo que este dice: *Yo te ahorraré mil años.*

> «El milagro sustituye a un aprendizaje que podría haber durado miles de años».[1]

Me quedé con un párrafo del «Libro de ejercicios»:

> «Este curso es un comienzo, no un final [...] Ya no se asignarán más lecciones específicas, pues ya no se necesitan. En lo sucesivo, oye tan solo la Voz que habla por Dios [...] Él dirigirá tus esfuerzos, diciéndote exactamente lo que debes hacer, cómo dirigir tu mente y cuándo debes acudir a Él en silencio, pidiendo Su dirección infalible y Su palabra certera».[2]

Poco a poco fui aplicando los principios del *Curso*; le pedía consejo al Espíritu Santo y empezaba a perdonarme. El camino me parecía duro, pero nunca lo encontré difícil. Es más, lo consideraba claro y perfectamente señalizado para no perderse. No he dejado de practicarlo diariamente en estos veintiocho años, durante los cuales habré hecho más de cien cursos.

No me considero maestro del *Curso*; sí un estudiante algo avanzado. Mi ejemplar revela lo mucho que lo he trabajado: las letras de la cubierta han desaparecido, las páginas están llenas de colores y subrayados. Cuando lo tengo entre mis manos, siento una paz profunda. No por el libro, sino por todo lo que he experimentado con él.

Me siguen pidiendo que imparta cursos por todas partes y muchos de ellos los hago en línea. En la actualidad, hay un equipo de personas que están trabajando para que el *Curso* pueda llegar vía internet a todas las partes del mundo. Tenía un sueño y era el de hacer llegar este conocimiento al mundo. Hoy en día, el *Curso* llega a todos los rincones de la Tierra y también las enseñanzas que se han derivado de él, como el método de la Bioneuroemoción, que se sustenta en la *Conciencia de Unidad* y en la inversión de nuestro pensamiento, comprendiendo que la causa está en nosotros y todo lo que nos rodea son efectos. Para ello se hace imprescindible emplear la proyección como un recurso de enseñanza —como nos enseña el *Curso*— y así sanar la percepción.

El *Curso* emplea la terminología judeocristiana. Habla de Dios, del Espíritu Santo, del ego, del pecado, de la expiación, etcétera. Al principio, esto me molestaba, porque había sido educado en el fundamentalismo católico. Luego fui comprendiendo que las palabras solo son símbolos y que los conceptos son los que tienen que cambiar. Cuando los cambias, las palabras tienen otro significado.

El Espíritu Santo es nuestro Yo superior y está conectado permanentemente con la *Fuente* universal o Dios. Hay que dejar muy claro que el *Curso* enseña que todo es un sueño y que nosotros creamos sus personajes y el mundo mismo. Estamos en un sueño y hemos de despertar por nosotros mismos, pero siempre con la ayuda del Espíritu Santo. No le pidas a Dios que te despierte del sueño; para Él, el sueño no existe. El cuerpo y el mundo no fueron creados por Dios, sino por el Hijo de Dios que se sintió separado del Gran Hacedor. De hecho, la Biblia lo anuncia de alguna manera al decir que Adán se quedó dormido, pues Adán aún sigue durmiendo. La historia bíblica es el sueño de Adán y Eva.

El lector verá que este libro es radical en muchos aspectos. Pero es que el *Curso* lo es. No entra en controversia; dice simplemente que todo es un sueño, que el mundo no existe y que el cuerpo tampoco. No hay término medio, o lo tomas o lo dejas. Es bien cierto que vivimos en un mundo que llamamos *real*. Para que ello sea posible necesitamos un avatar —cuerpo— que nos permita vivir la experiencia de la separación o dualidad. También es verdad que cuando estamos durmiendo, muchas veces tenemos sueños que vivimos como muy reales.

Todos los grandes sabios de todos los tiempos nos dicen que este mundo es *maya* —ilusión— y que es muy importante vivir con esta conciencia: la de que todo está relacionado y la de que debemos cuidar con qué alimentamos a nuestra mente, pues según el observador que seamos —percepción—, realizaremos unas acciones y obtendremos unos resultados.

El mundo del sueño es el mundo del miedo, de la separación, de la enfermedad, de la carencia y de la muerte. ¡Vaya! ¡Una auténtica locura!

Una de las enseñanzas fundamentales para el *Curso* es sanar la percepción. La percepción es una función del cuerpo y pertenece al ámbito de la conciencia. Es la que nos mantiene en el sueño, pues nos hace creer que lo que vemos es real, en vez de comprender que solo son interpretaciones determinadas por nuestros aprendizajes inconscientes, creencias, tabúes, etcétera.

«La proyección da lugar a la percepción».[3]

¿Qué es lo que proyectamos? La culpa. La culpabilidad es la piedra en la que el ego ha edificado su iglesia y la que hace que el tiempo perdure. Por eso es tan importante aplicar el perdón continuamente en nuestra vida.

Este libro solo pretende hacer más consciente al lector de la importancia de sanar nuestra mente y de que el *Curso* es un recurso de sanación. Esto no quiere decir que no debamos tratar nuestro cuerpo, pues refleja mucha información inconsciente heredada, y una de nuestras responsabilidades es trascenderla dándole otro sentido. En este proceso queda reflejado lo que es el milagro. *Éste no hace nada, deshace las creencias y las percepciones* que tenemos aquí, en la Tierra.

El libro está organizado de la misma manera que empleo *Un curso de milagros* cuando lo enseño y lo aprendo en mis talleres. La enseñanza es reiterativa; los principios del libro *UCDM* nunca se repiten lo suficiente. Procuro llevar estos principios a la vida cotidiana para ayudar a las personas que me escuchan o se forman conmigo a hacer el cambio de mentalidad pertinente, inspirándonos siempre en el Espíritu Santo.

El cambio siempre tiene que ser de mentalidad, no de conducta. Los cambios conductuales no llevan a ninguna parte.

> «El verdadero aprendizaje es constante, y tan vital en su poder de producir cambios que un Hijo de Dios puede reconocer su propio poder en un instante y cambiar el mundo en el siguiente. Ello se debe a que al cambiar de

mentalidad, se produce un cambio en el instrumento más poderoso que jamás se le haya dado para cambiar».[4]

Para terminar, debo decir algo muy importante: todo lo que explico de *Un curso de milagros* es mi interpretación personal. Es mi experiencia acumulada a lo largo de todos estos años. Siempre le pido inspiración al Espíritu Santo, pero eso no quiere decir que lo que yo diga o escriba sea respaldado por la Fundación para la Paz Interior, que es la que tiene los derechos del libro *Un curso de milagros*.

Muchas gracias a todos,
Enric Corbera

HAY VERDADES QUE VAN MÁS ALLÁ DE LAS VERDADES ESTABLECIDAS

«Las verdades profundas son afirmaciones cuyo opuesto también contiene una verdad profunda».

Niels Bohr[1]

Muchas teorías científicas que han sido superadas se siguen enseñando en las escuelas y en las universidades. Algunas, en su día, demostraban algo sencillamente porque se carecía de la tecnología necesaria para demostrar lo contrario. Por ejemplo, la estructura del átomo se consideró rígida hasta que se demostró que la posición del electrón está en un campo de posibilidades. Del mismo modo, en la actualidad se afirma que todo está separado y que el universo no está unido por lo que antiguamente se llamaba éter. En 1887, Michelson y Mosley declararon que, si realmente hubiera algo que lo conectara todo, ese algo debería tener movimiento y este podría detectarse. Como mediante sus experimentos no pudieron medirlo, declararon una *verdad profunda*: todo está separado.

Esta verdad profunda programó a numerosas generaciones en un paradigma cuya falsedad hoy conocemos, lo que no impide que muchos sigan viviendo en él. Esto se debe a que las creencias establecidas marcan nuestra forma de pensar y de ver el mundo.

Más de cien años después de Michelson y Mosley, en 1996, se repitió el experimento y la revista *Nature* publicó los resultados bajo el título: «Relatividad especial». Se detectó movimiento en el campo.

Hay una energía que lo une todo, llamada *campo*, a la que muchos, incluido yo, llamamos *matrix* o matriz.

Al recibir el Premio Nobel en 1944, Max Planck dijo:

> «Toda materia tiene su origen y existe en virtud de una fuerza. Debemos presuponer la existencia de una mente inteligente y consciente tras esa fuerza. Esta mente es la matriz de toda la materia».

Nuestra existencia, nuestra forma de pensar y, por lo tanto, de alguna manera, nuestra forma de crear, se sustentan en unas premisas o presuposiciones (verdades profundas) que hoy en día se han demostrado falsas.

Somos un campo de conciencia inmerso en un *Campo de Consciencia*. La conciencia surgió al mismo tiempo que el ego.

Es lícito reflexionar y replantearnos nuestra forma de vida. Creo que lo más inteligente que puede hacer una persona es cuestionarse a sí misma tantas veces como sea posible. Ello le permitirá evolucionar en su pensamiento y adquirir verdades profundas que sustituyan otras verdades profundas totalmente opuestas, pero que le han servido para vivir.

Estamos ante un gran cambio de paradigma. Cada día son más las mentes que viven y comprenden la globalidad, que se dan cuenta de que nuestros actos repercuten en los demás y de que absolutamente todo lo que hacemos afecta al resto. En estos momentos, estoy pensando en mí mismo y en cómo una decisión ha movido tantas almas y ha cambiado tantas vidas.

Una decisión que empezó hace unas tres décadas gracias al libro *Autoliberación interior*, de Anthony de Mello, que cayó en mis manos. Fue mi primer mentor y me acompañó en lo que se conoce como el *Viaje del héroe*. Las explicaciones, reflexiones, y sobretodo la manera de ver y entender el mundo, centrándose en la proyección y la percepción, provocó una catarsis en mi mente que me ha hecho llegar hasta aquí.

Contenía frases como:

1. Si quieres cambiar el mundo, cambia tú primero.
2. Ves a las personas y las cosas no como son, sino como tú eres.
3. Estar despierto es aceptarlo todo, no como ley, no como sacrificio ni como esfuerzo, sino por iluminación.

Mi decisión fue simple: compartir con el mundo mi experiencia, mi camino, que llevaba desde el sacrificio, el sufrimiento, el dolor, el victimismo y el creer que tienes razón, hacia el equilibrio emocional y la paz interior, gracias a la comprensión de que todo está interrelacionado y nada de lo que nos sucede es por casualidad. Gracias a comprender que, en última instancia, el poder de decisión está en nosotros.

Sigo siendo el mismo, aunque en mi vida han cambiado muchas cosas. Vivo experiencias que nunca llegué a imaginar. Me he convertido en una persona mediática, un *influencer,* tal como se le llama hoy. Gracias a las enseñanzas de *Un curso de milagros* no me siento hacedor. Soy un mensajero, no el mensaje. Me dejo inspirar y guiar por esta fuerza llamada Espíritu Santo. El *Curso* ha corroborado y profundizado las enseñanzas de Anthony de Mello. Es una guía que hay que aplicarse a uno mismo para que sus enseñanzas se conviertan en hábitos de pensamiento y, como consecuencia, llevan a realizar acciones que producen resultados impensables.

Vivo con plena consciencia de que nuestros actos siempre tienen un efecto en alguna parte. De que hay que estar alerta a los pensamientos que pululan en nuestra mente. Actualmente, internet tiene un poder de comunicación que era imposible de imaginar hace apenas unos pocos años. Todo sucede mucho más rápido; vivimos en la era de la información, pero esta es tanta y las ideas pueden ser tan dispares que, más que informada, nuestra mente se encuentra inmersa en un galimatías.

Por eso se hace imprescindible desarrollar la capacidad de discernir. Para ello, necesitamos tener una mente autodidacta, abierta a todo tipo de pensamientos y, sobre todo, una mente capacitada para vivir en una verdad hoy y dejarla por otra mañana, porque el pensamiento ha evolucionado hacia una verdad más profunda. Me refiero a poner en marcha nuestra plasticidad neuronal, la capacidad que nos permite aprender y cambiar nuestros modelos de vida.

Vivimos bajo presunciones falsas, que funcionan, o han funcionado, como verdades profundas y las estamos sustituyendo por otras verdades más profundas.

EL CAMPO DE LA CONSCIENCIA

En la introducción a su libro *Trascender los niveles de conciencia,* el doctor David R. Hawkins nos dice:

> «El Campo de Consciencia (awareness), infinitamente poderoso, intemporal y omnipresente, es comparable con un campo electrostático que se mantiene inmóvil a menos que sea activado por una carga eléctrica. Cuando un campo electrostático se activa, responde exactamente en la misma medida con una carga igual y de sentido opuesto. El campo electrostático, en y por sí mismo, no hace nada, únicamente registra y responde.
> A diferencia del campo electrostático, el campo intemporal de la Consciencia (awareness) es permanente y, por lo tanto, registra todo lo que ha ocurrido o existido dentro

del tiempo/espacio/evolución. El campo mismo se alza más allá del tiempo, del espacio y de cualquier dimensión conocida, incluyendo todas las dimensiones, sin ser alterado por ellas. Este campo infinito es omnipresente, omnipotente, omnisciente y solo puede ser identificado como el Absoluto, con el cual es posible comparar todas las expresiones de evolución o existencia.

Todo en el universo, incluyendo un pensamiento pasajero, queda registrado para siempre en el campo intemporal de la Consciencia (awareness), que está igualmente presente por doquier. Y todo lo que ha ocurrido, bien físicamente o en el pensamiento, está igualmente disponible, porque el campo está más allá del espacio y del tiempo. No hay aquí o allí; no hay ahora o entonces. La totalidad está igual y permanentemente presente en todas partes».

El Dr. Hawkins expresa lo que es este *Campo* infinito de una forma maravillosa y clarificadora. Se le llama el *Campo* de las infinitas posibilidades. Cabe resaltar la importancia de la analogía que emplea al hacer referencia a un campo electrostático, que se altera cuando entra en él una carga eléctrica. Y no menos brillante es su explicación de lo que hace este *Campo* de infinitas posibilidades: este *Campo de Unidad responde con una carga igual y de polaridad complementaria.*

Siempre estaré agradecido a este ser maravilloso e iluminado que expresa con palabras eruditas cómo funciona la *Inteligencia Universal.*

Su sabiduría alumbra nuestro trabajo y nosotros le hacemos partícipe de nuestra formación en Bioneuroemoción cuando decimos que toda acción manifiesta su complementario y que la polaridad se expresa por doquier en nuestro mundo dual.

Podemos deducir que cualquier emoción que alimente una acción, producto de un pensamiento previo, es recogida por este *Campo de Consciencia*, que dará respuesta según la coherencia de la mente de cada conciencia individual.

Cabe resaltar la importancia de la coherencia emocional en nuestras acciones. Mantener la coherencia emocional en nuestras relaciones es estar alerta a qué partículas alimentan nuestro corazón y nuestra mente ante los hechos cotidianos, ante las adversidades y ante lo que cada uno de nosotros percibe como disonancias que bloquean nuestros mayores anhelos.

Recordemos que todo es información, que esta no puede perderse, y que se transmite de conciencia en conciencia cuando nos referimos al campo de consciencia familiar, que es nuestro ámbito de trabajo.

Cualquier información manifestada en el mundo dual de determinada manera puede ser reinterpretada en la medida en que la conciencia que la creó, o que recibió dicha información, cambie su percepción gracias a una nueva vibración. El *Campo de Consciencia* reacciona al instante, y como es atemporal, la información se manifestará en nuestro mundo dual en el momento preciso y en la situación adecuada.

Por eso, si hay alguna verdad en este mundo dual es esta: *es imposible tener el control de algo*. Dejar que el *Campo de Consciencia* se manifieste es una actitud de rendición, de sabiduría: yo no soy el hacedor.

Nuestro *Inconsciente* vendría a ser como una pequeña parte de este *Campo de Consciencia*. Es el filtro que comunica con el *Campo*. Nuestro inconsciente es el que recibe la información nueva y el que la proyecta. Como venimos diciendo, su proyección puede ser alterada gracias a que la conciencia se abre a nuevas posibilidades y cambia su percepción.

El nivel de conciencia de los seres humanos ha ido evolucionando a medida que el *Campo de Consciencia* recibía nuevas informaciones. Quiero resaltar la importancia de esta evolución en la que el ser humano conoce la importancia de los beneficios que aporta la colaboración y la reciprocidad. Esto permite un nuevo desarrollo de la conciencia cuando busca el bienestar, la supervivencia y la felicidad de los demás.

PRESUPOSICIONES DEL DISEÑO INTELIGENTE[2]

1. Existe un Orden en el universo.
2. La complejidad de los organismos vivos puede explicarse de modo más satisfactorio como el resultado de procesos con una dirección clara que como el resultado de procesos aleatorios.

Esta teoría se basa en la idea de que tiene que haber un patrón a seguir y que, por lo tanto, detrás de este hay un proyecto o una inteligencia. La gran incógnita es de qué tipo de inteligencia se trata; esa es la pregunta que asuela todas las mentes que buscan *la verdad*. ¿Por qué vivimos?, ¿por qué estamos aquí?, ¿qué sentido tiene la vida?, ¿para qué tantos esfuerzos si hemos de morir?, ¿hacia dónde se dirige esta fuerza descomunal?

En *El origen de las especies*, incluso el propio Darwin consideraba improbable que la selección natural por sí sola fuera la responsable de la enorme especialización de los órganos y tejidos.[3] El mismo Einstein dijo:

> «Veo un patrón, pero mi imaginación no es capaz de concebir al hacedor del patrón [...]. Todos bailamos al son de una melodía misteriosa, que entona a lo lejos un flautista invisible».[4]

Y Francis Crick, codescubridor de la molécula del ADN, cuando se le preguntó sobre la posibilidad de que la vida hubiera surgido de una serie aleatoria de acontecimientos, dijo:

> «Un hombre honesto, armado de todo el conocimiento disponible actualmente, solo podría afirmar que el origen de la vida por el momento parece ser casi un milagro, tantas son las condiciones que debieron cumplirse para iniciarla».[5]

La teoría de la selección natural y la ley del más fuerte nos han llevado a la competitividad y a la destrucción. La naturaleza nos enseña que su principal fuerza es la COOPERACIÓN, y lo hace con multitud de ejemplos. Como el de un hormiguero, que funciona como un solo organismo. Debemos cambiar nuestro paradigma por el de la cooperación y abandonar la lucha del más fuerte, que nos ha conducido a la actual crisis. Una de las soluciones pasa por el cooperativismo, por la búsqueda de soluciones comunes. La vida humana muestra señales inequívocas de un diseño inteligente. Encontramos las pruebas de ello al estudiar los infinitos procesos biológicos. Somos seres complejos. Los procesos de la naturaleza lo son. Esto nos lleva a la reflexión de que todo proceso fisiológico que se manifieste presupone la existencia de un patrón inteligente. En *La verdad profunda*, Gregg Braden nos pone un ejemplo muy elocuente:

> «Para que una hemorragia se detenga y se ponga en marcha el mecanismo de coagulación, han de estar presentes veinte proteínas distintas; si falta una, esto no funciona».[6]

Y esto me lleva a deducir que las veinte proteínas deben estar presentes antes de constituirse la sangre, lo que demuestra que hay un patrón subyacente a la manifestación física. Esto no puede estar regido solamente por la evolución, sino por un diseño inteligente.

El doctor David R. Hawkins lo indica claramente cuando nos dice que no tiene sentido discutir sobre si el mundo fue creado o es producto de la evolución. En su libro *El ojo del yo* nos enseña que ambas cosas, *Creación* y *Evolución*, son lo mismo. Una es el *Poder* de las infinitas posibilidades y otra es la manifestación de la *Inteligencia Suprema* de la primera.

Nuestras emociones influyen en el campo o matriz en que nos hallamos inmersos. Todo nuestro mundo y nuestros cuerpos están constituidos por un campo de energía que nos entrelaza (la materia oscura).[7] Por definición, toda la energía es información. Todo es potencialidad pura; todo está por manifestarse.

¿Qué es la materia oscura? Los neófitos como yo necesitamos buscar una respuesta que nuestras mentes puedan entender. La física tiene un modelo llamado estándar, que sería lo que la teoría de la evolución es a la biología. Este modelo intenta explicar lo que podemos ver y lo que debe haber ahí. Dicho de otro modo, hay un universo visible ahí afuera, pero su distribución nos indica que debe haber *algo* más para que lo que vemos tenga su razón de ser y estar. Las distancias que hay entre los objetos visibles (galaxias, soles, planetas, etc.) deben estar mediadas por este algo que la ciencia llama materia oscura.

Hay otra hipótesis importante que nos ayuda a comprender todo esto. Se sabe, o al menos se cree, que las galaxias se van alejando unas de otras. Para que esto sea posible, es necesario algún tipo de energía. Se la denomina energía oscura. Se cree que la materia y la energía oscuras conforman el noventa y seis por ciento de la masa y la energía del cosmos.

> «Los científicos diferencian entre materia oscura y energía oscura porque parecen comportarse de manera distinta. La materia oscura parece tener masa y formar acumulaciones gigantescas. De hecho, los cosmólogos calculan que la atracción gravitatoria de estas acumulaciones jugaba un papel principal para que la materia ordinaria formara las galaxias. Por contraste, la energía oscura parece no tener masa y distribuirse uniformemente por todo el espacio, donde actúa como una especie de antigravedad, una fuerza repulsora que está desgarrando el universo».[8]

Parece evidente que la materia oscura y la energía oscura sustentan el universo visible y le dan sentido. Esta materia y esta energía lo penetran todo, están en todas partes y serían la parte invisible que permite la manifestación de la parte visible.

Un indicio más de la existencia de un diseño inteligente nos lo proporciona la teoría del holograma, formulada por Dennis Gabor en 1947, por la que mereció el Premio Nobel en 1971. Esta teoría demuestra algo que la sabiduría espiritual afirma desde hace miles de años: que la parte se encuentra en el todo y el todo en cada parte.

Un curso de milagros nos dice:

> «Cuando hiciste que lo que no es verdad fuese visible, lo que es verdad se volvió invisible para ti».[9]

Magnífica reflexión sobre nuestra dualidad y nuestra percepción. Detrás del universo visible hay un universo invisible que muchos científicos ya anuncian o predicen. Por ello he citado a Niels Bohr, Max Planck y Gregg Braden. Todos ellos intuyen que hay una sustancia que mantiene al universo visible tal cual lo percibimos, una energía inconmensurable que lo alimenta todo y le da significado.

También vale la pena mencionar a David Bohm y su teoría del orden implicado y el orden explicado. Según él, lo que vemos (las galaxias, las estrellas y los planetas) configura el orden explicado, pues es la manifestación de un orden subyacente o implicado. Esto significaría que hay orden por doquier y que el azar brilla por su ausencia.

El universo es la consecuencia de una inteligencia que se manifiesta en todas partes. Pero, para comprenderla, hay que ir más allá de la física y adentrarse en la metafísica.

Podemos ver reflejada esta metafísica en *Un curso de milagros*. Para mí, este es un libro de consciencia cuántica; en él se expresan grandes verdades, ocultas tras metáforas y palabras seudorreligiosas. Palabras que a mucha gente le molestan, tal como me ocurría a mí. Me molestaban palabras como Dios, Espíritu Santo, Cielo, Infierno, etc., e incluso el mismo título del libro. Más tarde comprendí que lo que había que cambiar no eran las palabras, sino los conceptos que encerraban. Después, entiendes que Dios es Inteligencia universal, que el Espíritu Santo es la manifestación de la sabiduría dentro de ti, que no hay pecado y que lo único que hay que cambiar es la percepción. Es preciso liberarse de la culpabilidad que nos mantiene atados a este mundo de dolor. El dolor que sufrimos y la creencia en el sacrificio son los pilares que sustentan nuestro mundo visible. Un mundo donde la separación es ley; un mundo en el que si tú tienes, el otro no; un mundo donde compartir es perder; un mundo en el que dar solamente sirve para obtener y, si das, pierdes. Todas estas creencias y muchas más son la sustancia mental que enferma nuestra mente. Este estado mental es la manifestación de una desarmonía interior, de una falta de coherencia en nosotros mismos. Vivimos en la idolatría, buscamos en el exterior algo o alguien que nos salve. Vivimos en el miedo, en la culpa, en el castigo, buscamos a alguien que nos pueda salvar y para ello, construimos iglesias, templos, dioses, esperando encontrar en ellos la tan ansiada paz. Oramos y oramos y nos sentimos abandonados porque no recibimos las respuestas esperadas.

Creemos que hay un Dios que nos juzga. No comprendemos que esta característica o atributo no le corresponde a Él, sino al ego. La fuerza del juicio, la del acto de juzgar, es la energía que alimenta la separación. Esta verdad profunda esconde otra más profunda todavía, invisible a nuestros ojos duales: que todo está intrínsecamente unido, que no hay nada que no forme parte de nosotros y nosotros de ello.

Este libro pretende abrir nuestros ojos a esta verdad escondida mediante el cambio de las creencias que son la base de la percepción, la cual crea el mundo que vemos.

> «El mundo de la percepción, por otra parte, es el mundo del tiempo, de los cambios, de los comienzos y de los finales. Se basa en interpretaciones, no en hechos. Es un mundo de nacimientos y muertes, basado en nuestra creencia en la escasez, en la pérdida, en la separación y en la muerte. Es un mundo que aprendemos, en vez de un algo que se nos da; es selectivo en cuanto al énfasis perceptual, inestable en su modo de operar e inexacto en sus interpretaciones. [...] Una vez que alguien queda atrapado en el mundo de la percepción, queda atrapado en un sueño».[10]

HABLEMOS DE LA SOMBRA, ESA GRAN DESCONOCIDA

«No os resistáis al mal».

Jesús (Mateo 5:39)

«Porque el bien que quisiera hacer, no lo hago, pero el mal que no quisiera hacer, lo hago».

(Pablo, Rom 7:19)[1]

«Prefiero ser un individuo completo antes que una persona buena».

Carl G. Jung[2]

PERO ¿QUÉ ES LA SOMBRA?

Voy a empezar diciendo que la sombra, en contra de diversas opiniones, no es algo malo. La sombra es mala para la conciencia, porque esta está conformada, entre otras cosas, por absolutamente todo lo que el consciente rechaza de sí mismo. Vendría a ser como el saco que utiliza el ego para esconder aquello que considera malo, que desea mantener en secreto, lo que se oculta por miedo a lo que puedan decir o pensar los demás.

La sombra es una gran carga y muchas veces se expresa en las relaciones interpersonales de nuestra vida diaria, en nuestros síntomas físicos, tal como dice Ken Wilber en su libro *La Conciencia sin fronteras*:

> «Cada síntoma —sea depresión, angustia, aburrimiento o miedo— contiene alguna faceta de la sombra, alguna emoción o característica proyectada [...] luchar contra un síntoma no es más que luchar con la sombra contenida en el síntoma [...]».[3]

Debemos establecer contacto con nuestros síntomas tan a conciencia y con una aceptación tan abierta como sea posible. Al aceptar un síntoma, también aceptamos una parte de nuestra sombra, y entonces empieza la integración. No luchamos contra el síntoma, lo tratamos con los medios que sean necesarios, pero con otra mentalidad: con una mente libre de culpa en la que el perdón empieza a brillar. De esta manera, los síntomas son oportunidades de desarrollo.

Quedémonos con la fórmula:

Persona (máscara) + sombra = ego

Entendiendo por máscara la personalidad que mostramos y que creemos que somos. La sombra es la parte de la psique que aglutina todo aquello que negamos de nosotros mismos, o que no queremos mostrar. Es la parte oculta, reprimida por creencias, culturas y miedos.

La sombra también contiene todas nuestras potencialidades y cualidades sin desarrollar. Podemos cumplir los mandatos paternos, pero al final nuestro potencial interior acabará saliendo. Es mi caso. Estudie Ingeniería Técnica como mi padre, y hasta en la misma universidad. Pero a los treinta y tres años tuve que romper con todo y cambiar radicalmente mi vida. Una fuerza interior me dictaba el camino a seguir. Me dediqué a la sanación. Me licencié en Psicología a los cuarenta y nueve años y hoy puedo decir que estoy en paz conmigo mismo, porque siento *que lo que hago es lo que soy*.

La sombra es inconsciente por definición; no podemos saber siempre si estamos sometidos a sus programas o no.

Para alcanzar el estado de paz interior, hemos de buscar la integración de la sombra en nuestra consciencia. Debemos aprender a gestionarla, a conocerla cuando se expresa.

En 1945, Carl G. Jung definió la sombra como lo que una persona no desea ser.

> «Uno no se ilumina imaginando figuras de luz — afirmó—, sino haciendo consciente la oscuridad; un procedimiento trabajoso y, por lo tanto, impopular».[4]

Demasiadas veces tratamos de ocultar ante los ojos de los demás nuestros enfados, ansiedades, miedos, emociones y percepciones. Estas represiones afectan directamente a nuestro inconsciente. Allí ocultamos las emociones reprimidas, las que creemos que no podemos mostrar en sociedad por temor a ser rechazados, uno de los mayores miedos inconscientes.

Hay varias maneras de tomar conciencia:

1. Cuando tenemos reacciones exageradas frente a las creencias u opiniones de los demás.
2. Cuando hay algo que nos gusta de manera especial.
3. Con el sentido del humor. Las personas con poco sentido del humor tienen su sombra muy maniatada.
4. Con las relaciones personales más íntimas; por ejemplo, al elegir pareja.
5. En la consideración de nuestros ídolos, a quienes atribuimos los valores que no podemos ver en nosotros mismos.

6. En los acontecimientos deportivos.
7. Cuando creemos que debemos ser buenos y hacemos mil cosas para demostrarlo.
8. En nuestras fantasías y sueños.

La sombra se proyecta continuamente en todo lo que nos rodea; es uno de los caminos del inconsciente para mostrarnos nuestra otra cara. «No quiero ser como mi madre», exclama una mujer, pero actúa de la misma manera mediatizada u oculta. Cuando nos vemos reflejados en quien más rechazamos, sufrimos un sobresalto.

Hasta *Un curso de milagros* lo dice:

> «Los que descubren que su salvador ya no es su enemigo experimentan un sobresalto».[5]

Muchas veces hemos visto que la sombra que se aglutina en nuestro inconsciente familiar se proyecta en uno o varios miembros de la familia. A estas personas se las suele llamar *ovejas negras* o *chivos expiatorios*. Desconocemos las causas de este fenómeno, pero sabemos que se manifiesta en personas que presentan ciertos síntomas, bajo ciertas circunstancias, que tienen determinados aspectos negativos en sus vidas. Yo siempre digo que estas almas son muy elevadas, porque alivian las cargas de los demás. Gracias a sus síntomas, pueden plantearse muchas cuestiones y tomar conciencia, para sanarse y liberar a sus ancestros y descendientes de posibles problemas o enfermedades.

Cada uno de nosotros recibe de los padres y ancestros cierto legado que se encuentra en nuestra sombra. Nos transmiten todos aquellos problemas disfuncionales que no pudieron o no supieron solucionar: creencias, valores, costumbres, hábitos, prejuicios, tabúes, etc.

Esta es la razón por la que nos enamoramos —resonamos— de personas completamente diferentes a nosotros, pero que llevan la misma información y muchas veces complementaria, es decir, polarizada de forma especular (espejo).

Vemos que ambas polaridades se complementan: la víctima con el victimario, el introvertido con la extravertida, el creyente con el ateo, el silencioso con el parlanchín, el reprimido sexual con la liberal en el sexo. Es más: estamos programados para no tener hijos y nos casamos con personas estériles, como una clienta mía que nació sin útero. En su información epigenética había montones de mujeres que habían sufrido abusos sexuales o embarazos no deseados.

Una pregunta que siempre hago a mis consultantes es: «¿Qué crees que te hizo especial a los ojos de tu compañero?». Y también estas otras: «¿Qué es lo que más te disgusta de tu pareja?, ¿y lo que más te gusta?».

En nuestros cónyuges podemos encontrar a nuestros opuestos y así descubrir aspectos de nuestra sombra.

Como los opuestos no pueden vivir el uno sin el otro, si no se tiene conciencia de ello, uno de los dos irá a la sombra y, más tarde o más temprano, se proyectará en otras personas o situaciones. Por eso el *Curso* hace tanto hincapié en ahorrar tiempo y en que una de las maneras es comprenderse y conocerse a uno mismo a través de las proyecciones. La conclusión no es otra que la de que nuestros opuestos inconscientes conforman nuestra sombra. Por eso nos sentimos atraídos hacia ellos. Por ejemplo, si yo no me permito vivir mi vida y me desvivo por los demás, me sentiré atraído hacia personas que, según mi juicio, solo piensan en sí mismas. Esta es la base y la esencia de toda proyección.

> «Repudias lo que proyectas, por lo tanto, no crees que forma parte de ti».[6]

> «La proyección no es más que un mecanismo del ego para hacerte sentir diferente de tus hermanos y separados de ellos».[7]

LA CONVERGENCIA DE NUESTRA SOMBRA EN EL CUERPO

Este es uno de los aspectos que más estudiamos y aplicamos a través del método de Bioneuroemoción (BNE).

En BNE, hacer consciente la sombra se considera un imperativo biológico fundamental. Yo lo llamo buscar *la historia que hay detrás de la historia*: la historia oculta tras la historia que el ego se explica a sí mismo.

Es importante dejar muy claro que la sombra nunca miente; es el ego quien lo hace. A la sombra se la considera dañina, pero ello se debe a las proyecciones del ego sobre ella. Cuando digo a mis pacientes que su historia es mentira, se quedan sorprendidos. Pero nada es más cierto. Sus historias conscientes no sirven para nada, salvo para justificarse y dar explicaciones racionales. Pero no llegan a las vísceras, que es el lugar donde se manifiesta el inconsciente a través de la sombra.

Como dice Ken Wilber:

> «Luchar contra un síntoma no es más que luchar con la sombra contenida en el síntoma, y esto es precisamente lo que al principio causó el problema».[8]

Esto es una invitación a que nos permitamos sentir nuestros síntomas con plena conciencia y con una aceptación lo más abierta posible. Siguiendo con Ken Wilber y parafraseándole: cuando aceptamos un síntoma, aceptamos también gran parte de la sombra contenida en él.

En nuestros cuerpos se manifiestan todos nuestros dioses y todos nuestros demonios. Podemos expresar nuestras cualidades más elevadas y las bajezas más extremas. El trabajo de cada uno consiste en aglutinarlas e integrarlas; ambas son aspectos de lo mismo.

Comprender esto equivale a acceder a otro ámbito mental, a otro campo de acción, donde los opuestos dejan de existir porque la mente asume todos sus aspectos y se libera de todos los juicios.

Toda resistencia empieza con la justificación, dándonos explicaciones de por qué nos ocurre tal o cual cosa. No somos conscientes de que llevamos una información que se expresa en nuestra genética, en nuestra epigenética y en nuestro inconsciente familiar y colectivo. Tenemos que tratar nuestro cuerpo, tenemos que cuidarlo y, sobretodo, tenemos que cuidar nuestra mente y gestionar nuestros estados emocionales, que se expresan en nuestro cuerpo cuando estamos frente a situaciones estresantes.

En nuestra metodología, es clave llevar a la persona a la comprensión de que sus reacciones emocionales reprimidas, y la historia que se cuenta para seguir manteniéndolas, tarde o temprano se manifiestan en su soma. Nos centramos en el cambio de percepción y en la gestión de las emociones. Indagamos en las creencias que yacen ocultas en la sombra y procuramos llevarlas a la luz de la conciencia. Mientras tanto, nuestro cuerpo tiene que ser tratado con los medios necesarios y pertinentes para su recuperación, sin olvidar que el cambio de percepción y la comprensión de nuestras proyecciones son una de las claves para la sanación.

En el «Prefacio», *Un curso de milagros* dice:

> «El mundo de la percepción, por otra parte, es el mundo del tiempo, de los cambios, de los comienzos y de los finales. Se basa en interpretaciones y no en hechos».[9]

> «Lo que la percepción ve y oye parece real porque solo admite en la conciencia aquello que concuerda con los deseos del perceptor».[10]
>
> «Una vez que alguien queda atrapado en el mundo de la percepción, queda atrapado en un sueño. No puede escapar sin ayuda, porque todo lo que sus sentidos le muestran da fe de la realidad del sueño».[11]
>
> «El mundo que vemos refleja simplemente nuestro marco de referencia interno: las ideas predominantes, los deseos y las emociones que albergan nuestras mentes».[12]

En su libro *Tu realidad inmortal*, Gary R. Renard dice que la sombra vendría a ser la mente errónea, en la que el ego proyecta continuamente la imagen de todo aquello que deseamos ocultar, la cara de la culpabilidad, lo que nos permite mostrar otra cara de inocencia al mundo. Cuando utilizamos la mente recta, que es la que nos enseña el Espíritu Santo, comprendemos que la mente errónea es la ilusión y que no es real. La mente errónea domina este mundo dual; por ello, nos manifestamos dualmente: lo que queremos mostrar al mundo y lo que queremos ocultarle. A esto último lo llamamos sombra. La sombra contiene la mayor parte de la culpa inconsciente, que el ego rechaza constantemente.

Repito: no hay que olvidar que la sombra nunca miente. Debemos escucharla para poder descubrir los ardides del ego. Este siempre está interesado en la disputa y la controversia, pues así se asegura la pérdida de paz mental. Y sin paz mental no es posible la disolución del ego.

El ego, sin la culpabilidad, no tiene razón de existir. Por eso la ama tanto. Es la roca sobre la cual ha edificado su iglesia. La culpabilidad nos lleva a repetir las historias. ¿Para qué? Para aplicar el perdón integrándolas cuando aquietamos nuestra mente y cambiamos la percepción de lo que vemos.

Wilhelm Reich consideraba que el psiquismo constituye una expresión de nuestro cuerpo. Para él, el cuerpo y la mente son funcionalmente idénticos.

> «En ningún lugar se expresa con tanta claridad la identidad funcional como principio de investigación del funcionalismo orgonómico como en la unidad existente entre psique y soma, entre emoción y excitación, entre sensación y estímulo. Esta unidad, o identidad constituye la base fundamental de la vida, y excluye de una vez por todas cualquier posible trascendentalismo, o incluso autonomía, de las emociones».[13]

LA COHERENCIA O SU AUSENCIA

John C. Pierrakos, que en la década de los cuarenta fue discípulo de Wilhelm Reich, dice en *La anatomía del mal:*

> «La persona sana gobierna positivamente su vida y se siente satisfecha consigo misma. En este estado la enfermedad y el mal están casi completamente ausentes. El principal rasgo distintivo de la enfermedad, por el contrario, consiste en la distorsión de la realidad, la distorsión de la realidad corporal, de la realidad emocional y de la realidad de la verdadera naturaleza de los demás y de sus acciones. El mal, entonces, constituye una distorsión de hechos que, en sí mismos, son naturales. Pero la persona enferma no percibe sus propias distorsiones, sino que siente que la enfermedad procede del exterior. El enfermo suele considerar que sus problemas están causados por factores externos».[14]

Proyectamos en la sombra la creencia de que nuestras enfermedades son ajenas a nosotros y así nos mantenemos en una adolescencia emocional. Renunciamos a nuestra responsabilidad. Una persona sana hace precisamente lo contrario.

Para que esto sea así, es importantísima la coherencia emocional. La persona debe alinear lo que piensa con lo que siente y lo que hace. A lo largo de este libro haré referencia continuamente a esta coherencia. No olvidemos que la salud y la enfermedad están unidas de forma indisoluble.

Una de las maneras de recuperar la coherencia consiste en estar en armonía con la propia sombra. Como decía Jung:

> «La sombra solo resulta peligrosa cuando no le prestamos la debida atención».

Para ello, tenemos que liberarnos de la culpa, encauzar nuestras emociones y reverenciar las que mantenemos ocultas a los ojos del ego. Darnos cuenta de cómo nos proyectamos en los demás, de cómo son nuestras relaciones, tanto interpersonales como intrapersonales.

Debemos observar nuestros valores y creencias, y desarrollar la suficiente flexibilidad mental para cambiarlos, sin olvidar que estos se expresan en nuestros cuerpos.

Quisiera destacar que la sombra tiene un enorme potencial de expresión y que, al liberarla con amor, sin añadir juicios, uno puede extraer de ella una enorme energía que le impulse a alcanzar metas mayores y a manifestar su destino o programas de orden superior. Al liberar la sombra, liberamos la mente errónea, la iluminamos con la percepción del Espíritu Santo y dejamos que se manifiesten todas nuestras capacidades y potencialidades.

Este es el propósito del libro: liberar la parte oculta de nosotros mismos que gobierna este mundo de ilusión, para despertar de este sueño y convertirlo en la manifestación de nuestras creaciones, que serán creaciones de felicidad gracias a la ausencia de miedo y a la plena conciencia de que estamos conectados a la *Fuente* universal que todo lo provee, y que espera que sus *Hijos* abran las puertas de la prisión de sus oscuridades mentales.

> «Puedes esclavizar a un cuerpo, pero las ideas son libres y no pueden ser aprisionadas o limitadas en algún modo, excepto por la mente que las concibió. Pues permanecen unidas a su fuente, que se convierte en su carcelero o en su libertador, según el objetivo que la mente acepte para sí misma».[15]

EPÍLOGO SOBRE LA SOMBRA

«Querida sombra, te permito que te manifiestes; tu liberación es mi futura sabiduría; tu expresión me permite realizar mi plenitud. Sal del anonimato para que pueda conocerme. Sal del anonimato para que pueda saber cuál es mi potencial. Sal del anonimato para que pueda conocer mi capacidad de expresión. Sal del anonimato para que mi creatividad se exprese en su máximo nivel.

Conocerte me permite liberarme del bien y del mal. Liberarte me permite encontrar las puertas del conocimiento y mi divinidad.

Trabajar contigo me permite encontrar la vida auténtica. Me permite liberarme de ataduras basadas en las opiniones de los demás, en sus críticas, en sus proyecciones y en sus manipulaciones. Ahora sé que todo lo que me rodea forma parte de mí. Ahora sé que lo que me rodea es el espejo en el cual puedo verme a mí mismo y contemplar todos los aspectos que no podía ver.

Gracias por permitirme reírme de la vida, porque el humor y la risa son una puerta para poder expresarme. El humor es la conexión con la relatividad de las cosas. No tomarme demasiado en serio me permite liberarme. Así sale a relucir aquella parte escondida y, entonces, me puedo reír de ella.

Gracias, sombra, porque escondes el oro del cual yo no era consciente. Hacerte brillar me permite brillar y, cuando brillo, todo lo que me rodea brilla. Porque mi percepción queda sanada y me permite vivir otra realidad, reflejo de la realidad que pueden vivir los demás.

Si puedo elegir lo que hago en el mundo, entonces puedo elegir y asumir mi responsabilidad por todo lo que creo en él».

Enric Corbera[16]

«La visión solo llegará cuando uno pueda mirarse en su corazón. El que mira afuera sueña, el que mira adentro despierta».

Carl G. Jung

«Cuando el mundo me abruma y los resentimientos me tientan, me siento físicamente más pesado y atrapado por la vida cotidiana; también soy más vulnerable a las enfermedades».

Patrick Miller[17]

MENTE ERRÓNEA - MENTE RECTA

Para alcanzar el estado de sanación, es imprescindible saber utilizar la mente. De lo primero que debes ser consciente es de que tu mente está dividida. Una parte es la mente ilusoria y la otra es la real, la mente que percibe la verdad.

Tanto la mente errónea como la recta tienen una coherencia, porque ambas proceden de tu mente santa. Lo que ocurre es que has decidido poner una parte de tu mente al servicio del ego. Esta separación ocurrió cuando tú creíste que estabas separado de Dios. Sentirse separado de Dios, de la *Fuente* universal, hace que esto suceda y que lo vivas de esta manera. Pero, como no es real, de aquí nace la ilusión y su mundo: el mundo de la ilusión.

Ambas mentes perciben el mundo de manera totalmente diferente. Eso te convierte en el hacedor del mundo que deseas ver. Si no eres consciente de ello, entonces te conviertes en víctima de un mundo en el que percibes peligros, buscas ídolos protectores, crees que pueden hacerte daño y que tú también puedes hacerlo. Un mundo en el que la enfermedad es algo temible, la muerte un fin, el sufrimiento es una manera de vivir y toda la vida es un sinfín de problemas que debes resolver para subsistir. Acabo de definir el mundo del miedo, en el que rige la proyección.

> «El mundo que ves es el sistema ilusorio de aquellos a quienes la culpa ha enloquecido. Contempla detenidamente este mundo y te darás cuenta de que así es. Pues este mundo es el símbolo del castigo, y todas las leyes que

parecen regirlo son las leyes de la muerte. Los niños vienen al mundo con dolor y mediante el dolor. Su crecimiento va acompañado de sufrimiento y muy pronto aprenden lo que son las penas, la separación y la muerte. Sus mentes parecen estar atrapadas en sus cerebros y sus fuerzas parecen decaer cuando sus cuerpos se lastiman. Parecen amar, sin embargo, abandonan y son abandonados. Y parecen perder aquello que aman, la cual es quizá la más descabellada de todas las creencias. Sus cuerpos se marchitan, exhalan el último suspiro, se les da sepultura y dejan de existir. Ni uno solo de ellos ha podido dejar de creer que Dios es cruel».[1]

Por otra parte, la mente recta, la que está inspirada por el Espíritu Santo, percibe el mundo como un lugar lleno de oportunidades para aprender, para aplicar correctamente el perdón. Es la mente de la curación. Es el mundo real, el mundo donde vive el *Amor*. Es el mundo de la extensión.

El ego se identifica con el cuerpo, convirtiéndolo en su hogar, y lo utiliza como baremo de comparación para llevarte al sufrimiento. El Espíritu Santo utiliza el cuerpo solo para la comunicación.

EL PRINCIPIO DE ESCASEZ

Es uno de los principios que rigen el mundo de la ilusión, de la carencia, de la falta, de la pequeñez. Es la creencia en la escasez.

Este principio se alimenta del mundo del miedo, de la separación. Por eso *UCDM* nos dice:

«La única carencia que realmente necesitas corregir es tu sensación de estar separado de Dios».[2]

Has de comprender que el principio de escasez es la causa de que creas tener necesidades. No eres consciente de que eres tú mismo quien te priva de algo.

Debido al principio de escasez:

> «[...] buscamos en otros lo que consideramos que nos falta a nosotros. Amamos a otro con el objeto de ver qué podemos obtener de él. De hecho, a esto es a lo que en el mundo de los sueños se le llama amor».[3]

Para sanar, hemos de invertir nuestro sistema de pensamiento, debemos decidir quién dirigirá nuestra mente. Esto requiere un estado de alerta, un cuestionamiento de todas las creencias para que la mente empiece a pensar más libremente. *Un curso de milagros* nos dice que este proceso no lo podemos hacer solos, o desde el ego. Necesitamos ayuda, que solo puede proceder del Espíritu Santo.

Este es un pensamiento revolucionario, una revolución de la conciencia: dejar de buscar fuera, saber que lo que hay fuera solo es la manifestación de lo que está dentro de nosotros.

El mismo Aristóteles decía:

> «Si te preocupan problemas financieros, amorosos o de relaciones familiares, busca en tu interior la respuesta para calmarte. Tú eres el reflejo de lo que piensas diariamente».[4]

> «Sólo las mentes pueden unirse realmente y lo que Dios ha unido, ningún hombre lo puede desunir».[5]

La percepción es una función del cuerpo y, por lo tanto, supone una limitación de la conciencia.

«Si la mente lo utiliza para atacar, sea de la forma que sea, el cuerpo se convierte en la víctima de la enfermedad, la vejez y la decrepitud. Si la mente, en cambio, acepta el propósito del Espíritu Santo, el cuerpo se convierte en un medio eficaz de comunicación con otros —invulnerable mientras se le necesite— que luego sencillamente se le descarta cuando deja de ser necesario. De por sí, el cuerpo es neutro como lo es todo en el mundo de la percepción. Utilizarlo para los objetivos del ego o para los del Espíritu Santo depende enteramente de lo que la mente elija».[6]

Ken Wilber nos ilumina cuando nos conduce a nuestra esencia diciendo:

«Tengo cuerpo, mente y emociones, pero no soy mente, cuerpo y emociones».

Y Chuang Tsé:

«El hombre perfecto emplea su mente como un espejo, que nada aferra ni nada niega; recibe, pero no conserva».

Hallarás el camino de la sanación cuando comprendas e integres esta enseñanza:

«Si reconocieras que cualquier ataque que percibes se encuentra en tu mente y sólo en tu mente, habrías por fin localizado su origen, y allí donde el ataque tiene su origen, allí mismo tiene que terminar».[7]

Para encontrar este lugar, hay que seguir la recomendación que hacemos en el método de Bioneuroemoción: invertir el pensamiento, invertir la proyección y entregarla al Espíritu Santo, a la *Esencia de la Vida*, para que la sane.

Un curso de milagros nos recuerda que cuando tu cuerpo, tu mente y tu ego desaparezcan, sabrás que eres eterno.

Vamos a entrar en un terreno resbaladizo y que requiere puntualización: me refiero a la enfermedad propiamente dicha, manifestada en el cuerpo. De esta manera, pretendo evitar interpretaciones fuera de lugar, y no está de más volver a recordar que el *Curso* nos lleva a sanar nuestra mente, pues, para él, el cuerpo es un vehículo.

Ante la aparición de cualquier enfermedad, es esencial visitar a un especialista para el tratamiento de los síntomas. Por otra parte, diversos estudios científicos, principalmente del campo de la Psiconeuroinmunoendocrinología, nos indican que existe una estrecha relación entre el cerebro, las emociones y las enfermedades. Según estos descubrimientos, mantener estados emocionales que generan estrés puede tener consecuencias negativas para nuestra salud. Por este motivo, cuando aparece un síntoma físico, también es esencial cuestionarnos si nuestro estilo de vida y nuestro manejo de las emociones está influyendo en su aparición y desarrollo.[8]

Un curso de milagros hace mucho hincapié en este aspecto, diciéndonos:

> «La enfermedad es una forma de búsqueda externa. La salud es paz interior».[9]
> «El cuerpo no puede crear y la creencia de que puede —error básico— da lugar a todos los síntomas físicos».[10]
> «A la larga, todo el mundo empieza a reconocer, por muy vagamente que sea, que tiene que haber un camino mejor».[11]
> «La distorsión que dio lugar a la magia se basa en la creencia de que existe una capacidad creadora en la materia que la mente no puede controlar».[12]

Ello se debe a que:

> «Es difícil reconocer la oleada de poder que resulta de la combinación de pensamiento y creencia, la cual puede literalmente mover montañas».[13]

El *Curso* nos devuelve la responsabilidad a nosotros; nos propone que salgamos de la adolescencia y nos hagamos adultos. Que tomemos conciencia de una vez por todas de que nuestros pensamientos son la sustancia que conforma nuestras vidas. Debemos aprender a utilizarlos, a conocer su poder y a dejar de prestarles atención. De lo contrario, nuestros pensamientos se mueven y se encuentran con otros afines, que alimentan el mundo que nosotros creemos real, sin ser capaces de percibir que es una ilusión.

Por eso *UCDM* dice:

> «Tal vez creas que eres responsable de lo que haces, pero no de lo que piensas. La verdad es que eres responsable de lo que piensas porque es solamente en este nivel donde puedes ejercer tu poder de decidir».[14]
> «Eres demasiado tolerante con las divagaciones de tu mente y condonas pasivamente sus creaciones falsas».[15]

Magia o principios mágicos son todos los remedios que utilizamos para curar el cuerpo. Se basan en la creencia de que el cuerpo es el responsable de todos los males físicos. El *Curso* no nos dice que no debemos utilizarlos, más bien todo lo contario. Afirma que nuestra mente está tan atrapada en sus creencias de separación que se necesita un enfoque de conciliación entre el cuerpo y la mente. Por eso, mi consejo personal es que, mientras sanamos nuestra mente, tomemos remedios para sanar el cuerpo. Calmar los dolores ayuda a que la mente esté lo bastante tranquila para reflexionar acerca de las percepciones que debe sanar para hallar la paz interior. Este es el prerrequisito para llevar nuestra mente a un estado tal que colabore en la sanación de nuestros males o síntomas de toda índole.

Para despertar nuestro poder interior, es imprescindible reconocer que formamos parte de un *Todo* y que este nos proporciona, o nos guía para encontrar las soluciones a nuestros males. Si estos persisten, hay que entrar en un estado de aceptación —no de resignación— para comprender y sentir que todo tiene un propósito *Superior* que no conocemos. Debemos rechazar la idea de que estamos solos, a merced de todo lo malo que nos rodea, empezando por la enfermedad.

Lo que realmente importa es la sanación de nuestra mente, puesto que todos nos tenemos que ir de este mundo. He vivido muchas experiencias de este tipo. La persona, después de usar todos los tratamientos médicos disponibles, entra en el estadio final. Sanar la mente, liberarse de resentimientos, culpabilidades y vivir en el perdón es esencial para realizar el tránsito de la muerte física.

Como vemos, *UCDM* nos conmina a estar alerta, a tener una mente disciplinada y a mirar dentro de nuestro corazón antes de tomar cualquier decisión. A ser responsables, pues los pensamientos siempre crean forma en alguna parte y, muchas veces, esta parte se encuentra en nuestros cuerpos.

> No hay pensamientos fútiles. Todo pensamiento produce forma en algún nivel».[16]

Para cerrar este capítulo, quiero hacer referencia a Groddeck, un psicoanalista contemporáneo de Freud que llegó a conclusiones altamente revolucionarias para su época. Sus ideas son radicales aún hoy, pero ya están haciendo mella en mucha gente, sobre todo entre quienes empiezan a estudiar *Un curso de milagros*. Groddeck llegó a la conclusión de que los cerebros y los cuerpos son fabricados por la mente, en lugar de ser al revés, y que la mente —descrita por Groddeck como una fuerza llamada ello— los fabrica para sus propios fines. *UCDM* explica lo mismo y a este ello lo llama el ego.[17] Por eso Groddeck formulaba a sus pacientes una pregunta que les resultaba muy irritante: cuál les parecía que era el propósito de su enfermedad. Lo que pretendía era rescatar a sus pacientes de las garras del victimismo, llevarlos a considerar su estado como una decisión de orden superior escondida en su inconsciente.

LA DUALIDAD FRENTE A LA NO-DUALIDAD

Veamos una reflexión para abrir nuestra mente a la comprensión de la dualidad:

> «Cierta vez le preguntaron a Uwais, el sufí:
> ¿Qué es lo que la Gracia te ha dado?
> Y les respondió:
> Cuando me despierto por las mañanas, me siento como un hombre que no está seguro de vivir hasta la noche.
>
> Le volvieron a preguntar:
> Pero esto ¿no lo saben todos los hombres?
> Y replicó Uwais: Sí, lo saben, pero no todos lo sienten.
>
> Jamás se ha emborrachado nadie a base de comprender intelectualmente la palabra VINO».
>
> Anthony de Mello[1]

La no-dualidad *—Advaita—* no se puede entender ni comprender, es una experiencia. Esto es lo que pretendo explicar mediante la enseñanza sufí.

Desarrollar una mente no-dual no consiste en hacer algún tipo de meditación, rutina o ejercicio. Consiste en desarrollar una conciencia que vive plenamente en la certeza de que no hay nada *externo a mí que no tenga que ver conmigo.* Consiste en desarrollar una percepción inocente o percepción verdadera, tal como nos enseña el *Curso.*

Una percepción inocente sabe que todo está interconectado, que somos una conciencia en un mar de *Consciencia*, que todas nuestras creencias convergen en el cuerpo, donde el ego ha establecido su hogar, y ha sometido a la mente mediante la identificación con él.

La mente inocente o percepción verdadera sabe que el mundo que nos rodea es una pantalla. En ella nos vemos reflejados mediante nuestras opiniones, nuestros posicionamientos y, lo que es más grave, nuestros juicios y condenas. Muchas veces nos olvidamos de que con la vara que midamos seremos medidos.

Los grandes maestros de todos los tiempos han enseñado lo que la ciencia actual nos demuestra. La separación no es real, solo parece real, por eso se le llama *ilusión* o *maya.*

Una conciencia *Advaita* sabe que vive en un mundo donde los opuestos se ven y se creen separados. Por ello vive con una conciencia de unidad. Se mantiene alerta con relación a los contenidos de su mente y observa detenidamente sus proyecciones y percepciones.

Veamos algunas reflexiones:

> «La realidad fundamental es una unidad de opuestos».
>
> Ludwig von Bertalanffy.

En el taoísmo se contempla la existencia de tres fuerzas: una positiva, otra negativa y una tercera conciliadora. Las fuerzas positiva y negativa se refieren al Yang y al Yin, mientras que la fuerza conciliadora sería el Tao, la fuerza superior que las contiene.

«Cuida el exterior tanto como el interior, porque todo es uno».
«Somos lo que pensamos, todo lo que somos se levanta con nuestros pensamientos. Con ellos, creamos el mundo».

Buda

«Cuando hagáis de los dos uno, y hagáis el interior como el exterior y el exterior como el interior y lo de arriba como lo de abajo, y cuando establezcáis el varón con la hembra como una sola unidad, de tal modo que el hombre no sea masculino ni la mujer femenina, [...] entonces entraréis en el Reino».

Jesús (Evangelio apócrifo de Tomás)

Cuando una mente vive en la no-dualidad, no se posiciona a ultranza y se libera del victimismo. Sabe que en su búsqueda siempre se le dará el sendero a seguir y la experiencia a integrar. Vive con la conciencia de que los cambios vienen solos como consecuencia de su forma de percibir.

Por lo tanto, tenemos que ser plenamente conscientes de:

1. La dualidad se basa en la percepción y la no-dualidad se basa en el conocimiento. La primera está regida por el ego y la segunda es la visión del Espíritu Santo.
2. El pensamiento dual es la interpretación del mundo: yo estoy separado de ti; lo que me ocurre es algo externo a mí; debo protegerme del exterior; mis pensamientos no van a ninguna parte; la culpabilidad es mi gran dios; para deshacerme de ella debo proyectarla en los demás; la enfermedad es del cuerpo; mente y cuerpo están separados; mi cuerpo me demuestra que estoy separado de ti; mis desgracias, dolores y enfermedades demuestran que Dios no existe, porque, si existiera, no permitiría estas cosas.

> «Una de las ilusiones de las que adoleces es la creencia de que los juicios que emites no tienen ningún efecto».[2]

> «Si este fuese el mundo real, Dios sería ciertamente cruel».[3]

En el mundo dual, el sufrimiento y el sacrificio son fundamentales: como creo que estoy separado de algún dios, debo hacer algo para congraciarme con él. Me resulta imposible pensar que pueda recibirlo todo a cambio de nada. Se trata de la creencia en el pecado y en la muerte como final de todo; la creencia de que mi mente está confinada dentro del cuerpo; de que la mente es un producto del cuerpo; de que la materia tiene algún tipo de poder o capacidad para crear algo que yo no puedo controlar, o solo puedo hacerlo con mucha dificultad. En el mundo dual todo parece al revés de como es. La ciencia demuestra la existencia de lo que llamamos el mundo real, pero la misma ciencia señala que el mundo es solamente una proyección de la mente. La ciencia está en la misma tesitura que propone *UCDM:* la mente dual o newtoniana, o la mente no dual de la física cuántica. Con respecto al cuerpo, *Un curso de milagros* nos dice:

> «Sin embargo, es casi imposible negar su existencia en este mundo. Los que lo hacen se dedican a una forma de negación particularmente inútil».[4]

Por otro lado, en la no-dualidad todo está conectado. Muchos llaman matriz a la sustancia que lo interconecta todo. La no-dualidad nos enseña que nosotros atraemos lo que nos acontece con nuestros pensamientos. Ellos crean constantemente nuestra realidad, y su fuerza reside en la emoción que ponemos en las relaciones y en los acontecimientos. En la mente no dual, la observación es crucial y el observador sabe que puede alterar lo observado cambiando el pensamiento y el sentimiento. Para vivir con la mente no dual, se hace imprescindible estar alerta: un estado de quietud mental frente a lo que se observa que nos lleva a preguntarnos para qué hemos atraído una determinada experiencia a nuestra vida. La no-dualidad nos aleja del victimismo, del *pobre de mí*; nos convierte en adultos espirituales, responsables de nuestros pensamientos y, por consiguiente, de nuestras acciones.

> «Debe observarse con especial atención que Dios tiene solamente un Hijo. Si todas las Creaciones de Dios son Hijos Suyos, cada una de Ellas tiene que ser parte integral de toda la Filiación. La Filiación en su Unicidad transciende la suma de todas sus partes».[5]

Kenneth Wapnick nos dice:

> «Podemos ver claramente que no hay manera de que el estado no-dualista del Cielo pueda ser entendido por un cerebro que ha sido programado por la mente culpable y dualista para que no entienda lo que es la no-dualidad, el estado que constituye la más grave amenaza para la existencia individual y específica. Y así llegamos a la médula del asunto: cómo hablarles de la verdad no-dualista a mentes dualistas —y, por consiguiente, cerebros— que literalmente no pueden comprender esta verdad. Ese es el reto al cual se enfrenta Jesús en *Un curso de milagros (UCDM)*, cuyas enseñanzas proceden de la verdad frente a un mundo de ilusión que no cree en ella y ni siquiera reconoce esta verdad».[6]

Un curso de milagros nos enseña continuamente esta no-dualidad en sus páginas, por ejemplo, cuando dice:

> «Tus acciones son el resultado de tus pensamientos. No puedes separarte de la verdad otorgándole autonomía al comportamiento».[7]
> «Es difícil reconocer la oleada de poder que resulta de la combinación de pensamiento y creencia, la cual puede literalmente mover montañas».[8]

UCDM hace hincapié en que la enseñanza no-dualista no se entiende, pero se puede enseñar mediante símbolos y el lenguaje metafórico dualista. Es algo similar a cuando Jesús enseñaba mediante parábolas. Lo que se pretende es que la mente se desencaje de posiciones fijas. El Espíritu Santo se basa en tu idea de lo que crees que es el mundo para demostrarte que no es verdad. La enseñanza no-dualista del Espíritu Santo empieza con la verdad de las cosas y de los sucesos que parecen opuestos, pero están relacionados unos con otros.

> «El Espíritu Santo es el vínculo entre la otra parte —el diminuto y demente deseo de estar separado, de ser diferente y especial— y el Cristo, para hacer que la unicidad le resulte clara a lo que es realmente uno. En este mundo esto no se entiende pero se puede enseñar».[9]

Ken Wilber nos recuerda mediante unas reflexiones que el Cielo no es ningún lugar adonde ir. Es vivir con plena conciencia la liberación de los pares de opuestos, tal como se entienden hoy y, de esta manera, descubrir que el Reino de los Cielos ya está aquí en la tierra. El Cielo es un estado de no-posicionamiento, de no-dualidad.

> «Cuando se comprende que los opuestos son uno, la discordia se disuelve en Concordia».

EN BUSCA DE LA PERCEPCIÓN INOCENTE

En *La desaparición del universo* hay una explicación que resume lo que quiero exponer en este apartado:

> «La realidad es invisible, y cualquier cosa que pueda ser percibida u observada de cualquier modo, incluso medida científicamente, es una ilusión; justo lo opuesto de lo que el mundo piensa».

Una de las cosas que debemos aprender es a percibir. Debemos liberar nuestra percepción de la dualidad, no caer en la trampa de que hay cosas buenas y cosas malas. Lo que más necesitamos es sanar nuestra percepción, puesto que determina el mundo. Cuando dejamos nuestra percepción en manos del ego, vemos carencia y necesidad, y esta percepción «fabrica» nuestro mundo: un mundo de separación, de necesidad, de carencia. Cuando ponemos la percepción en manos del Espíritu Santo, creamos, sabemos que formamos parte de aquello que percibimos y que nuestra percepción puede liberar lo percibido. Es lo que en el hinduismo se llama la experiencia Advaita.

Por eso *UCDM* dice:

> «[...] la percepción tiene que ser corregida antes de que puedas llegar a saber nada».[1]

Vamos a hacer un juego de percepción:

¿Cómo sabes que existes?

P: ¿Qué evidencias concretas tienes para saber que existes?

R.: Pienso, luego existo.

P: Bien, muy bien. ¿Cómo sabes que todo lo demás existe?

R.: Mis sentidos así me lo dicen e informan.

P: ¡Ah! Muy bien. Vamos ahora a la gran pregunta:

¿Cómo sabes que lo que te dicen tus sentidos es correcto? Está claro que tu única información procede de lo que te dicen tus sentidos. Pero estos solo transforman impulsos eléctricos de tu cerebro.

R.: Entonces, ¿esto quiere decir que todo lo que percibo depende de mis conexiones neuronales?

P: Exacto.

R.: Es decir, que no sé cómo es el Universo exactamente.

P: Eso es.

Todo aquello de lo que no soy consciente o que no percibo es inconsciente. Hay muchísimos datos que no proceso consciente- mente, alrededor del noventa y siete por ciento de los bits de información que me rodean. Entonces ¿cómo puedo estar seguro de que lo que veo es verdad? ¿Dónde va la información de la que no tengo conciencia? Y la pregunta más importante: ¿qué ocurre con esta información inconsciente?

Sigo haciéndome preguntas: ¿lo que veo es real, o es una interpretación? Esta tiene respuesta, solo tengo que tomar conciencia de que un mismo hecho o situación puede percibirse de muchas maneras, mejor dicho, interpretarse. Entonces, ¿en qué se basa mi interpretación? Obviamente, detrás tiene que haber unas creencias y estas, a su vez, deben sustentarse en algún tipo de programa, para que puedan seguir interpretando el mundo que ven.

¿Por qué existo? ¿Cuál es la finalidad de la vida? ¿No será morir? Y si me pongo en plan cósmico: ¿por qué el *Big bang*? Está claro que tiene que haber algo antes del *Big bang* y, por definición, debe tratarse de un acto de conciencia. La *Conciencia* percibe la dualidad y, por eso, esta puede hablar de un comienzo y de un final.

La ciencia no puede responder la pregunta acerca del por qué, pues esta se halla dentro del paradigma que se pretende resolver. Se trata de una pregunta psicológica y, para poder responderla, hay que salirse de las limitaciones que la ciencia impone, según las cuales todo debe ser medido, pesado, cuantificado, además de poder ser reproducido por un modelo que, a su vez, pueda refutarse.

En *UCDM* encontramos la siguiente afirmación:

> «La conciencia —el nivel de la percepción— fue la primera división que se introdujo en la mente después de la separación, convirtiendo a la mente de esta manera en un instrumento perceptor en vez de en un instrumento creador. La conciencia ha sido correctamente identificada como perteneciente al ámbito del ego».[2]

Debemos ir más allá de nuestros sentidos, de nuestros aparatos perceptores, incluso más allá de nuestras creencias, pues estas limitan e hipotecan la percepción del mundo.

Conocí a una chica en Guadalajara (México) que doblaba cucha- ras con la mente. La verdad que era poca cosa desde el punto de vista físico. Me decía: «Para poder doblar la cuchara, debes tener la certeza de que la cuchara en realidad no existe. Lo único que ves es una porción de la energía total que vibra de una manera diferente a como vibras tú.

Lo que tienes que hacer es poner tu conciencia en comunión con la vibración de la cuchara, y esta se vuelve totalmente maleable».

Percibo porque tengo un instrumento perceptor: el cuerpo. La percepción me separa.

> «Cuando [la mente] elige estar separada, elige pecibir».[3]

> «La capacidad de percibir hizo que el cuerpo fuese posible, ya que tienes que percibir algo y percibirlo con algo».[4]

La percepción entraña juicio; no puedo percibir la dualidad sin hacer un juicio: bien/mal, bajo/alto, negro/blanco. Formulo un juicio de valor y mi mente crea los niveles que están en función de mis juicios, que van desde lo óptimo hasta lo pésimo, pasando por diferentes grados.

La percepción, como he dicho, alimenta la dualidad. Para que esta se manifieste en mi vida, tengo que creer que es posible no tener nada, carecer, y que, para sobrevivir, es necesario obtener.

UCDM nos enseña que el mundo es la pantalla en la cual proyectamos nuestros sueños. Es la pantalla en la que vemos nuestra locura de la dualidad; en ella proyectamos nuestras fantasías, que no dejan de ser fútiles intentos de cambiar lo real. Esto nos convierte en seres temibles, porque creemos que nuestras fantasías deben cumplirse aún a costa de ir en contra de las fantasías de los demás. Disfrazamos estas fantasías con todo tipo de justificaciones y explicaciones acerca de cómo deberían ser las cosas para asegurar el buen funcionamiento del mundo. Entonces el mundo se polariza más y, cuanto más queremos cambiar algo, más lo reforzamos. Queremos sustituir nuestra realidad por otra y esto refuerza aún más la separación.

> «La mente puede hacer que la creencia en la separación sea muy real y aterradora, y esta creencia es lo que es el diablo».[5]

Para alcanzar la percepción inocente, se hace imprescindible no hacer juicios. Seguimos percibiendo, pero nuestra percepción está en manos del Espíritu Santo. Él nos enseña a percibir con una mente libre de juicios.

Cuando percibimos sin hacer juicios, nuestra mente se libera y entonces puede empezar a crear, en vez de fabricar. Hay que tener en cuenta que nuestra mente está hecha a imagen y semejanza de nuestro Creador y, puesto que tiene la misma cualidad, no puede dejar de actuar. Como percibo separación y esto no es real, mi mente fabrica, y lo que fabrica es el mundo de la ilusión. En cambio, cuando pongo mi mente en manos del Espíritu Santo, esta crea tal como lo hace el mismo Dios. Es una mente que vive en el mundo real; es una mente inocente.

Por lo tanto, si deseamos curar nuestros males, una de las cosas que debemos hacer es corregir la mente dual y darnos cuenta de que la percepción de lo que llamamos realidad no es más que la proyección de las creencias. Atraemos a nuestras vidas aquello de lo cual pretendemos alejarnos porque le tenemos miedo. El miedo alimenta el sueño de la separación y lo proyectamos hacia fuera. Al hacerlo, lo convertimos en los sucesos que se manifiestan en nuestras vidas, y los atribuimos a la mala o a la buena suerte.

UCDM nos dice:

> «Una de las ilusiones de las que adoleces es la creencia de que los juicios que emites no tienen ningún efecto».[6]

> «Cuando la Biblia dice: No juzguéis y no seréis juzgados lo que quiere decir es que si juzgas la realidad de otros no podrás evitar 8juzgar la tuya propia».[7]

«[...] juzgar implica que abrigas la creencia de que la realidad está a tu disposición para que puedas seleccionar de ella lo que mejor te parezca».[8]

HABLEMOS DEL ESPÍRITU SANTO

A lo largo de este libro hablaré del Espíritu Santo. A muchos les molesta esta expresión, porque, como me ocurría a mí, les recuerda la religión dualista de la Iglesia católica. Ellos, como yo, la han dejado atrás para seguir buscando la verdad sobre Dios. Somos ateos de la religión dualista y empezamos a ser creyentes de la religión no-dualista, como dice Alexander Marchand en su libro *El universo es un sueño*:

> «Así, se podría decir que para encontrar al verdadero Dios hace falta convertirse en un ateo del Dios dualista. Hace falta no rendir honores a alguien que en realidad es un tarado cruel y dualista. Dios no puede ser perfecto Amor y al mismo tiempo un psicópata creador y manipulador del universo».[1]

El ego nos aleja del Espíritu Santo con la creencia en el pecado. Esta creencia nos hace tener miedo a Dios; como tememos que nos castigue, hacemos todo lo posible para agradarle. El ego alimenta constantemente esta cualidad con la creencia en la culpabilidad.

Como nos dice *UCDM*:

> «Tener miedo de la Voluntad de Dios es una de las creencias más extrañas que la mente humana haya podido concebir jamás».[2]

EL USO QUE EL EGO HACE DE LA CULPABILIDAD

Si sientes culpa, no podrás alcanzar la paz interior. Esta es una de las finalidades del ego: que tengas miedo. Sentirte culpable te hace pensar que te puedes liberar del dolor, pero no te das cuenta de que la raíz de todo dolor, ya sea físico o emocional, es precisamente la culpabilidad.

Cuando algo nos duele, podemos estar seguros de que hay un sentimiento de culpa escondido detrás de ese dolor. La fuente del dolor es inconsciente. Este se nos muestra para que tomemos conciencia de que algo anda mal en nuestra mente, y lo que realmente anda mal es nuestro estado de incoherencia emocional.

Cuando entregamos nuestro dolor al Espíritu Santo, no le pedimos que lo cure, sino que sane nuestra mente de la creencia en la culpabilidad. Solo deshaciendo la culpa podemos deshacer el dolor.

El Espíritu Santo nos enseña que, si queremos sanarnos, debemos hacer un proceso de integración entre la parte que mostramos al mundo y la parte que le escondemos. Mostramos al mundo nuestra cara de inocencia, pero en nuestro interior tememos el juicio del mundo.

Como dice *UCDM*:

> «El propósito del ego es infundir miedo porque solo los que tienen miedo pueden ser egoístas».[3]

> «Siempre que le hagas caso al ego experimentarás culpabilidad y temerás ser castigado. El ego es literalmente un pensamiento aterrador».[4]

El Espíritu Santo nos libera del sentimiento de culpa, y esto permite liberar la mente, que deja de sufrir. En cambio, el ego intentará de todas las formas posibles que te sientas culpable. Así buscarás el castigo. Es más: te castigarás tanto física como mentalmente, pues creerás que, si así lo haces, Dios no te castigará.

La creencia en la culpabilidad está relacionada con la creencia en el tiempo. El tiempo existe como la creación de una mente separada. El espacio-tiempo descubierto por Einstein es la manifestación de esta creencia. Si me siento separado de todo, tengo que poner distancia y tiempo. La culpa nos hace vivir el tiempo como lineal. Es una percepción psicológica. Si me siento culpable por algo que ocurrió en el *pasado*, esto enturbia mi presente y busco el castigo en el futuro. El ego es la creencia de que se puede prever el futuro, y como en el fondo sabe que no es así, sufrimos crisis de ansiedad.

Estoy casi seguro, por no decir que estoy seguro, de que te han surgido una o varias preguntas con relación a la culpabilidad: ¿Es posible vivir sin el sentimiento de culpabilidad? ¿Qué pasaría si no hubiera este sentimiento de culpa?

Para contestar a estas preguntas y las que se deriven de ellas, voy a referenciarme al doctor David R. Hawkins, ya fallecido. En su libro *Trascender los niveles de conciencia*, hace una exposición maravillosa de este sentimiento tan arraigado en nuestra mente.

> «Si bien un exceso de culpa pide corrección, su ausencia total es aún más grave y, generalmente, es consecuencia de una condición patológica congénita, que conduce a diversas formas de criminalidad y psicopatologías, como se ve en los asesinos en serie o en política, donde toma la forma del narcisismo mesiánico maligno [...] Entre los aspectos útiles de la culpa se incluyen el arrepentimiento, la contención y la autocrítica constructiva, todos ellos componentes de la moral y de la ética responsable.

> «Mediante la evolución espiritual, la culpa puede ser recontextualizada, de modo que produzca beneficios [...] entonces la culpa puede ser aceptada [...] A menudo es utilizada como herramienta para controlar a otros [...] Una interpretación y un uso útil de la culpa es emplearla para respetar los límites y los parámetros. De esta manera, la culpa y el miedo maduran y dan lugar a la precaución y a la sabiduría. [...] Como la culpa se considera dolorosa, otro mecanismo para evitarla es negarla y proyectar la responsabilidad en otros, lo que mejora el dolor de la conciencia y, además, justifica la externalización del odio, que de otro modo podría usarse para atacarse a uno mismo».

Muchas veces la culpa es una adicción, pues está sostenida por una creencia que subyace en nuestro inconsciente. Existe un arquetipo que hemos introyectado desde los orígenes de nuestras culturas: la expulsión del jardín del Edén por haber desobedecido a Dios Padre.

La culpa requiere de una premisa: un gran sentimiento de separación, fruto de la creencia en la expulsión. Entonces aparece el miedo, que se sustenta en que no vamos a ser aceptados sencillamente porque *pecamos*.

Aquí surgen las religiones, que parten de que todos nacemos culpables y hemos de ganarnos la benevolencia de Dios Padre. Como muy bien expone el doctor Hawkins, la culpa tiene dos caras:

1. He hecho algo contra las normas → programación.
2. He hecho algo contra alguien → arrepentimiento y metanoia (transformación espiritual), acción de cambiar la mente y sus pensamientos.

Como dice el doctor Hawkins, la adicción a la culpa se sostiene gracias a que nos atrae utilizarla para manipular y controlar las voluntades de los demás. También para justificar un error; para obtener el perdón y reconciliarse; para ser agradables y volver a ser aceptados. Pero la gran adicción son los juicios.

> «Cuando eres culpable, no odias a tus pecados, sino a ti mismo».
>
> Anthony de Mello

> «Más vale el hombre que el sábado, dijo Jesús, cargándose la programación más perseguida por la religión judía».
>
> Anthony de Mello

> «Una persona que se siente culpable se convierte en su propio verdugo».
>
> Séneca

> «La culpa es tan omnipresente que, sin importar lo que hagamos, de algún modo sentiremos en nuestra mente que deberíamos estar haciendo otra cosa. De una manera u otra proyectamos culpa sobre el mundo que nos rodea. Por eso la mayoría de las personas necesitan de un enemigo».
>
> David R. Hawkins[5]

PERO ¿QUÉ ES EL ESPÍRITU SANTO?

El Espíritu Santo, obviamente, no es una persona ni un ente. Vendría a ser como el pensamiento de Amor puro, abstracto y no específico que siempre está presente en nuestras mentes separadas.

Un día sentí una inspiración relacionada con una analogía para comprender mejor qué es el Espíritu Santo. Ya sabemos que la Trinidad está definida como la conjunción del Padre, el Hijo y el Espíritu Santo, que son tres en uno, y este *Uno* es Dios. A partir de esta definición, se puede hacer la analogía siguiente:

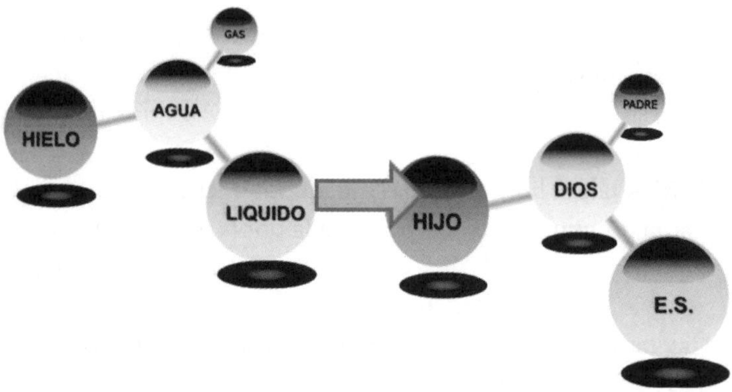

Por lo que vemos en esta analogía, el Espíritu Santo completa la interrelación entre el Padre y el Hijo.

En *Tu realidad inmortal*, Gary R. Renard dice que el Espíritu Santo vendría a ser como nuestro *Yo* superior.[6] Es el guía que nos habla en nombre de Dios Padre. Es la *Inspiración* universal, es la llamada a la *Expiación*, palabra que nos invita a restituir nuestra mente separada, a ver otra mente que creímos separada de nosotros y percibirnos en unidad. Es la idea suprema de curación. A través del Espíritu Santo nos liberamos de la culpa y así podemos sanar nuestra mente. Cuando la mente sana, el cuerpo la sigue.

El Espíritu Santo nos señala que dar es recibir, enseñanza total- mente opuesta a la del ego, que te dice que, si das, pierdes; o, si das, es porque esperas obtener.

El Espíritu Santo nos impulsa a olvidar aquello que creemos ser y a recordar lo que realmente somos.

UCDM nos dice:

> «El Espíritu Santo es tu Guía a la hora de elegir».[7]

Y asimismo:

> «El poder de elegir es el mismo poder que el de crear, pero su aplicación es diferente. Elegir implica que la mente está dividida. El Espíritu Santo es una de las alternativas que puedes elegir».[8]

Una de las funciones del Espíritu Santo que considero más importantes consiste en ayudarte a reinterpretar tu percepción y enseñarte que no entiendes lo que percibes, porque tu mente está dividida. Cuando ofreces al Espíritu Santo la situación que te hace daño, Él la reinterpreta y tú experimentas paz.

> «El Espíritu Santo es el maestro perfecto. Se vale únicamente de lo que tu mente ya comprende para enseñarte que tú no lo comprendes».[9]

Para ello el Espíritu Santo te enseña mediante los opuestos, aunque no separados. Como nuestra mente vive en la dualidad, percibe lo que no es igual y lo interpreta como algo de lo cual hay que protegerse, y lo hace a través del miedo. El Espíritu Santo nos enseña que lo que parece diferente es igual, pero manifestado de una forma complementaria u opuesta. Cuando somos capaces de percibir a nuestro opuesto como una parte de nosotros mismos, entonces la mente tiene la posibilidad de integrarse y así sanar. La sanación es el resultado de dejar de percibir algo separado para interpretarlo como perteneciente a uno mismo. Ya no hay lucha, ya no hay culpa, sino comprensión. Y es que nuestra mente siempre se está oponiendo a alguien o a algo.

UCDM, en el capítulo quinto, nos da una enseñanza magistral acerca de cómo el Espíritu Santo interpreta la enseñanza bíblica de *ofrecer la otra mejilla*:

> «Nada puede hacerte daño, y no debes mostrarle a tu hermano nada que no sea tu plenitud. Muéstrale que él no puede hacerte daño y que no le guardas rencor [...]».[10]

El ego es la creencia de que nosotros tenemos que ocuparnos de todos nuestros problemas y buscarles solución. Pero el Espíritu Santo se encargará de nuestra seguridad y bienestar si ponemos todo lo que nos preocupa en *Sus* manos.

> «No tienes que ser ni cuidadoso ni descuidado; necesitas simplemente echar sobre Sus Hombros toda angustia, pues Él cuida de ti».[11]

Esto no quiere decir que no tengas que ocuparte de ti mismo y de los tuyos, sino que dejes en *Sus* manos las preocupaciones y las inquietudes que no te dejan estar en paz. Tú ya no quieres que todo sea como a ti te gustaría que fuera, simplemente sabes que hay *Alguien* que sabe mejor que tú lo que es mejor para todos y, por eso, lo entregas.

Así, si no te sientes feliz, en paz, dichoso, tranquilo ante cualquier situación, estos son indicios de que has reaccionado sin amor y has buscado culpabilidad. Si esta culpabilidad bombardea tu mente consciente e inconsciente, puede mostrarse a tu conciencia como un dolor físico o enfermedad. El *Curso* nos enseña a entregar la situación al Espíritu Santo y así aplicar la *Expiación*:

> «Tu papel consiste simplemente en hacer que tu pensamiento retorne al punto en que se cometió el error y en entregárselo allí a la Expiación en paz».[12]

En nuestro método de la Bioneuroemoción (BNE), hacemos algo parecido: acompañamos a nuestro consultante a la situación *dolorosa* con otra percepción, fruto de la comprensión de que nuestras mentes están interrelacionadas. De esta manera, al revivir la situación con otra mente, se reescribe la historia y la persona encuentra equilibrio emocional y paz interior.

En un contexto de curación, del cual trata en esencia este libro, encontramos en el «Manual para el maestro» instrucciones de Jesús acerca de cómo el maestro se debe presentar ante un hermano que cree estar enfermo o se siente como tal:

> «Los maestros de Dios acuden a estos pacientes representando una alternativa que ellos habían olvidado. La simple presencia del maestro de Dios les sirve de recordatorio. [...] En cuanto que mensajeros de Dios, los maestros de Dios son los símbolos de la salvación. [...] Representan la Alternativa. Con la Palabra de Dios en sus mentes, vienen como una bendición, no para curar a los enfermos sino para recordarles que hay un remedio que Dios les ha dado ya. No son sus manos las que curan. No son sus voces las que pronuncian la Palabra de Dios, sino que sencillamente dan lo que se les ha dado. [...] Y le recuerdan que él [su hermano enfermo] no se hizo a sí mismo y que, por consiguiente, aún es tal como Dios lo creó».[13]

LA CULPA

El ego utiliza la culpabilidad para dominar tu voluntad. De esta manera, pierdes tu libertad, porque haces aquello que los demás esperan que hagas.

Este peso aplasta tu mente y no te permite ser tú mismo. Te hace perder la coherencia emocional y empiezas a vivir una vida que no es la tuya.

Ahora ya estás en manos de la pérdida de la paz y de la inestabilidad emocional. Tu mente te dice una cosa, sientes otra y no haces tu voluntad.

LA DINÁMICA DEL EGO

Para poder sanar de nuestros males, penalidades y carencias debemos saber cómo opera el ego en nuestras mentes.

Kenneth Wapnick,[1] al hablar del error y el ego, dice que uno de nuestros errores es minimizar el apego al sistema del ego. Esto nos lleva a creer que el camino espiritual es muy fácil. Lo cierto es que, aunque no es difícil, requiere que te mantengas alerta frente a las divagaciones de tu mente. *UCDM* nos recuerda muchas veces que la mente no para nunca y que debemos mantenernos alerta, vigilando lo que piensa. Cuando entregamos algo al Espíritu Santo, debemos hacerlo en un acto plenamente consciente, un acto de entrega incondicional. Aquí reside la dificultad, por eso a veces creemos que el Espíritu Santo no nos escucha, y muchos lo interpretan sencillamente como la demostración de que no existe.

Una de las cosas que el ego mantiene muy oculta es la verdad sobre la creación del mundo y de nuestros cuerpos. *UCDM* dice en varias ocasiones que el mundo no pudo ser creado por Dios. Esta es una enseñanza clave del *Curso*. Porque, si Dios hubiera creado el mundo, este sería real y no podríamos liberarnos de él de ninguna manera. *UCDM* nos enseña a no dar credibilidad al mundo físico y al mundo psicológico. Una de las trampas del ego consiste en hacernos creer que podemos enviar luz a otras personas y rezar para que otros se curen. Esto lleva implícita la creencia de que el mundo y los cuerpos son reales. *UCDM* hace hincapié en ello cuando dice:

«No intentes ayudar a un hermano a tu manera, pues no puedes ayudarte a ti mismo».[2]

«Las interpretaciones que haces de las necesidades de tu hermano son las interpretaciones que haces de las tuyas propias».[3]

Cuando ves el sufrimiento de tu hermano y te unes a él, lo refuerzas. Ello no quiere decir que no le prestes atención, pero te cuidarás de alimentar la creencia en la separación, pues muchas veces el sufrimiento se asienta en ella. Se alimenta del victimismo y del *pobre de mí*. El ego se alimenta de la pena. *UCDM* nos enseña que debemos de unirnos a nuestro hermano, pero no a su sueño. Estar con él no implica sufrir con él. Compartimos su dolor, su pena, pero le ofrecemos otra percepción. El Espíritu Santo nos enseña a utilizar correctamente la empatía. El ego la utiliza para sentirnos especiales y unirnos solamente a aquellos que consideramos amigos.

La creencia en la separación envenena nuestras mentes, y es un gran caldo de cultivo que genera estrés y puede llevarnos a la enfermedad física, como la ciencia ya se ha encargado de demostrar. Como ejemplo, los estudios realizados por la doctora McGonigall, que nos demuestran la importancia de la percepción en cuanto al estrés, y en cuanto a cómo determina sus efectos en nuestro cuerpo y en nuestra salud en general. Cuando los participantes perciben el estrés como algo útil y positivo, su respuesta fisiológica se asemeja mucho a la que se tiene en momentos de alegría y coraje. Así se demuestra la importancia de la autogestión emocional y, por ende, del cambio de percepción.

Por lo expuesto, se hace necesario que la mente de tu hermano reciba la bendición de otra mente que sepa que la enfermedad no es real. Siempre entendiendo que para el

Curso todo lo que puede ser destruido no es real. La enfermedad solo es real en el mundo de la ilusión. Si fuera real, ciertamente Dios sería cruel. Este es uno de los argumentos que el ego utiliza para decirte que Dios no existe. La identificación con el cuerpo es un mandamiento del ego, pues el cuerpo es el templo de la separación.

CÓMO VIVE EL EGO

Al ego le encantan las comparaciones, pues compararse es ser diferente, y en la comparación uno puede permitirse sentirse mejor o descorazonado. Al ego poco le importa cómo te sientes, lo que realmente le importa es que te veas diferente. Muchas veces utiliza el cuerpo para estas comparaciones, para que le prestes mucha atención.

El ego es la creencia de que tienes que solucionar todos tus problemas, así tu mente siempre está ocupada en nimiedades. La cuestión es que siempre te estés proyectando hacia afuera y buscando culpables de todo lo que te suceda. Nunca olvides que:

> «Si te sigues sintiendo culpable es porque tu ego sigue al mando, ya que solo el ego puede experimentar culpa».[4]

Tal vez estés pensado que al ego hay que atacarlo y machacarlo, pues nos tiene esclavizados en un mundo de sufrimiento donde reina el miedo. Nada más lejos de la realidad. No debemos olvidar el poder de nuestra mente. Si atacamos lo que creemos real, lo estamos reforzando en nuestras mentes, y nunca podremos dejar de atacar lo que consideremos peligroso o queramos sacarnos de la mente. Para deshacer el ego hay que dejar de prestar atención a sus mandatos, redirigir la mente para ponerla en manos del Espíritu Santo.

Al ego le encanta el ataque, dondequiera que esté dirigido; la cuestión es que tu mente ataque al pensamiento del otro.

EL EGO ESPIRITUAL

Por un tiempo, el ego puede recurrir incluso a la búsqueda de la iluminación como fórmula secreta para asegurarse la supervivencia en la *Eternidad.* Así, el ego espiritual emerge como una forma desesperada, aunque sofisticada, de supervivencia.

El ego espiritual cree que haciendo cosas especiales podrá iluminarse. Es un ego que emplea la máxima capacidad de comparación con los demás, para saber si avanza en el camino hacia la luz. Lucha contra el cuerpo, contra la comida, contra el sexo; lucha contra cualquier cosa que aparentemente pueda dar placer. Nos tiene atrapados en niveles; siempre nos hace pensar que no somos dignos, que no somos merecedores de la gracia de Dios, que tenemos que hacer algo especial para ganarnos el aprecio divino. Se trata de sufrir con la sonrisa en la cara, y el ritual es de vital importancia. A veces la forma de vestir es lo importante. Es un juicio continuo contra el mundo y todo lo que hay en él. No nos damos cuenta de que, al luchar contra el mundo, lo reforzamos, y al final sucumbimos o creemos fracasar, y la culpa aparece con toda su fuerza, pues la hemos mantenido sujeta en nuestra sombra y nos destroza.

UCDM dice:

> «Prueba de ello es el hecho de que crees que debes escaparte del ego. Sin embargo, no puedes escaparte de él humillándolo, controlándolo o castigándolo».[5]

Si realmente queremos curarnos de nuestros males, ya sean físicos o mentales, debemos recurrir al perdón. Pero antes debemos diferenciar entre el perdón dual y el no-dual. El perdón dual es aquel que atribuye valor y realidad a la ofensa, por lo tanto, el ego considera que se le pide un sacrificio. Llegamos a pensar que perdonamos porque somos buenos.

Luego también está el famoso trabajo sobre el perdón, que puede llevar años, porque seguimos proyectando la culpa al exterior y el perdón parece un sacrificio. La cuestión es que haya dificultad en el proceso. Recuerdo que visité a una cliente que estaba muy enferma y le hablé del perdón a sus padres. Ella me contestó que llevaba veinticinco años de trabajo con el perdón. Solo le dije: «Para perdonar solamente necesitas un instante. El perdón que tú practicas está basado en que la culpabilidad es real y alguien tiene que pagar por ello. El perdón del cual te hablo es el perdón hacia ti misma por haberte hecho este daño a través del otro. Este es el perdón no-dual».

Recordemos una vez más —la repetición es muy importante—que nuestras mentes están unidas y conectadas. Que todo lo que nos sucede tiene que ver con nosotros. Por lo tanto, aquello que hacemos o dejamos de hacer hacia afuera retorna a nosotros. De aquí la importancia de saber que el perdón —el auténtico—empieza y termina en nosotros. No hay nada más.

Como nos dice *UCDM*:

> «Es imposible que el Hijo de Dios pueda ser controlado por sucesos externos a él».[6]
>
> «Es imposible que él mismo no haya elegido las cosas que le suceden».[7]
>
> «El ego no es más que la idea de que es posible que al Hijo de Dios le puedan suceder cosas en contra de su voluntad, y, por ende, en contra de la Voluntad de su Creador, la cual no puede estar separada de la suya».[8]

El ego es la creencia de que para curar a un hermano hay que hacer cosas como la imposición de manos, la famosa *energía sanadora*, orar por los demás, controlar las energías, activarlas, desactivarlas, etc. Todas estas prácticas, y muchas más, ciertamente afectan a nuestro cuerpo y, por consiguiente, pueden traer alivio al cuerpo o a la mente, pero estos cambios ocurren en el nivel ego/cuerpo. No digo que uno no pueda hacerse un buen masaje —particularmente a mí me gustan mucho y me relajan—, ni que no deban practicarse disciplinas como por ejemplo el yoga, que va estupendamente bien para el cuerpo y la liberación de bloqueos energéticos. Y aún menos que evites tomarte un calmante si te duele la cabeza. Lo que digo, y lo que el *Curso* nos recuerda muchas veces, es que la auténtica curación se debe hacer en la mente, en la cual reside la culpa, que solo puede deshacerse mediante el perdón no-dual.

UCDM trata de evitar que caigamos en la tentación de hacerle un *templo* al libro y que lo adoremos y le recemos. *UCDM* es una obra de autoaplicación, rehúye las rutinas y, sobre todo, las comparaciones. Decir que *UCDM* se parece a otras prácticas espirituales es intentar diluir sus enseñanzas. *UCDM* va más allá de nuestro tiempo actual; prepara los cimientos para una nueva generación de mentes más libres. No se trata de ir en contra de las otras espiritualidades, sino de poner a *UCDM* en su sitio.

Al ego le encanta juzgar. Ya he dicho que el *Curso* nos enseña que cuando no juzgamos dejamos de percibir. Esto no significa que dejemos de ver las diferencias que hay en el mundo de la ilusión, pero no hacemos un juicio de valor.

Como Jesús dijo una vez a Helen:

> «No adoptes el camino de otro como tuyo, pero tampoco debes juzgarlo».[9]

El ego tiende otras trampas para engañar a las personas. Algunas de ellas, con toda la buena intención del mundo, interpretan que la mejor forma de seguir el *Curso* es negar el cuerpo. Para ello renuncian a multitud de cosas, tales como el alcohol o ciertas comidas. Hay quien decide hacerse vegetariano, no tener sexo o no cobrar, porque el dinero no es espiritual. No se dan cuenta de que nada de lo que hay en el mundo físico de la ilusión es espiritual, porque en realidad no existe. Recuerdo que cuando era pequeño (unos cuatro o cinco años), mi madre no me dejaba merendar porque era Cuaresma y había que hacer ayuno. Yo tenía el chocolate en la mano y le pedía que me lo dejara comer. Sé que al final no me lo comí; recuerdo muy bien que el sacerdote del pueblo riñó a mi madre al día siguiente, cuando, me imagino, le consultó si estaba bien la decisión que había tomado.

Es verdad que hay comidas y aspectos conductuales que merecen cierta sobriedad, pero no caigamos en la tentación de negarnos a tomar un buen vino con unos amigos porque no es espiritual. Vivir la espiritualidad es estar desapegado del mundo; esto no quiere decir que no puedas utilizar las comodidades que te ofrece.

Otro aspecto del ego que hemos de considerar, y que para mí merece especial relevancia, es el adjetivo calificativo que ponemos detrás del *yo soy...* Yo soy vegetariano, yo soy muy espiritual, yo soy médico, y un largo etcétera. Cuando alguien me dice: *Yo soy vegano*, y lo dice como que es algo especial (ego), yo le suelo contestar, pues *yo soy hijo de Dios*. Cualquier adjetivo que le pongas detrás del *yo soy* te empequeñece, este es el ardid del ego para compararse y sentirse superior y especial. Para reencuadrar al ego veamos su dinámica:

El acto de dar:

1. El ego siempre da para obtener.
2. Para el ego, dar cualquier cosa es privarse de ello.

3. Muchas veces asocia el acto de dar como un sacrificio y, entonces, espera algo a cambio.
4. El ego no puede sobrevivir sin hacer juicios.

Creencias del ego:

1. Cree que si no cambias no encontrarás la paz.
2. Cree que tienes que hacer algo para demostrar tu valía.
3. Cree que puedes hacer algo para salvar a los demás.
4. Cree que si das pierdes. Te enseña a dar para obtener.
5. Cree firmemente en las comparaciones.
6. Cree que debes valerte por ti mismo para solucionarlo todo.
7. Cree en la carencia.

El ego intoxica tu mente mediante:

1. Sus opiniones, sus rumores, sus miedos y sus insatisfacciones.
2. El ego vive de los derechos y poco de los deberes.
3. Siempre busca más, siempre pide más, nunca tiene bastante.
4. Siempre está evaluando y juzgando, lo hace culpando a los demás, justificándose, inhibiéndose, no se responsabiliza, se excusa siempre.
5. Opina sin saber, supone sin fundamentos, proyecta inseguridad y ansiedad.
6. Su mayor afán es la crítica y negar la virtud.
7. Le encanta el pasado para proyectarse en el futuro.
8. Utiliza la lástima y el dolor para vengarse y justificar sus actos.
9. Se alimenta de la atención explicando historias de dolor.
10. Siempre se queja. Critica para poder sobresalir.

Más sobre el ego:

> «No le tengas miedo al ego. Él depende de tu mente, y tal como lo inventaste creyendo en él, puedes asimismo desvanecerlo dejando de creer en él».[10]

> «Tu ego no puede impedir que Dios resplandezca sobre ti, pero puede impedir que Lo dejes resplandecer a través de ti».[11]

> «Percibe cualquier parte del sistema de pensamiento del ego como completamente demente, completamente ilusoria y completamente indeseable, y habrás evaluado correctamente todo el sistema».[12]

El ego vive asolado por el temor al abandono, al aislamiento y a la muerte, porque está convencido de que, de algún modo, se ha separado de la conciencia original y unitaria de Dios.

UCDM nos trae paz y compresión cuando dice:

> «No te preguntes a ti mismo, por lo tanto, qué es lo que necesitas, pues no lo sabes, y lo que te aconsejes a ti mismo te hará daño. Pues lo que crees necesitar servirá simplemente para fortificar tu mundo contra la luz y para hacer que no estés dispuesto a cuestionar el valor que este mundo tiene realmente para ti. Solo el Espíritu Santo sabe lo que necesitas. Y te proveerá de todas las cosas que no obstaculizan el camino hacia la luz [...] Mientras estés en el tiempo, Él te proveerá de todo cuanto requieras, y lo renovará siempre que tengas necesidad de ello. No te privará de nada mientras lo precises. Más Él sabe que todo cuanto necesitas es temporal, y que solo durará hasta que dejes a un lado todas tus necesidades y te

> des cuenta de que todas ellas ya han sido satisfechas. El Espíritu Santo no tiene, por lo tanto, ningún interés en las cosas que te proporciona. Lo único que le interesa es asegurarse de que no te valgas de ellas para prolongar tu estadía en el tiempo. [...] Deja, entonces, todas tus necesidades en Sus manos. Él las colmará sin darles ninguna importancia».[13]

Como vemos en estos párrafos, podemos utilizar lo que nos ofrece este mundo y Él se encargará de nuestro desapego a las cosas o placeres que el mundo pueda ofrecernos. Puedo poner un ejemplo personal: en estos últimos años, he atravesado más de cien veces el Atlántico, casi siempre haciendo mi trabajo en conferencias, congresos, seminarios y demás. He estado en Cuba, México, Perú, Argentina, Uruguay, Chile, Ecuador, Bolivia, Panamá, Santo Domingo, y en EEUU, en Miami, San Diego y Los Ángeles (California), Chicago, Nueva York y Texas.

Una vez me dije que podría viajar en primera clase porque estaba claro que no iba a hacer turismo ni de vacaciones. Una voz interior me dijo: «No te preocupes. Tú debes viajar en primera. Así, cuando llegues a tu destino estarás descansado y podrás hacer la obra que te he encomendado». Recuerdo que en uno de estos viajes quise viajar en clase turista para poder ir con mis compañeros de trabajo. Luego, por circunstancias totalmente ajenas a mí, el viaje se adelantó y, cuando pedí el pasaje, se me ofreció uno de primera clase, porque estaba muy bien de precio (creo que nunca he pagado menos que esa vez).

Aquí empezó todo. Cometí el error de pensar que los siguientes viajes se me proporcionarían de esta manera. Hasta que llegó un día en el que sentí que ya tenía los medios y la capacidad para adquirir este tipo de pasaje. Mi respuesta fue: «¡Comprendido!», y luego di gracias al Espíritu Santo por cuidar de mi cuerpo real en el mundo de la ilusión. Viajar en primera clase no me hace sentir especial, sino agradecido. Siempre me acuerdo del pasaje de *UCDM* que he citado más arriba.

No hay que desvincularse del mundo; simplemente no debemos prestarle atención para no reforzarlo mediante nuestra condenación y rechazo. Lo que ocurre en el mundo es una magnífica oportunidad de bendecirlo, de aplicar la visión correcta de las cosas, de perdonarlo mediante la aplicación del perdón a nosotros mismos. El mundo no merece condenación, merece nuestras bendiciones, nuestra comprensión. No debemos reforzarlo creyendo que lo hemos de salvar. El mundo se salvará solo o no se salvará. Siempre digo que las noticias son una buena oportunidad de bendecir al mundo y de perdonarnos. Si no lo sabes hacer así, no veas las noticias. Pero mi consejo es que entregues tu visión al Espíritu Santo, para que te dé otra comprensión de las cosas que suceden en el mundo. Tampoco olvides que lo que ves afuera es la manifestación de tu estado mental. Y las noticias, en general, son el estado mental colectivo.

Para terminar, te voy a proponer un ejercicio para liberarse del dolor emocional:

1. Busca una situación en la que haya algún estrés emocional.
2. Entrega las sensaciones físicas de este dolor emocional, deja que se expresen y libéralas sin juicio y sin alimentar al ego pensando que se nos exige un sacrificio, porque creemos tener razón.
3. Se trata de observar sin pensar, pues si pensamos, lo anclamos a un pensamiento y se reflejará en el cuerpo.

Hemos de estar atentos a lo siguiente: *Los pensamientos no son más que racionalizaciones de la mente para tratar de explicar la presencia de la sensación.* Aquí es donde vive el ego, mediante sus explicaciones, justificaciones, lamentos, etc.

LA PERCEPCIÓN

La percepción es el resultado de tu estado mental. Como piensas, así ves.

El *Curso* nos dice: «Tal como el hombre piense, así percibirá». «La percepción selecciona y configura el mundo que ves. Literalmente lo selecciona siguiendo las directrices de la mente». Tu mente inconsciente selecciona lo que tienes que percibir, de esta manera se reprograma continuamente en el mundo que quiere vivir.

Entonces, llegas a decir: ¿Ves como tengo razón?

PROYECCIÓN FRENTE A EXTENSIÓN

Ya hemos visto a grandes rasgos cómo funcionan la dinámica y la percepción del ego, y también cómo actúa y percibe las cosas el Espíritu Santo. No debemos caer en la trivialidad de pensar que, si le entregamos todo al Espíritu Santo, este nos va a resolver todos los problemas, ya sean económicos, relacionales, de salud o de cualquier otra índole. Tampoco debemos creer que basta con desear que el ego no actúe para que el Espíritu Santo lo desmonte.

Ciertamente, *UCDM* afirma:

> «El Espíritu Santo jamás ha dejado de resolver por ti ningún problema que hayas puesto en Sus manos, ni jamás dejará de hacerlo. Cada vez que has tratado de resolver algo por tu cuenta, has fracasado».[1]

Pero esto no significa que podamos entregarle cualquier problema sin más. Lo importante es entregarle nuestra creencia de que el problema existe, pues la mente lo ha hecho real.

Si estamos en el paro, no debemos pedirle trabajo, sino que deshaga la creencia de que es posible vivir esta situación de carencia y necesidad. Que expíe la culpa inconsciente que hay detrás de esa necesidad. Y mi consejo es preguntarle: *Espíritu Santo, ¿qué quieres que haga?*

UCDM declara:

> «Te dirigiré allí donde puedas ser verdaderamente servicial y a quien pueda seguir mi dirección a través de ti».[2]

Y también nos dice:

> «Te encuentras en una situación imposible únicamente porque crees que es posible estar en una situación así».[3]

Algo que hemos de tener muy presente es cómo funciona nuestra percepción del mundo. La mayoría de las personas creen que lo que ven es tal como lo ven, y no son conscientes de que el mundo que perciben siempre es interpretado por nuestro inconsciente, en el cual se hallan todos los programas que hemos recibido de nuestros padres, de los demás antepasados, de nuestra sociedad en particular y del mundo en general.

Es más: no somos conscientes de que todos regimos nuestras vidas por un sistema de creencias y chocamos contra todos aquellos que no hacen o no creen lo mismo que nosotros. Esto provoca una postura de defensa: defender nuestros valores y creencias es fundamental para proteger al ego.

Rechazamos a todo aquel que no piense como nosotros. En el mejor de los casos, desconfiamos. El choque de culturas es uno de los fenómenos más actuales. El mundo se ha empequeñecido; todo se sabe al momento; podemos viajar a cualquier país en cuestión de horas; gracias a internet, la comunicación es prácticamente instantánea. Pero, a pesar de ello, la desconfianza crece porque se hacen más evidentes las diferencias entre culturas, incluso si son similares y hablan el mismo idioma.

Actualmente es fundamental que ejercitemos nuestra plasticidad neuronal para adaptarnos a estos cambios tan rápidos. Si no lo logramos, nuestras relaciones se resienten; tenemos que llegar a acuerdos para poder seguir nuestro camino.

Creo que este tiempo nos ofrece una magnífica oportunidad para canalizar nuestra percepción, basada en nuestras creencias, hacia la comprensión de que el mundo es mundo porque hay infinitas maneras de vivir en él.

Una de las percepciones más elevadas que puede tener el ego es la aceptación de la verdad del otro, pero él sigue pensando que su manera de ver y hacer las cosas es la mejor.

Hemos de ser conscientes de que el ego siempre se está proyectando en los demás, porque de esta manera preserva su individualidad, tan sagrada para él. Para el ego es fundamental tener razón. En el mejor de los casos, puede aceptar que los demás tengan su razón, pero la suya siempre es la mejor. Lo importante es mantener la desconfianza en el otro, estar atentos para que no nos engañen, tener un *as* en la manga, ser precavido. La dinámica del ego consiste en esta forma de pensar: mostrar una cara amable al otro, pero la cara de la desconfianza, de la traición, permanece en la oscuridad. Si podemos pensar así, es porque en el fondo sabemos que nosotros también somos capaces de traicionar si nos lo aconsejan las circunstancias. Entonces, rompemos nuestra palabra y lo justificamos con mil razonamientos. Como dice el refranero popular: *Piensa el ladrón que todos son de su condición.*

Si proyectamos desconfianza es simplemente porque somos desconfiados y si recibimos desconfianza es por la misma razón.

Veamos como trata todo esto *UCDM*:

> «Repudias lo que proyectas, por lo tanto, no crees que forma parte de ti. Te excluyes a ti mismo al juzgar que eres diferente de aquel sobre el que proyectas».[4]

> «La proyección, sin embargo, siempre te hará daño. La proyección refuerza tu creencia de que tu propia mente está dividida, creencia esta cuyo único propósito es mantener vigente la separación. La proyección no es más

que un mecanismo del ego para hacerte sentir diferente de tus hermanos y separado de ellos».[5]

«La proyección y el ataque están inevitablemente relacionados, ya que la proyección es siempre un medio para justificar el ataque. Sin proyección no puede haber ira».[6]

¿Cuál es la alternativa a esta forma de pensar del ego?

Como vemos, el ego es la creencia de que todo está separado y de que apenas nada de lo que hacemos influye en los demás. En una aparente incongruencia, llegamos a pensar que nuestros actos afectan a los demás, pero solamente a una parte, aquella parte de la sociedad con la que tenemos una relación especial. El ego ni siquiera se plantea que podamos influir en quienes no nos importan. Solamente se preocupa de establecer vínculos con personas que nos interesan.

Hoy sabemos que esto no es así, que todo está interrelacionado. En la naturaleza, lo que le ocurre a un eslabón, por ejemplo, en la cadena alimenticia, afecta a todo el conjunto. Esto es evidente incluso desde la percepción newtoniana del mundo. Lo que ocurre en cualquier rincón del planeta al final acaba influyendo en el resto. Solo una mente *dormida* puede pensar que lo que hacemos no afecta a los demás.

«"Si tienes problemas es que estás dormido. La vida no es problemática. Es el yo [(la mente humana]) el que crea los problemas»."

Anthony de Mello

Si nos adentramos en la física cuántica —la física de la *Consciencia*— todo se hace más evidente y claro. La física cuántica nos enseña que el observador influye en lo que observa, y que lo que observa afecta al observador. Se le llama universo participativo, o también holográfico, es decir, que la parte está en el todo y el todo en la parte. También se dice que el universo es fractal, lo cual, expresado de una manera más llana, significa que todos estamos hechos de pequeñas partes iguales que, al juntarse, conforman una parte que es igual a las más pequeñas, pero de mayor tamaño.

En el método de la Bioneuroemoción tenemos muy presente la información heredada, y la ciencia, a través de la Epigenética, nos lo demuestra. Heredamos información de nuestros padres y abuelos, así como el estrés emocional de mamá en la gestación, y también es muy importante el ambiente emocional que vivimos en nuestra infancia.

Esta información condiciona nuestra forma de ver y entender el mundo y, quizás, lo más importante sean nuestras reacciones emocionales y conductuales.

Freud pretendía dejar claro que:

> «[...] todas las decisiones conscientes vienen determinadas estrictamente por fuerzas inconscientes [...] que toda decisión es una ilusión y que la conciencia no posee función alguna».

Carl G. Jung nos dice:

> «Si las cosas van mal en el mundo es porque algo va mal en los individuos, porque algo no funciona en mí. Por lo tanto, si soy sensible, primero me he de poner en orden yo».

> «Yo soy el guardián de mi hermano porque mi hermano es una parte de mí».[7]

Nos damos cuenta de que las vivencias emocionales de nuestras madres afectan al futuro de los hijos, tal como explica la doctora Nessa Carey en su libro *La revolución epigenética,* donde nos habla de la hambruna que se vivió en Holanda durante la segunda guerra mundial. Hubo espantosas privaciones de comida en las que murieron veintidós mil personas. Una primera consecuencia fue el peso de los niños al nacer. Si una madre había estado bien nutrida en los primeros meses de gestación y desnutrida los últimos meses, su hijo tenía muchas probabilidades de nacer pequeño. Si, por el contrario, la desnutrición había sido a los primeros meses, pero luego se había alimentado bien, era probable que el hijo tuviera un peso normal.

Mas tarde, los epidemiólogos vieron que los niños que habían nacido pequeños seguían siendo pequeños, y los que nacieron con un peso normal tenían obesidad. También vieron que los niños que nacieron pequeños tenían más posibilidades de desarrollar trastornos mentales.

En mi libro *El arte de desaprender*, en el capítulo sobre la epigenética, explico un experimento que tiene que ver con el olor de las almendras en flor.[8] Básicamente demuestra que cuando unos ratones se acercaban a un olor concreto —el de los almendros en flor—, recibían una descarga eléctrica. Las terceras y cuartas generaciones de esos ratones reaccionaban con aversión a dicho olor.

En la contraportada del periódico *La Vanguardia* pudimos leer un artículo titulado *Emociones desde el útero,*[9] donde se recalca la importancia del estado emocional de mamá durante la gestación y cómo afecta a su hijo.

Se trata de que empecemos a ser conscientes de que funcionamos con unos programas que proyectamos en el mundo, y creemos que somos el programa. Todo esto queda muy bien explicado en la película *Matrix*, aunque esté aderezado con un melodrama propio de cualquier película.

Todos estos conocimientos me llevan a tomar consciencia de que lo que me ocurre quizás tenga algo que ver conmigo, que quizás no sea verdad que yo no tengo nada que ver con los acontecimientos diarios de mi vida. Esta es una magnífica reflexión para empezar a responsabilizarme de mi vida, para pasar de un estado de adolescencia psicológica a otro de madurez.

UCDM arroja luz sobre todo esto con su metafísica:

> «El Espíritu Santo extiende y el ego proyecta. Del mismo modo en que los objetivos de ambos son opuestos, así también lo son sus resultados».[10]

> «El Espíritu Santo comienza percibiendo tu perfección. Como sabe que esta perfección es algo que todos comparten, la reconoce en otros, y de esta forma la refuerza tanto en ti como en ellos».[11]

> «Los pensamientos se originan en la mente del pensador, y desde ahí se extienden hacia afuera. Esto es tan cierto del Pensamiento de Dios como del tuyo. Puesto que tu mente está dividida, puedes percibir y también pensar. No obstante, la percepción no puede eludir las leyes básicas de la mente. Percibes desde tu mente y proyectas tus percepciones al exterior. Aunque la percepción es irreal, el Espíritu Santo puede usarla provechosamente por el hecho de que tú la concebiste. Él puede inspirar cualquier percepción y canalizarla hacia Dios».[12]

Y esto queda resumido de la siguiente manera:

> «La diferencia entre la proyección del ego y la extensión del Espíritu Santo es muy simple. El ego proyecta para excluir y, por lo tanto, para engañar. El Espíritu Santo extiende al reconocerse a Sí Mismo en cada mente, y de esta manera las percibe a todas como una sola».[13]

UCDM hace unas reflexiones muy interesantes relacionadas con la proyección y la extensión. Reinterpreta nuestra idea de que estamos separados y de que somos víctimas de las circunstancias. Nos invita a ver y a comprender que, en realidad, los acontecimientos aparentemente externos a nuestras vidas han sido atraídos por nosotros inconscientemente mediante el mecanismo de la proyección. Proyectamos porque creemos que de esta manera nos liberamos de aquello que percibimos, y declaramos que no tiene nada que ver con nosotros. No nos damos cuenta de que aquello que damos, o proyectamos, es lo que recibimos. Esta es una ley universal; recibes aquello que das o, en términos de la sabiduría popular: *Uno siempre recoge lo que siembra*, y lo que sembramos son nuestros pensamientos y nuestros juicios.

> «Es probable que hayas estado reaccionando durante muchos años como si te estuviesen crucificando. Esta es una marcada tendencia de los que creen estar separados, que siempre se niegan a examinar lo que se han hecho a sí mismos».[14]

Por eso en el *Curso* encontramos las leyes del Espíritu Santo, leyes que es muy conveniente recordar para poder hallar el estado de paz necesario para nuestra sanación. Veámoslas:

1. *Para poder tener, da todo a todos.*

Obviamente, no se te pide que des tu Ferrari ni tu casa ni tu dinero a los demás. Eso no tiene ningún sentido. Esta ley hay que entenderla desde un plano metafórico y metafísico. Porque lo que te pide el Espíritu Santo es que des lo único que es real en ti, y te recuerda que tu Ferrari y tus posesiones no lo son, es más: ni siquiera lo es tu cuerpo.

> «[...] solo la mente es real porque es lo único que se puede compartir. El cuerpo es algo separado y, por lo tanto, no puede ser parte de ti».[15]
> «Ser de una sola mente tiene sentido, pero ser de un solo cuerpo no tiene ningún sentido».[16]

> «El Espíritu Santo lo ve [el cuerpo] solo como un medio de comunicación y, puesto que comunicar es compartir, comunicar se vuelve un acto de comunión».[17]

2. *Para tener paz, enseña paz para así aprender lo que es.*

Si nos sentimos separados es lógico que tengamos miedo y, si vivimos con miedo, es debido a que creemos que podemos ser atacados, que podemos ser abandonados. Esto es lo que el ego pretende que creamos constantemente.

El *Curso* nos inspira un cambio de mentalidad. Para conseguirlo, debemos ser conscientes del conflicto presente en nuestra mente entre la forma de pensar del ego y la propuesta del Espíritu Santo de cambiar nuestra manera de pensar.

Para estar en paz, es imprescindible que nuestra mente no esté en conflicto y, para ello, debemos reaccionar sin olvidar que aquello que vemos no es importante y que no es la verdad. Debemos tener plena conciencia de que lo que vemos lo hemos atraído nosotros a nuestra experiencia. Esto evitará que entremos en conflicto. Es verdad que nos producirá cierto desasosiego, pero también es verdad que ese es el momento de entregarle la percepción al Espíritu Santo.

Cuando hacemos esto, estamos eligiendo al maestro que queremos seguir. Nuestra mente no está libre de las directrices del ego, pero hemos decidido y, por lo tanto, recibiremos la respuesta.

> «Al dar este paso y seguir en esa dirección, estarás avanzando hacia el centro de tu sistema de pensamiento, donde tendrá lugar el cambio fundamental».[18]

3. *Mantente alerta solo en favor de Dios y de Su Reino.*

Para poder hacer esto es necesario no juzgar; así, permites al Espíritu Santo que te inspire Su percepción y lo ayudas a que la Filiación, como Una, se mantenga alerta al estado de separación en la mente.

Hay que mantener la mente en constante alerta y evitar el conflicto.

> «No se ocupa de la cuestión de los grados de dificultad, sino del hecho de que tu primera prioridad debe ser mantenerte alerta. [...] Aquí, pues, es donde se te pide que seas consistente a pesar del caos».[19]

Cuando tu mente no enjuicia, es decir, cuando está bajo la protección del Espíritu Santo, se encuentra protegida gracias a la elección que hiciste. Decidiste estar en paz, para ello no haces juicios, y cuando los haces se los entregas al Espíritu Santo para que los deshaga. Al principio, esto requerirá un esfuerzo por tu parte, pero finalmente, este esfuerzo no será necesario, cuando aprendas a tener perfecta seguridad en Dios.

> «El tercer paso, por lo tanto, es una afirmación de lo que quieres creer, y requiere que estés dispuesto a abandonar todo lo demás. [...] La vigilancia requiere esfuerzo, pero solo hasta que aprendas que el esfuerzo en sí es innecesario. [...] Descansa en la perfecta seguridad de Dios».[20]

Este sí que es un trabajo de Amor, un trabajo basado en mantenerse alerta a los pensamientos que pululan por la mente. Muchas personas piensan que si no meditas, no eres espiritual. A veces me preguntan si hago meditación, les digo que no practico la meditación sobre la cual me preguntan. Se quedan sorprendidos; les parece imposible que, sin meditar, pueda transmitir el mensaje que llevo. Luego les aclaro que yo hago la meditación que propone *UCDM*, que es precisamente esta: mantenerme alerta solo en favor de Dios y de Su Reino o dicho de otra manera, procuro mantenerme alerta para no juzgar y ver a Dios en todo lo que me rodea. Cuando *patino*, y os aseguro que al principio uno *patina* mucho, aplico el perdón a través de la Expiación.

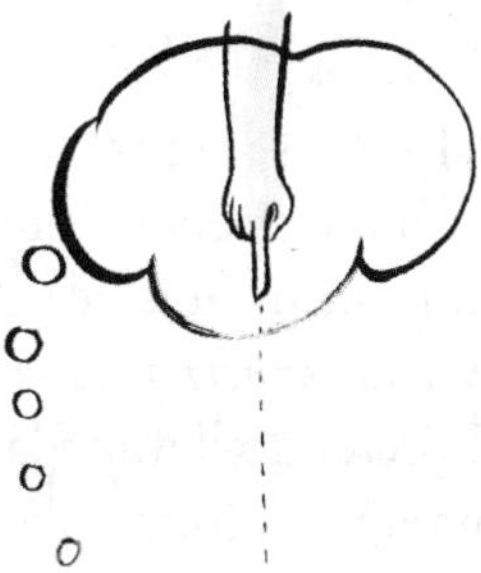

LA ENFERMEDAD

La enfermedad es la expresión física o mental de un desequilibrio entre lo que pienso, lo que siento y lo que hago. Es la expresión y vivencia de mi incoherencia emocional. Somos información y heredamos información que se expresa en nuestra genética y, tal como ya hemos visto, mediante la epigenética.

> «Nos es lícito suponer que ninguna generación es capaz de ocultar a la que le sigue sus procesos anímicos de mayor sustantividad».
>
> Sigmund Freud.

El cuerpo es un medio de comunicación, todo síntoma merece indagación. El cuerpo expresa muchas veces lo que la mente calla. *UCDM* deja claro que la función principal del cuerpo es la comunicación. El doctor David R. Hawkins nos recuerda lo mismo cuando dice:

> «Lo valioso del cuerpo es su capacidad de comunicación. Es un medio para transmitir información y compartir conciencia».

Este apartado del libro se centra en la enfermedad, en su aspecto emocional, en las creencias que se hallan en nuestro inconsciente y en la información heredada epigenéticamente que nos hace vivir las *experiencias de la vida* de una manera condicionada. Pretendo llevar a la persona a otra forma de mirar, de percibir el mundo, y ofrecer otra manera de ver y entender las diferentes situaciones. Desde la *Conciencia de Unidad*, buscamos sanar nuestra mente, pues en ella se encuentran los recursos para cambiar nuestra percepción y nuestro estrés emocional.

> «Si cambiamos nuestro ambiente emocional, podemos reescribir nuestra historia. Si yo te dijera que solo con tomar conciencia de un problema de salud, tienes ya la capacidad de encontrar una solución al problema, una solución adaptada: ¿que te parecería?».
>
> Doctora Nathalie Zanmatteo

Nuestro cuerpo se adapta a los ambientes de estrés. Los síntomas nos permiten identificar nuestras incoherencias y evolucionar. Los síntomas físicos están vinculados con nuestra percepción y nuestras creencias.

En el método de la BNE tenemos muy claro que las causas que motivan la aparición de un síntoma responden a múltiples factores. El interés de la Bioneuroemoción se centra en el factor emocional, es decir, en los ambientes que provocan un estrés en la persona y que afectan directamente al cuerpo. El objetivo de la BNE es reducir dicho estrés mediante un cambio de conciencia.

El doctor Pere Gascón, oncólogo del Hospital Clínic de Barcelona, resalta la importancia del estrés crónico con relación a las enfermedades degenerativas. El doctor Robert Waldinger, de la Universidad de Harvard, en su *Estudio del desarrollo de adultos* nos muestra la importancia de las relaciones de calidad en la salud física y emocional de las personas, con independencia de las clases sociales. Estas son algunas de las conclusiones a las que llega:

1. La primera es que el contacto social nos hace bien, y que la soledad mata.
2. La segunda gran lección es que lo que importa no es la cantidad de amigos que tengamos y tampoco es muy relevante que estemos en una relación, la clave está en la calidad de las relaciones más cercanas. Resulta que vivir en medio del conflicto es muy malo para la salud. Por ejemplo, los matrimonios muy conflictivos y sin mucho afecto resultan muy malos para la salud, quizá peores que el divorcio. Vivir en medio de relaciones buenas y cálidas ofrece protección.
3. La tercera gran lección que aprendemos sobre las relaciones y la salud es que las buenas relaciones no solo protegen el cuerpo, también protegen el cerebro.
4. La conclusión es: las buenas relaciones nos hacen más felices y más saludables. Punto.

Estar enfermo implica batallar en secreto entre una serie de creencias que anidan en mi mente. La creencia subyacente es que la que triunfe será la verdad. La enfermedad es no escuchar los dictados de mi corazón, es la creencia de que yo debo resolver mis problemas, la creencia en mi soledad, en mi desconexión con todos, es la creencia de que soy un cuerpo y este fabrica mi mente, es la creencia de que mis pensamientos no crean nada y que, al abandonar su fuente, que es mi mente, desaparecen. La enfermedad es creer que mi percepción es verdad, que las cosas son como las veo, no como las interpreto. La enfermedad es la creencia en el sufrimiento y en el sacrificio, valores que resaltan mi desconexión de la divinidad y que son el resultado de la creencia en el pecado y la culpa. Detrás de toda enfermedad, hay una gran culpabilidad, y la mayoría de las veces es totalmente inconsciente.

Se ha de recalcar la gran importancia de alimentar las denominadas creencias irracionales, las que están basadas en los *debo de* y los *tengo que*. El objetivo de la Bioneuroemoción es detectar estas creencias dogmáticas y cambiar las inferencias erróneas. Estas creencias bloquean el bienestar emocional y acumulan estrés.

Son creencias que se alimentan de la obligación, de tener que hacer. Muestran el *batallar secreto* en el que se halla nuestra mente. Este batallar, como demuestra la ciencia, afecta a nuestra salud en todos los ámbitos. Nosotros en BNE, al igual que *UCDM*, nos centramos en los factores emocionales y procuramos hacer consciente a la persona que nos consulta del *desorden* que hay en su psique. Dicho de otra manera, la acompañamos a realizar un cambio de percepción, donde no estén presentes el juicio y el victimismo.

Sentirse enfermo es sentirse solo, es sentirse abandonado, es un miedo a la profunda carencia, es la creencia de que es posible no tener nada, vivir la vida exterior y no vivir la interior, es querer cambiar las cosas para que sean como a uno le gustaría. La enfermedad tiene sus ídolos. Uno de ellos, quizás el más importante, es el miedo a Dios. Un miedo basado en el fuerte sentimiento de separación con respecto a Él. Miedo a su juicio, a su condena, miedo a no ser lo suficientemente bueno, miedo de no agradarle.

La pérdida y la escasez son algunas de las creencias que alimentan la enfermedad. Nacen del miedo profundo a estar aislados del *Todo* y de todos. Es la creencia en la flaqueza, en la debilidad, en el poder del más fuerte, o sea, en el ataque. Las creencias irreconciliables influyen en nuestro organismo y acaban reflejando alteraciones en el cuerpo. *UCDM* nos lo deja muy claro en el capítulo *La guerra contra ti mismo*.

UCDM dice:

> «Nadie que tenga un enemigo es fuerte, y nadie puede atacar a menos que crea tener un enemigo. Creer en enemigos es, por lo tanto, creer en la debilidad, y lo que es débil no es la Voluntad de Dios».[1]

LAS RELACIONES COMO FUENTES DE DOLOR

Entre los principales fenómenos que alimentan la enfermedad, ocupan un lugar destacado las relaciones humanas. Ya hemos visto el *Estudio del desarrollo de adultos,* del doctor Waldinger, realizado durante más de 75 años en la Universidad de Harvard. En él deja claro que las personas que han tenido relaciones conflictivas o han vivido en soledad tienen más problemas de salud. Toda relación nace de la creencia de que el otro puede darte aquello que consideras que te falta. Crees que ahí fuera hay alguien especial que te puede hacer feliz. Proyectas en el otro tu necesidad y llegas a decir cosas como: «Desde que te conocí, soy un hombre/una mujer tremendamente feliz». Al principio, esto puede enorgullecer al otro, pero al final se convierte en una espada de doble filo, y uno de estos filos atrapa a ese otro en la creencia de que no puede terminar esta relación porque no quiere hacerte daño. En el otro filo, busca sustitutos a la relación, pero ello lo lleva a la culpa. Otra opción consiste en adaptarse y sufrir en silencio la soledad y el miedo a ser abandonado. Estas relaciones, nacidas de la culpa y del miedo a la soledad, ocultan profundas creencias de nuestros padres y demás antepasados.

En la Biblia está escrito que *los pecados de nuestros padres se heredarán hasta la tercera y la cuarta generación*. Podríamos preguntarnos por qué esto es así y qué culpa tenemos de los pecados de nuestros padres. Este pensamiento es la expresión de la creencia en que todo está separado. Es la creencia que alimenta el ego y que muchas veces se expresa como: «¿Qué he hecho yo para merecer esto?». Aquí reside el victimismo, el miedo a un Dios castigador, la idea de que estoy fuera del *Cielo* y para volver a entrar tengo que ser *bueno*, lo cual implica que soy *malo*.

Recomiendo al lector interesado el libro de Nina Canault, *Cómo pagamos los errores de nuestros antepasados*. En él podemos ver que la información ni se crea ni se destruye, se transforma. Este es uno de los propósitos de este libro: la toma de *Conciencia* y la consecuente liberación de la culpa y del victimismo.

El Espíritu Santo te enseña que heredas *los pecados* de tus padres para liberarlos, con tu comprensión primero y con tu perdón después. Así, redimes a la Filiación, de alguna manera cortas el sueño de separación y *sabes* que tu alma está limpiando lo que las almas de tus ancestros han creído que eran sus pecados. Muchas veces almas elevadas, más despiertas, redimen nuestros pecados con sus manifestaciones físicas de enfermedades, y con su inocencia nos enseñan el amor incondicional.

UCDM reinterpreta la frase bíblica: *castigaré los pecados de los padres hasta la tercera y la cuarta generación* de la siguiente forma:

> «Para el Espíritu Santo, la frase significa que en generaciones posteriores Él todavía podrá reinterpretar lo que las generaciones previas habían entendido mal, anulando así la capacidad de dichos pensamientos para suscitar miedo».[2]

Desde esta perspectiva, tus relaciones se convierten en una oportunidad para sanarte y para sanar, porque comprendes que en verdad tú no te relacionas con nadie, sino que te relacionas contigo mismo a través de los demás. Por eso serás tratado como trates a los demás.

> «El ego entabla relaciones con el solo propósito de obtener algo. Y mantiene al dador aferrado a él mediante la culpa. [...] Pues el ego cree realmente que puede obtener algo y conservarlo haciendo que otros se sientan culpables».[3]

Y siguen las reflexiones del *Curso*:

> «El sufrimiento y el sacrificio son los regalos con los que el ego bendice toda unión. [...] El sacrificio, que él considera una purificación, es de hecho la raíz de su amargo resentimiento».[4]

> «El sacrificio es un elemento tan esencial en tu sistema de pensamiento, que la idea de salvación sin tener que hacer algún sacrificio no significa nada para ti. Tu confusión entre lo que es el sacrificio y lo que es el amor es tan aguda que te resulta imposible concebir el amor sin sacrificio. Y de lo que debes darte cuenta es de lo siguiente: el sacrificio no es amor, sino ataque».[5]

Por eso, deberíamos comprender que las relaciones, sean del cariz que sean, son la manifestación de nuestros programas inconscientes. Está escrito que todos aquellos que deban encontrarse se encontrarán. En muchas de nuestras relaciones buscamos en los demás el amor del padre o de la madre ausentes, a veces el amor perdido de alguno de nuestros abuelos. Es posible que no tengamos hijos porque algún ancestro los tenía fuera de la norma, o que seamos presidentes de una liga antialcohólica si un ascendiente nuestro, en relación directa con nosotros, era alcohólico. Hasta nuestras profesiones están reguladas por estos programas inconscientes, por este *inconsciente familiar*. En mi caso particular, mi vocación de hablar de Dios, pero de un Dios de amor, ha nacido para reparar en mi familia la creencia en un Dios castigador. Mis padres, seguidores del fundamentalismo católico, me educaron con un profundo temor a Dios. Un Dios vigilante, del cual parecía que tenía que esconderme, pero siempre se me repetía que Dios lo ve absolutamente todo y castiga las malas acciones y los malos pensamientos. Recuerdo que, cuando tenía que confesarme, y debía hacerlo con frecuencia, muchas veces me inventaba los pecados, porque un día el sacerdote me dijo: «Es imposible que no hayas pecado, ¿no sabes que Dios lo sabe y lo ve todo?».

Nací con una tremenda culpa, viví en la culpa y el miedo a Dios. Pero algo en mi interior se reveló, y un día me fui a la iglesia de mi pueblo y, haciendo gala de mi honestidad, le dije al Dios que me decían que estaba allí: «Mira, Dios, vengo a decirte que no creo más en ti. Estoy cansado de tenerte miedo, estoy cansado de vivir con una culpa permanente. Si vas a castigarme por esto, pues castígame y santas pascuas. Pero quiero que sepas que no te aguanto más y no creo que tú seas bueno. Tiene que haber otro Dios más amoroso», y me fui.

Hoy comprendo todo esto, lo veo a la luz del Espíritu Santo y sé que con mi *plática* sobre un Dios de amor estoy liberando *cargas* y *culpas* de mis predecesores.

Esta fuerza interior hizo que un día le pidiese al universo hacer un curso, pero no un curso cualquiera, sino un *Curso* con mayúsculas. Y a los pocos meses me regalaban *Un curso de milagros*. De esto hace ya veintiocho años.

A este tipo de relaciones, *Un curso de milagros* las llama *especiales*, y las llama así por razones obvias, pues se trata de la creencia de que una unión especial aquí en la Tierra te hace encontrar el *Cielo*. Sin embargo, se trata del arma principal del ego para impedir que llegues al *Cielo*. Creer en un amor especial alimenta la separación. Este amor se convierte en odio, y la relación es de amor/odio. Y creemos que esto es lo normal. Tenemos reacciones de ira combinadas con otras de amor, y pensamos que es natural. Es natural para el ego, pero no para el Espíritu Santo. Por eso Él te pide que le entregues esta relación especial, para darle un toque de santidad y que no sea una fuente de dolor.

«El dolor no es un proceso físico. Es un proceso mental».[6]

Unas reflexiones de Buda con relación al dolor:

«El dolor es inevitable, el sufrimiento es opcional».
«No lastimes a los demás con lo que te causa dolor a ti mismo».

¡Qué paz sientes cuando lees lo siguiente en *UCDM*!:

«Santo hermano mío, quiero formar parte de todas tus relaciones e interponerme entre tus fantasías y tú. Permite que mi relación contigo sea algo real para ti, y déjame infundirle realidad a la percepción que tienes de tus hermanos. No fueron creados para que pudieses hacerte daño a través de ellos. Fueron creados para crear junto contigo. Esta es la verdad que quiero interponer entre tu objetivo de locura y tú. No te separes de mí ni dejes que el santo propósito de la Expiación se pierda de vista en sueños de venganza. Las relaciones en las que tales sueños se valoran me excluyen a mí. En el Nombre de Dios, déjame entrar a formar parte de ellas y brindarte paz para que tú a tu vez puedas ofrecerme paz a mí».[7]

¿Cuál es la causa de las relaciones que *UCDM* llama especiales? La respuesta es: la empatía.

Esta es una cualidad muy humana que nos permite ponernos en el sitio de otro. Si no controlamos esta cualidad que nos hace humanos, si nos dejamos llevar por ella, nos lleva al sufrimiento. Sufrimos como si lo que vemos en el otro nos pasara a nosotros mismos. Sabemos que nuestro inconsciente no puede distinguir lo real de lo virtual. Es más: si tememos que nos ocurra algo, nuestro cuerpo muestra los síntomas de ese estado emocional. Esto demuestra claramente que no es el cuerpo el que se pone enfermo, pues solamente refleja un estado emocional alterado.

Percibimos que al otro le sucede algo y esto nos hace sufrir. No sufrimos igual ante lo que percibimos que les sucede a otros; hay partes de nuestra percepción que nos afectan más que otras. Desde el punto de vista del ego, esto es muy natural y normal. Él solamente ve la separación y utiliza la empatía

> «[...] para entablar relaciones especiales en las que el sufrimiento se comparte».[8]

Alguien dirá: «Hombre, es muy normal sufrir por alguien que quieres». La respuesta también es obvia: «Claro».

No se trata de no identificarse con lo que le sucede a una persona muy allegada a ti. Se trata de no utilizar el sufrimiento. De ocuparte, de hacer lo que haga falta para que esta persona se sienta aliviada, pero, sobre todo, se trata de no sufrir. El sufrimiento es una fuerza emocional capaz de alterar toda nuestra fisiología, nos hace enfermar y detrás del sufrimiento se va acumulando resentimiento, el cual intoxica nuestra mente. Como siempre digo: acumular resentimiento contra algo o alguien es como tomarse una copa de veneno y esperar que se muera el otro. ¿De qué nos sirve enfermar cuando ya hay alguien que está enfermo? Lo único que consigues es aumentar el dolor y el sufrimiento. En mi trabajo, relacionado con el estudio de las emociones, llevo a mis clientes a buscar los conflictos en su inconsciente mediante la autoindagación y la gestión emocional, con una mente inocente.

Una de las cosas que siempre les digo es: «El dolor físico es equivalente al dolor emocional». Debemos cuidar nuestras emociones y experimentarlas, como es normal, pero hemos de procurar evitar que hagan mella en nuestra mente, porque esto la desestabiliza y nuestro cuerpo se resiente. En la mente dividida, el ego reina y se identifica solamente con una parte. Por eso el Espíritu Santo reinterpreta lo que vemos y utiliza la empatía a Su manera, siempre que nosotros le dejemos hacerlo.

> «Él no comprende el sufrimiento, y Su deseo es que enseñes que no es comprensible».[9]

> Veamos el enfoque que *UCDM* le da a la empatía:
> «Sentir empatía no significa que debas unirte al sufrimiento, pues el sufrimiento es precisamente lo que debes negarte a comprender. Unirse al sufrimiento del otro es la interpretación que el ego hace de la empatía, de la cual siempre se vale para entablar relaciones especiales en las que el sufrimiento se comparte».[10]

> «La prueba más clara de que la empatía, tal como el ego la usa, es destructiva, reside en el hecho de que solo se aplica a un determinado tipo de problemas y a ciertos individuos».[11]

Como decía antes, el ego utiliza la empatía para identificarse con lo que él cree. Necesita sentirse seguro de su percepción y reforzar su realidad: la de estar separado, la del dolor, la del sufrimiento, en definitiva, la de la separación. Él no sabe que su percepción está creando su realidad y que lo hace a través del campo cuántico o de consciencia. No sabe que lo que cree es lo que se manifiesta y, al ver la manifestación, cree tener razón. El ego es una creación de la mente y la mente se identifica con él creyendo que es algo aparte. La mente inconsciente dividida se proyecta en el mundo creyendo que lo que ve está separado de ella.

> «El ego siempre utiliza la empatía para debilitar, y debilitar es atacar».[12]

> «[...] Es imposible que sepas cómo responder a lo que no comprendes. No caigas en esta tentación ni sucumbas al uso triunfante que el ego hace de la empatía para su propia vanagloria».[13]

La empatía utilizada por el ego fragmenta y, por lo tanto, debilita. Por el contrario, la que utiliza el Espíritu Santo une y se vale de tu capacidad para ser fuerte.

Vamos a tomar Conciencia de cómo el ego utiliza las relaciones:

1. Usamos a las otras personas como pantallas para proyectar en ellas los sentimientos que no deseamos percibir en nosotros.
2. Para acusar a alguien de nuestros problemas.
3. Para comparar y juzgar a los demás.
4. Para dar amor cuando él o ella se comporta como tú quieres.
5. Para recordar viejas heridas y mostrarlas a la menor oportunidad de enfado.
6. Las relaciones especiales son el mayor ídolo de la separación.

Veamos cómo utiliza las relaciones el Espíritu Santo:

1. Como una oportunidad de unirnos a los demás.
2. Una magnífica oportunidad de conocernos a nosotros mismos.
3. Cada relación lleva implícita una enseñanza. Es el camino a la maestría.
4. Para aplicar el perdón a nosotros mismos.
5. Para liberarnos de la culpabilidad.
6. Para comprender que siempre estamos frente a nosotros mismos.

«El ego no quiere que nos amemos a nosotros mismos, nos hace buscar a otros que nos amen».

Gerald G. Jampolsky

LA CREENCIA EN EL TIEMPO

Otra de las causas de la enfermedad es la creencia en el tiempo. Sabes que el tiempo es relativo, pero saberlo no sirve de nada si te sientes atrapado en él. El tiempo puede ser apremiante; sientes que se encoge y no te das cuenta de que el miedo está detrás de esta forma de percibirlo.

UCDM nos enseña:

«Tanto el tiempo como la eternidad se encuentran en tu mente, y estarán en conflicto hasta que percibas el tiempo exclusivamente como un medio para recuperar la eternidad. No podrás hacer esto mientras sigas creyendo que la causa de cualquier cosa que te esté ocurriendo se encuentra en factores externos a ti. Tienes que aprender que el tiempo solo existe para que hagas uso de él, y que nada en el mundo puede eximirte de esta responsabilidad».[14]

Lo que debemos hacer es entregar el tiempo al Espíritu Santo para que Él lo use como necesitemos. Creemos en el tiempo y lo vivimos psicológicamente. A veces, pasa una hora y la vivimos como si se tratara de unos minutos y, otras veces, unos pocos minutos se nos hacen eternos. Todo está en nuestra mente y, es por ello que, entregárselo al Espíritu Santo es una de las mejores cosas que podemos hacer.

Además, experimentamos el tiempo como dividido en pasado, presente y futuro, aunque sepamos que esto no es cierto gracias a Einstein y a la Física Cuántica. Es más: no existen el espacio y el tiempo, existe el espacio-tiempo y, además, se puede curvar.

Sabemos que el tiempo es *holográfico*, lo que nos indica que pasado, presente y futuro ocurren simultáneamente y, según el *Curso*, en realidad, el tiempo ya se ha acabado. Más adelante desarrollaré esta tesis.

Vivir el tiempo psicológico, que es vivir el tiempo como separado, nos hace enfermar, pues vivir en el pasado nos puede conducir a la depresión, y vivir en el futuro a la ansiedad. No sabemos vivir en el presente. Nuestra mente dual siempre está ocupada en resolver problemas por pequeños que sean, preocupada por el mañana, con la creencia de que esta preocupación nos puede ayudar a solucionar futuros problemas. Y no somos conscientes de que esta misma fuerza mental nos hace vivir los problemas que queremos evitar. Pensar en el pasado es estar muerto y además nos lleva a repetir los mismos errores que queremos evitar. Dices cosas como: «No seré como mi padre», y luego te das cuenta, o te hacen darte cuenta, de que haces lo mismo que él, aunque lo hagas de otra manera, con otra polaridad, sobre otras cosas, y por eso no lo reconoces. No ves que tu atención a lo que vives ahora determina las futuras experiencias, sobre todo si tu atención está llena de juicios y condenas hacia lo que estás viendo. Pon atención a tu vara de medir y pon atención a lo que mides, no te quejes más tarde por la manera en que eres medido y juzgado.

Vivir el presente es prestar atención a él y no hacer juicio alguno. Podemos estar en desacuerdo con las ideas que percibimos, rechazarlas o no prestarles atención; lo que debemos evitar es hacer juicios de valor sobre la persona que expresa las ideas y sobre todas las cosas que nos ocurren.

¿Por qué crees que existe el tiempo?

Ya conoces la respuesta: por la creencia en la separación.

Entonces, ¿si vivo en el presente, y solamente en el presente, el tiempo desaparece?

No desaparece. Simplemente lo percibes de otra manera, tu mente entra en otro espacio-tiempo y tienes la sensación de tener más tiempo. Ello te permite darte cuenta de que el tiempo es mental. Entonces dices: «El tiempo me cunde mucho». «Parece que tienes tiempo para todo», me dicen mis amigos y personas queridas. «¡No corras tanto!», exclaman algunos.

Cuando mi hijo me comentaba que no había tenido tiempo para estudiar y que por ello no se presentaría a un examen, le decía:

«Ponte a estudiar como si tuvieras todo el tiempo del mundo, sin preocuparte para nada de los resultados. Ya sabes que ahora estas suspendido, estudia sabiendo esto y cambiarás tu realidad». Siempre ha aprobado los exámenes después de esta recomendación.

Cuando tu mente se aquieta, cuando simplemente observa, ella puede saber qué es lo mejor en cualquier situación.

> «El Espíritu Santo tiene que percibir el tiempo y reinterpretarlo como eterno. Tiene que llevar a cabo Su labor mediante el uso de opuestos porque tiene que operar para una mente y con una mente que está en oposición».[15]

REFLEXIONES

El budismo nos dice:

«La conciencia se despliega como tiempo».
«Para que surja el Espacio/Tiempo hace falta un observador».

«En el principio sólo había probabilidades. El universo sólo podía acceder a la existencia si alguien lo observaba. No importa que los observadores aparecieran varios miles de millones de años más tarde. El universo existe porque tenemos conciencia».

Martin Rees
(Catedrático de la Universidad de Cambridge y astrónomo real de Inglaterra.)

1. Una mente que presta atención en el aquí y en el ahora no vive del pasado, aprende de él, y no se preocupa del futuro, pues el futuro es la expresión de esta conciencia.
2. Estar atrapado en el tiempo es estar atrapado en el pasado. Repetimos historias una y otra vez.
3. Nuestro presente está atiborrado de percepciones, de vivencias y experiencias del pasado, y todo ello impide crear nuevas realidades.

LA CREENCIA EN EL ATAQUE

Otra causa de la enfermedad es la creencia en el ataque, la creencia de que puedes herir y ser herido. Para atacar debes creer que estás separado del que atacas, y lo mismo ocurre cuando percibes ataque.

Para el Espíritu Santo el ataque no es posible, en ninguna dirección. Porque el ataque, de ser posible, es siempre contra uno mismo. Por eso nos enseña a poner la otra mejilla.

> «La paz es el mayor enemigo del ego porque, de acuerdo con su interpretación de la realidad, la guerra es la garantía de su propia supervivencia. El ego se hace más fuerte en la lucha».[16]

Un ataque muy frecuente y que muchas veces es inconsciente es el ataque a uno mismo. Como ya he explicado, el ego siempre se ocupa de llevarnos a extremos mediante la comparación. Esto implica una lucha interior permanente y un estado de insatisfacción que nos hace perder la paz y nos mantiene en una lucha agotadora para conseguir aquello que creemos que nos falta.

> «Cuando no te consideras valioso, enfermas, [...]».[17]

Ya he dejado muy claro la importancia de sanar la mente. La desvalorización es fuente de mucho sufrimiento, pues lleva implícito el deseo oculto de que los demás te aprueben y te reconozcan. No comprendes que los demás te hacen de espejo. El único ataque posible siempre es contra ti mismo, por eso hay que mantenerse alerta ante esta tentación: proyectar la causa al exterior.

Lo más importante para lidiar con la experiencia de ataque sin caer en la trampa del ego es saber que todo ataque que percibas de tu hermano contra ti, en realidad es un ataque que tú mismo diriges contra ti a través de tu hermano. Esta inversión de pensamiento tan radical, tan opuesta a lo que el mundo piensa, deshace al ego. Ello se debe a que el ego siempre tiene que proyectar su propia culpa en los demás. Pretende potenciar el victimismo, eludir la responsabilidad que uno tiene con relación a lo que piensa continuamente.

Debes tomar conciencia de que el insulto que recibes es tu propio insulto; de que la violencia que recibes es tu propia violencia hacia ti mismo, revestida de falta de respeto; de que, cuando te roban, has de plantearte cómo te estás robando y qué es lo que te robas. Y lo mismo se aplica a cualquier situación en la que te encuentres, ya sea de alegría o de dolor. Debes saber que eres tú y solamente tú el autor del acontecimiento, y que nunca fue tan verdad la famosa frase: «Dios los cría y ellos se juntan». El problema no es que me maten, el problema es que tiene que haber alguien que lo haga. En el mundo de la dualidad, el pensamiento es dual; siempre habrá luces y sombras en este mundo ilusorio.

En manos del ego el pensamiento divide la mente entre lo bueno y lo malo y, en el momento en que la mente dividida decide juzgar algo, refuerza lo opuesto. La virtud siempre va acompañada del pecado, mi creencia en lo que es bueno refuerza lo que creo que es malo. Si estoy pensando que el dinero es malo, este se dirigirá hacia aquello que considero malo. El Dr. Jekyll y Mr. Hyde simbolizan la división de la mente. Cuanto más deseo proyectar una imagen y ocultar otra, más refuerzo la que quiero conservar en la sombra. La mente dividida necesita el ataque para sobrevivir, y no se percata de que, cuanto más ataca, más refuerza aquello contra lo que lucha.

En 1959, Jung dijo:

> «Es inminente un gran cambio en nuestra actitud psicológica. El único peligro que existe reside en el ser humano mismo. Nosotros somos el único peligro, pero lamentablemente somos inconscientes de ello. En nosotros radica el origen de toda posible maldad».[18]

> «No te puedes enfadar a no ser que creas que has sido atacado, que está justificado contraatacar y que no eres responsable de ello en absoluto. [...] Tú no puedes ser atacado, el ataque no tiene justificación y tú eres responsable de lo que crees».[19]

> «Es probable que hayas estado reaccionando durante muchos años como si te estuviesen crucificando. Esta es una marcada tendencia de los que creen estar separados, que siempre se niegan a examinar lo que se han hecho a sí mismos».[20]

Y *UCDM* sigue enseñándonos cómo interpretar cualquier ataque:

> «Nadie te está persiguiendo, del mismo modo en que nadie me persiguió a mí. [...] Mi función consistió en demostrar que esto es verdad en un caso extremo, simplemente para que pudiera servir como un instrumento de enseñanza ejemplar para aquellos que, en situaciones no tan extremas, sienten la tentación de abandonarse a la ira y al ataque».[21]

Como podemos ver en estas frases del *Curso*, Jesús nos enseña que su misión en la Tierra era no percibir ataque de nadie. Su mensaje es majestuoso y ejemplar. Con la crucifixión nos enseña a liberarnos de la creencia en el ataque. No fue crucificado porque nosotros fuéramos malos y pecadores. Él nos señaló que el pecado solamente está en la mente dividida y en la percepción de que el ataque es posible. El *Curso* nos dice que un cuerpo puede agredir a otro e incluso destruirlo. Pero esto solo es posible porque no es real. La creencia en el ataque solo se manifiesta en el mundo de la ilusión y únicamente en él puedes experimentar dolor. Si renuncias a tu ataque y al de tu hermano, ambos os liberáis.

> «Si escuchases Su Voz [la del Espíritu Santo] sabrías que tú no puedes ni herir ni ser herido, y que son muchos los que necesitan tu bendición para poder oír esto por sí mismos».[22]

> «La seguridad no es otra cosa que la completa renuncia al ataque».[23]

LA NEGACIÓN DE LA ALEGRÍA

Vivimos como si la causa de todo lo que nos sucede no tuviese nada que ver con nosotros. Tenemos una mentalidad newtoniana, que ve cuerpos separados y que cree que la mente se halla encerrada en cada cuerpo, de manera que solo puede relacionarse con las otras mentes a través del lenguaje. Creemos que nuestros pensamientos y juicios no van a ninguna parte.

Estas creencias nos conducen a pensar que los demás son los causantes de nuestras preocupaciones y problemas. Creemos en la buena y en la mala suerte; en el mejor de los casos todo es *cosa del destino*. Ni por un instante se nos ocurre que las circunstancias de nuestras vidas puedan tener otra razón de ser, otra razón de existir. La creencia de que vivimos separados de todo y de todos nos impulsa a protegernos de cualquier cosa que consideremos *mala*. Hay que protegerse de todo lo exterior, desde un virus hasta una persona, pasando por cualquier nueva relación.

Esto altera nuestro sistema nervioso. Vivimos con un estrés constante, estamos en un estado de alerta permanente, a la espera de que algo *malo* suceda e intentando evitarlo en la medida de lo posible.

El miedo —siempre el miedo— alimenta esta creencia, y el ego se regocija con ello, pues una de sus piedras angulares es el falso sentido de protección. *Cuídate de todo mal* es un buen mensaje para el ego. Se alimenta de tu miedo, así te hace vulnerable, te lleva a la preocupación por el futuro y busca soluciones en tu pasado, y lo único que consigues es tener más miedo, porque nunca te sientes seguro. Las preocupaciones y la necesidad de controlar lo que pueda pasar nos mantienen totalmente ocupados. De este modo nuestra mente se mantiene absorta en pensamientos repetitivos, pensamientos parásitos, que nos quitan energía, que agotan nuestro sistema nervioso y que al final nos enferman.

El mundo siempre nos grita: «¡Protéjanse! ¡Protéjanse!». Este mensaje hace mella y sentimos que nos tenemos que proteger de todos y de todo lo desconocido.

A pesar de que la física cuántica lo ha demostrado, no somos conscientes de que nuestra forma de pensar interactúa con todo. Decimos cosas como: «Voy a tener una reunión con un comité formado por gente muy dura», y creemos que nuestro pensamiento no interacciona con los inconscientes de los miembros del comité. Luego, cuando nos presentamos frente a él, los resultados nos dan la razón. ¡Nuestra razón!, ¡nunca la verdad de las cosas!, ¡sí, nuestra verdad de las cosas!

El *Curso* nos ilumina:

> «Es imposible que no recibas el mensaje que envías, pues ese es el mensaje que quieres. Tal vez creas que juzgas a tus hermanos por los mensajes que ellos te envían a ti, pero por lo que los juzgas es por los mensajes que tú les envías a ellos. No les atribuyas tu propia negación de tu alegría, o no podrás ver en ellos la chispa que te haría feliz».[24]

Defendemos nuestro ego con uñas y dientes, defendemos nuestra forma de vida como si fuera verdad, defendemos nuestras creencias para no perder la identidad. Cuestionarnos a nosotros mismos está fuera de nuestros planes, y sobre todo de los planes del ego. Él nos hace vivir en una jerarquía de valores, y los defendemos de diversas maneras. También nos hace creer que hay una jerarquía de juicios, desde juicios muy sutiles hasta grandes juicios. Creemos que las cosas nos afectan un poco, mucho o nada; la cuestión es vivir siempre en un sistema jerarquizado. No percibimos que es lo mismo que una sensación de dolor sea grande o pequeña, porque estamos en el amor o estamos en el miedo, y vivir en el miedo es tan horrible que tenemos que dividirlo en una escala que va de poco a mucho miedo, y no nos percatamos de que hasta la alegría también es una forma de miedo. *La Bhagavad Gita* dice:

> «Cuando el sufrimiento y la alegría son iguales…».

En el libro *La desaparición del universo,* de Gary R. Renard, Arten dice:

> «Una leve incomodidad no es diferente de una rabia o una pena extremas. Eres tú quien ha inventado la idea de niveles».[25]

Todo ello nos lleva a lo que el *Curso* considera el dios de la enfermedad: la depresión.

La depresión es la manifestación física y mental de que todo lo que me rodea no tiene nada que ver conmigo y de que soy una víctima. Deseo, por encima de todo, cambiar las cosas y a las personas que me rodean, pues creo que, si lo consigo, seré muy feliz. No me doy cuenta de que no hallaré la felicidad, aunque lo consiga, porque siempre me preocupará que alguien no cumpla el papel que le he asignado.

No estoy hablando de la depresión biológica y natural que todo ser vivo siente en un momento determinado, por ejemplo, al perder a un ser querido. En este caso, lo que llamamos depresión en realidad es un sistema de seguridad mental para que el dolor que sentimos no nos mate. Toda nuestra biología decae a unos niveles fisiológicos que nos mantienen *fuera de juego* hasta que podamos recuperarnos; es lo que se llama popularmente *hacer el duelo.*

Me refiero más bien a la depresión egoísta, la de querer manipular a nuestros semejantes, la de pretender hacer que se sientan culpables. Para ello, implementamos artimañas como las que se plasman en las frases: *pobre de mí*, o *mira cómo me siento por lo que tú me haces o me dejas de hacer.* Es la depresión que invade nuestra mente cuando los demás no hacen lo que deseamos. Sufrimos, y nuestro sufrimiento es la prueba de lo mal que nos tratan. Atamos a las personas que decimos querer con las cadenas más fuertes que existen: las de la culpabilidad.

> «Si Dios sabe que Sus Hijos son completamente impecables, es una blasfemia percibirlos como culpables. Si Dios sabe que Sus Hijos no pueden sufrir dolor alguno, es una blasfemia percibir sufrimiento en cualquier parte. Si Dios sabe que Sus Hijos son completamente dichosos, es una blasfemia sentirse deprimido».[26]

> «Tu Padre te creó completamente libre de pecado, completamente libre de dolor y completamente a salvo de todo sufrimiento. Si niegas a tu Padre estarás invitando al pecado, al dolor y al sufrimiento a tu mente debido al poder que Él le dio. Tu mente es capaz de crear mundos, pero puede también negar lo que crea porque es libre».[27]

EL EGO COMO ASESINO

¡Qué realidad más oculta la de que el ego es un asesino!

> «No olvides nunca que el ego es un asesino, por eso él quiere que pienses que Dios es un asesino y le tengas miedo», palabras que Pursah le dice a Gary.[28]

No debemos olvidar nunca que el ego anda a la caza de conflicto y siempre busca problemas donde no los hay. Su mayor logro es que te sientas mal, que no tengas paz interior, y pone en ello todo su ahínco. Todo aquel que tenga una jerarquía de valores diferente a la tuya se convierte en tu enemigo, y quien tiene un enemigo es débil. El ego te hace sentir débil y desamparado frente a todo lo que te rodea, débil cuando lo que tú deseas no ocurre, débil cuando los demás no acatan tus órdenes o tus deseos.

Te hace elevarte alto y señero frente a todo, en defensa de tu sistema de pensamiento contra todo lo que no viva y respire igual que tú, pues quien así actúa es tu enemigo y el ego te dice que tienes derecho a juzgar. Te convierte en un inquisidor de las buenas conductas y de todo pensamiento que salga de la ortodoxia aceptada por la mayoría. Cuando te encuentras con personas permisivas, que aceptan las mil y una maneras de vivir, te levantas como un juez inquisidor y blandes como espada *las normas* del buen comportamiento y del buen hacer. Te crees con derecho a condenar, a eliminarlos de tu vida, mejor dicho, del mundo. Actualmente, con internet, juzgar y condenar a los demás se ha convertido en una adicción. Los jueces se esconden en el anonimato que este medio permite, se ocultan tras el derecho a opinar y, si se te ocurre contradecirlos o simplemente dar tu versión de las cosas, se consideran con derecho a decirte de todo, a ser escuchados y atendidos, sin importarles nada tus sentimientos.

El ego asesina mediante un arma infalible: el juicio.

Debemos mantenernos muy alerta contra las diferentes formas de juzgar de nuestra mente. Muchas veces revestimos nuestro juicio como amor y llegamos a decir cosas como *lo hago por tu bien*, cuando en realidad lo hacemos por el nuestro. Muchas veces apoyamos el juicio en otro argumento demoledor: la defensa de las buenas costumbres. Hacemos la guerra contra aquellos que no piensan como nosotros, los juzgamos por su sexo, el color de su piel, su religión e incluso por su forma de hablar. Siempre lo hacemos proyectando nuestra culpa inconsciente y justificamos nuestras acciones con numerosos razonamientos, sin ver que son juicios. Debemos protegernos de todo aquel que no piensa, actúa o habla como nosotros.

El *Curso* nos dice:

> «No se te pide que luches contra tu deseo de asesinar. Pero sí se te pide que te des cuenta de que las formas que dicho deseo adopta encubren la intención del mismo. [...]Lo que no es amor es asesinato. Lo que no es amoroso no puede sino ser un ataque».[29]

En definitiva, el ego asesina o te asesina, y lo hace mediante la culpa procedente del juicio condenatorio contra ti o contra los demás. Para el ego es irrelevante contra quién o qué manifiestes culpabilidad y contra quién la proyectes; para él, lo importante es que la culpa reine en todo su esplendor y que provoque estragos en la mente.

MUCHAS FORMAS DE ASESINATO Y UN SOLO PROPÓSITO

El ego hace todo lo posible para que nuestra mente esté siempre dividida. Para ello, utiliza la escala de valores, que le permite confrontar dos creencias opuestas en nuestra mente para provocar lo que tanto anhela: la batalla.

Nuestras creencias están siempre en lucha: es un batallar oculto con nuestra mente consciente. Razonamos y justificamos nuestras acciones con relación a nuestras creencias, y no vemos que hay creencias ocultas que hacen estragos en nuestra mente: nos hacen perder la coherencia emocional, lo que desencadena síntomas físicos. Enfermamos porque estamos continuamente batallando, ya sea contra nosotros mismos o contra nuestras proyecciones de los demás.

UCDM nos dice:

> «Pues vuestras creencias convergen en el cuerpo, el hogar elegido del ego, y al que tú también consideras como el tuyo».[30]

Y también:

> «El pensamiento no se puede convertir en carne excepto mediante una creencia, ya que el pensamiento no es algo físico. No obstante, el pensamiento es comunicación, para la cual sí puede usarse el cuerpo».[31]

Estamos en conflicto cuando creemos que una ilusión puede triunfar sobre otra. Una frase que explica esto es: *Lo tengo muy claro, pero...*

Este *pero* es la resistencia del ego, es el apego a cómo quisiéramos que fueran las cosas. En mis consultas grupales, a veces encuentro alguna persona que *sufre* porque su madre no la quiere como a ella le gustaría que la quisiera. Se ve muy claramente la no aceptación de que su madre no deseaba tener un hijo, lo que no impidió que luego lo cuidara, quisiera y protegiera. Pero, en su impronta original, estas personas conservan en su inconsciente este *no haber sido deseado*. Todo pasa por aceptar este hecho, liberarte de tu deseo egoísta acerca de cómo deberían ser las cosas y vivir plenamente. Comprender al otro para comprenderte a ti mismo, liberarte y liberar. Actuar desde tu corazón y no desde la obligación del ego.

Cuando tenemos algo muy claro, no hay pero que valga. Sabemos lo que queremos y lo hacemos. No miramos hacia atrás, sino a nuestro corazón. Él nos guía a la hora de elegir, es el lugar donde el Espíritu Santo nos espera para que podamos oír su *voz*. Sabremos que es Él porque sentiremos una paz que antes no sentíamos. Hasta que volvamos a entrar en conflicto y tengamos que regresar a este santo lugar a escuchar la respuesta para nosotros.

De todo lo expuesto, se derivan las leyes del caos:

1. La verdad es diferente para cada persona.

Establecemos una jerarquía de valores y, cuando estamos frente a otra persona que tiene jerarquía de valores diferente, entramos en confrontación.

> «Y el ataque se justifica porque los valores difieren, y los que tienen distintos valores parecen ser diferentes, y, por ende, enemigos».[32]

Esta ley permite que nos sintamos separados de todo aquel que no comparta nuestra forma de ver y entender las cosas. Entonces, desconfiamos y nos refugiamos en nuestras creencias y valores. Ello requiere defensa y múltiples razonamientos para demostrar que nuestros valores son mejores que los de los demás. Entonces, nuestra mente no descansa, busca y busca y entra en un conflicto muy profundo: la necesidad de decidir si revelar nuestros valores al mundo y mostrarnos como deseamos, u ocultarnos y procurar agradar a este mundo, del cual queremos protegernos con una imagen hipócrita. Una imagen afable, inocente, que pretende agradar a todos y que esconde el miedo a no ser aceptado. Para proteger esta imagen, debemos reforzarla con la creencia de que es necesario hacer lo que los demás esperan, en vez de actuar como nos gustaría. Aquí se oculta el miedo a la soledad, que el ego coloca en nuestra mente para volvernos egoístas. Es más, cuando vemos a alguien que hace lo que siente, lo atacamos diciéndole: *Eres muy egoísta, solo piensas en ti*, cuando en realidad esta persona se muestra tal como quiere ser, es consecuente consigo misma. Esto nos molesta profundamente, porque nuestro inconsciente, nuestra sombra (término junguiano para referirse a lo que ocultamos), repudia esta manera de hacer las cosas.

No vemos nuestro propio egoísmo, el engaño que proyectamos en los demás al hacer lo que creemos que tenemos que hacer, pero que en realidad no deseamos. Esto provoca estragos en nuestra paz mental. Ahí tenemos una de las semillas que producen grandes trastornos físicos.

2. No hay nadie que no peque.

¡Cuánto ama el ego esta ley! Es normal, porque si yo me considero un pecador, obviamente los demás también lo son. Así se justifican mis juicios, mis opiniones y mi creencia de que debo protegerme de ellos.

Creemos tanto en el pecado que llegamos a decir: *Esto no lo perdona ni Dios*. Es la justificación de nuestra condenación, de la creencia de que podemos cometer actos que ni siquiera Dios puede perdonar. El pecado justifica nuestra ira, nuestro ataque y nuestro asesinato. Condenamos a los demás, incluso a la pena de muerte, creyendo que es su justo merecido.

No vemos en ellos nuestro reflejo del miedo, de la soledad, de la separación. No vemos en ellos el reflejo de nuestro inconsciente, nuestra proyección de la muerte y el asesinato.

Veamos qué nos dice *UCDM*:

> «¿No es cierto acaso que no reconoces algunas de las formas en que el ataque se puede manifestar? Si es cierto que el ataque en cualquiera de sus formas te hará daño, y que te hará tanto daño como lo haría cualquiera de las formas que sí reconoces, entonces se puede concluir que no siempre reconoces la fuente del dolor. Cualquier forma de ataque es igualmente destructiva. Su propósito es siempre el mismo. Su única intención es asesinar [...] Si la intención del ataque es la muerte, ¿qué importa qué forma adopte?»[33]

> «Ni una sola fantasía de protección puede servir de escudo contra la fe en el asesinato. He aquí el cuerpo, vacilando entre el deseo natural de comunicarse y la intención antinatural de asesinar y de morir. ¿Crees que puede haber alguna forma de asesinato que ofrezca seguridad? ¿Podría acaso la culpa estar ausente de un campo de batalla?»[34]

3. El temor a Dios.

Obviamente, mi creencia en el ataque, en el pecado, me hará temer ser castigado por mis faltas. Si yo puedo condenar a los demás por *sus pecados*, entonces puedo ser condenado por los míos. He aquí el miedo a la condenación divina, a tener que pagar por los pecados. Este conflicto mental me lleva a buscar castigo. De esta forma, espero que, cuando llegue la hora de la verdad, ya no haga falta el castigo divino, porque yo ya me he castigado. No puedo acceder a Él, porque debe estar muy enfadado por mis culpas. El perdón está ausente de la mente de Dios, esta es nuestra creencia. Si dejáramos de creerlo, sabríamos que siempre seremos perdonados, hagamos lo que hagamos.

Por eso debemos empezar por perdonar nuestros juicios, nuestra condena de los actos de los demás. No podríamos ver los pecados de los demás si estos no estuvieran en nuestra mente inconsciente.

Aquello que nos molesta de los otros es lo que nosotros ocultamos de los demás.

4. Posees aquello de lo que te apropias.

Esta ley hace feliz al ego: te dice que, si tú tienes, los demás no tienen y, si ellos tienen, tú no puedes tener. Es más: te enseña a comportarte para obtener lo que deseas. Si no lo obtienes, tu hermano merece ataque y condena, y muchas veces te pones enfermo para demostrarle que estás mal por su culpa.

> «De acuerdo con esa ley, la pérdida de otro es tu ganancia y, por consiguiente, no reconoce el hecho de que nunca puedes quitarle nada a nadie, excepto a ti mismo».[35]

5. Hay un sustituto del amor.

Esta es la creencia en que hay alguien o algo que nos curará de todo nuestro dolor. Es una búsqueda incesante allí afuera, pero solamente encontramos dolor y soledad, miedo a la pérdida. Por eso atacamos y nos defendemos de todo aquello que nos pueda arrebatar la solución al sufrimiento.

No vemos que, cuanto más creamos en el ataque, más se manifestará en nuestra vida, y nuestra razón justificará más la defensa como consecuencia de percibir ataque.

Establecemos todas nuestras relaciones con la creencia de que nos pueden proporcionar lo que necesitamos. Así empieza todo nuestro dolor, que se alimenta del miedo a perder esta relación tan necesaria. Se establece así lo que *UCDM* llama *relaciones especiales*, fundadas en la idea de que Dios nos puede amar de una forma especial y diferente de como ama a los demás.

Todas estas leyes alimentan nuestro caos mental y nos quitan la paz interior tan necesaria para nuestra curación mental y física. Este es el principal propósito del ego: la pérdida de la paz mental.

> «Creer que la función del Hijo es asesinar no es un pecado, pero sí es una locura».[36]

UCDM nos enseña que debemos estar por encima del campo de batalla. Sabremos que estamos inmersos en él cuando sintamos una punzada de dolor, un ápice de culpabilidad y, sobre todo, la pérdida de la paz.

> «Cuando se presenten, no abandones tu lugar en lo alto, sino elige inmediatamente un milagro en vez del asesinato. Y Dios Mismo, así como todas las luces del Cielo, se inclinarán tiernamente ante ti para apoyarte».[37]

¿DÓNDE ESTÁ LA ABUNDANCIA?

«Si andas preocupado por problemas financieros, amorosos o de relaciones familiares, busca en tu interior la respuesta para calmarte; tú eres el reflejo de lo que piensas diariamente».

Aristóteles, 360 a. de C.[1]

Deberíamos preguntarnos qué sentido tiene la vida, nacer para sufrir y que al final nos digan que esto ha sido un cuento. Se nos dice que cometimos un pecado, el pecado original, y que desde entonces estamos pagando por ello. De hecho, deberíamos cambiar la palabra pecado por la palabra pensamiento y, entonces, la frase sería *pensamiento original.* Aquí radica la causa primigenia de nuestra forma de vivir. Un pensamiento original penetró nuestra mente como una mancha de oscuridad allí donde todo era luz. Un pensamiento de separación, la creencia en una fuerza capaz de oponerse a la *Grandeza* divina. Este pensamiento original enraizó tan profundamente en nuestra mente que hizo posible un universo donde todo parece estar separado.

Esta idea de separación siguió adentrándose en nuestra mente y se hizo cada vez más inconsciente, hasta el punto de que olvidamos esta idea de sombra y separación, y creímos que todo lo que estaba frente a nuestros ojos era la realidad.

Y la realidad que se mostraba ante nuestros ojos era aterradora, pues creímos que estaba al margen de nosotros y que la fuerza que proyectaba nos podía destruir. Nació en nuestra mente una profunda desazón llamada miedo. Este miedo se alimentaba de sí mismo; cada vez tenía más fuerza y afectaba a nuestra mente consciente que, para liberarse de esta angustia, volvía a proyectarla en la mente interior o inconsciente.

Desde los albores del tiempo, esta mente inconsciente gobierna nuestras vidas. Somos como vulgares robotitos; creemos tener la libertad de tomar decisiones. No vemos que somos gobernados por unas ideas profundas de separación, de miedo y de muerte.

Todo esto hizo nacer una culpa inconsciente, casi diría ontogénica, que vive en nosotros y que alimenta este mundo de separación. La creencia en la culpabilidad nos mantiene atrapados en el mundo de separación. Así, seguimos creyendo que los demás nos hacen todo lo que nos ocurre, y que somos víctimas inocentes de un mundo cruel y devastador.

UCDM afirma:

> «Es imposible que el Hijo de Dios pueda ser controlado por sucesos externos a él. Es imposible que él mismo no haya elegido las cosas que le suceden».[2]

> «El ego no es más que la idea de que es posible que al Hijo de Dios le puedan suceder cosas en contra de su voluntad y, por ende, en contra de la Voluntad de Su Creador [...]».[3]

Este mecanismo se llama proyectar la culpabilidad en los demás. Creemos que de esta manera nos libramos de ella, aunque lo cierto es que, cuanto más proyectamos, más reforzamos. Nuestra fuente de creación —*UCDM* habla de *fabricar*— es la proyección. Proyectamos lo que creemos ser, nuestras ideas preponderantes, creencias inoculadas desde edades tempranas, muchas de ellas limitantes que, en definitiva, nos hacen tomar las decisiones que condicionan y conforman nuestra vida.

> «Hay un sistema de creencias que nos dice que hay muchas cosas perjudiciales para nosotros. Lo son para nosotros porque tenemos en mente que lo son; no existe tal cosa en el mundo real».
>
> «No te esfuerces por cambiar. Obsérvate y tomarás conciencia de que tienes un sistema de creencias que luchan entre sí intentando hacer una clasificación de cuáles son las mejores».
>
> Dr. David R. Hawkins

UCDM nos dice:

> «Proyecta el conflicto desde tu mente a otras mentes en un intento de persuadirte de que te has librado del problema. [...] el conflicto no puede ser proyectado porque no puede ser compartido. [...] El segundo error es la idea de que puedes deshacerte de algo que no deseas dándoselo a otro. Dándolo es precisamente como lo conservas. [...] Por eso es por lo que los que proyectan se preocupan tanto por su seguridad personal».[4]

ENTONCES, ¿QUÉ VIDA VIVO?

La vida proyectada por este mar ignoto de oscuridad y de inconsciencia, la fuerza de una mente todopoderosa que se alimenta de mi fuerza creadora, pues no soy consciente de que yo mismo la estoy alimentando.

Creo que un destino oculto gobierna mi vida, o quizás una cruz que yo escogí..., qué más da; lo importante es que no soy consciente de que yo mismo proyecto el destino, que la cruz es la cruz de la culpa y que todos somos víctimas de nosotros mismos. Es tanta la culpabilidad que albergamos que no nos queda más remedio que buscar castigo. Lo buscamos de forma inconsciente y lo proyectamos en nuestra vida cotidiana en forma de situaciones, experiencias, relaciones, sentimientos de soledad, de victimismo. No somos conscientes de que esta información de culpabilidad se refleja en nuestra vida.

El camino para salir de tanta crueldad y sufrimiento es comprender que todo lo que veo es una proyección de mi culpabilidad inconsciente, y que el remedio es el perdón. Perdón por pensar así, perdón por sentirme separado, perdón por creerme al margen de la *Fuente* que todo lo da y que todo lo recibe. Una *Fuente* transformadora, una *Fuente* que solamente puede dar el líquido que cada uno de nosotros proyecta en su alma, las profundidades del Ser.

¡OH, FUENTE!, ¿DÓNDE ESTÁS?,

¿Por qué no te veo?, ¿por qué no te siento? y ¿por qué tengo la certeza de que estás ahí y de que nunca has dejado de estar?

Tu fuerza, tu energía, tu pensamiento, tu brillo están ahí, lo sé, simplemente lo sé y ¿qué hago yo? Buscarte desesperadamente allí donde no estas; buscar en el efecto, no en la causa. Ese efecto que está frente a mis ojos y que creo que está ahí desde los albores del tiempo. Un efecto que yo no veo como efecto, sino como causa de todos mis males y sinsabores.

> «La ley que prevalece dentro del Reino se adapta fuera de él a la premisa: Crees en lo que proyectas».[5]

Ya te he encontrado, y te he encontrado dentro de mí, mejor dicho, en mí, porque yo formo parte de esta *Fuente*. Como alguien dijo: «El pez es el último que se entera de que está rodeado de agua». Nosotros, como ese simple pez, buscamos lo que está en nosotros, pero lo buscamos fuera, en nuestros sueños, en nuestros deseos, en las desesperanzas, en los anhelos, en la soledad.

¿Qué vemos? Pues todo eso. Nosotros somos la fuente que buscamos, somos la causa de nuestros efectos, somos los soñadores de nuestra realidad. La *Fuente* de la cual emana todo nos da sin cesar, porque ella es la *Abundancia* plena, total, sin límite de espacio ni de tiempo. Ella siempre ha estado aquí, y nosotros, como parte de ella, creamos el mundo que creemos merecer.

Entonces, se me pregunta: ¿de qué crees que eres merecedor, Hijo Mío? YO te daré todo aquello que tú creas que eres capaz de merecer, porque YO SOY la *Fuente* de la cual emana *Todo*. Solamente tú puedes poner límites a tus creaciones. Como entregas este poder a tu ego, dejas de crear para fabricar. Fabricas un mundo de separación, de dolor y de muerte, un mundo de miedo.

UCDM nos dice:

> «[...] la ley fundamental del compartir, mediante la cual das lo que consideras valioso a fin de conservarlo en tu mente. Para el Espíritu Santo es la ley de la extensión. Para el ego, la de la privación. Por lo tanto, produce abundancia o escasez dependiendo de cómo eliges aplicarla. La manera en que eliges aplicarla depende de ti, pero no depende de ti decidir si vas a utilizar la ley o no. Toda mente tiene que proyectar o extender porque así es como vive, y toda mente es vida».[6]

Nosotros formamos parte de esta *Fuente* inagotable, estamos hechos a imagen y semejanza de este *Prodigio*, somos nuestros propios hacedores y nos damos aquello que creemos merecer.

Si quieres abundancia en tu vida, simplemente debes vivir esta verdad:

«Se te da todo aquello que tú eres capaz de dar».

No se te pide que des tu casa, tu coche o tus propiedades. Se te pide que te desprendas de tu apego a ellos, que comprendas que esto es infinitamente pequeño al lado de la grandiosidad que tú eres.

UCDM dice:

> «Libera a tu hermano aquí, tal como yo te liberé a ti. Hazle el mismo regalo y contémplalo sin ninguna clase de condena. Considéralo tan inocente como yo te considero a ti, y pasa por alto los pecados que él cree ver en sí mismo».[7]

> «Todo el mundo da tal como recibe, pero primero tiene que elegir qué es lo que quiere recibir. Y reconocerá lo que ha elegido por lo que da y por lo que recibe. Y no hay nada en el infierno o en el Cielo que pueda interferir en su decisión».[8]

¡Qué grandes somos y qué vida más pequeña vivimos! Es hora de quitarse estas argollas, estas cadenas que atenazan nuestras mentes divididas, mentes de separación, de creencia en la escasez y en el dolor. Es hora de levantar nuestros cansados ojos, de sanar nuestros cuerpos dolidos, de recuperar nuestras almas heridas y de saber que la *Fuente* que todo lo cura nos rodea.

Debemos ofrecer a nuestros hermanos la visión de su santidad, liberémoslos de su culpa mediante nuestro perdón por la condena que un día les ofrecimos.

> «Tu mente es una luz tan potente que puedes contemplar las mentes de tus hermanos e iluminarlas, tal como yo puedo iluminar la tuya».[9]

Podemos impedir que toda esta majestuosidad brille a través de nosotros, pero no podemos impedir que brille sobre nosotros. Levantemos nuestras miradas a los Cielos y declaremos lo que nunca hemos dejado de ser:

> «Sé lo que soy y acepto mi herencia».[10]

LOS ÍDOLOS DE LA ENFERMEDAD

> «Nada externo a ti puede hacerte temer o amar porque no hay nada externo a ti».
>
> *UCDM*[1]

El ego siempre trabaja con la negación y la proyección. Niega que la causa de lo que le ocurre esté en él y proyecta todo aquello que le molesta hacia afuera, es decir, hacia los demás.

La negación de la causa en uno mismo hace que esta se proyecte afuera y, así, permanecemos en el sueño de separación, que es la máxima del ego.

De ello se deriva un profundo victimismo. Debo protegerme de algo externo, debo protegerme de lo que alguien me puede hacer.

Este estrés permanente, ocasionado por la vigilancia del exterior, por el temor de lo que aparentemente me puede suceder por causas ajenas a mi voluntad, produce un desequilibrio emocional. El miedo reina y campa a sus anchas.

El ego identifica estas causas externas a él y proclama que hay que defenderse de ellas o mitigar sus influencias.

El ego cree firmemente en el tiempo. Esta creencia le permite vivir en una ansiedad continua, producida por el deseo de controlarlo. El tiempo puede ser muy opresor, y creer que nos falta tiempo merma nuestro bienestar.

Pero todos hemos experimentado que el tiempo es mental. ¿A quién no se le ha hecho un minuto como una hora y una hora como un minuto? ¿Quién no ha soñado y ha creído que el sueño duraba unas horas, cuando en realidad habían pasado escasos minutos? Esto nos demuestra que el tiempo es mental, que es relativo y que la mente puede vivirlo de muchas maneras diferentes. Desde la perspectiva del tiempo llamado real, el día tiene veinticuatro horas, pero el tiempo psicológico puede durar menos o más. A muchas personas les cunde el tiempo, mientras que a otras siempre les falta. ¿Dónde radica la causa de esta experiencia? Obviamente, en nosotros mismos. Para que el tiempo se alargue, por así decirlo, es necesario alcanzar un estado mental al que yo llamo *mente de tortuga*.

Pero, antes de adentrarnos en la *mente de tortuga*, veamos lo que nos dice *UCDM*:

> «Tanto el tiempo como la eternidad se encuentran en tu mente, y estarán en conflicto hasta que percibas el tiempo exclusivamente como un medio para recuperar la eternidad».[2]

MENTE DE TORTUGA

Para poder vivir con una mente de tortuga es necesario que la mente deje de ser opresora, es decir, que deje de tener prisa y de querer que las cosas sucedan a la voz de ¡ya!

Es necesario que vivas cada situación en el instante en que la estás viviendo, que dejes tus proyecciones sobre cómo deben ser las cosas en manos de *Aquel* que sabe lo que es mejor para ti, para que Él escoja el tiempo en que te puedan ser útiles.

Cuando tu mente descansa, dejando lo que tiene que hacer —los proyectos, los anhelos, los deseos— en manos del Espíritu Santo, te ocupas simplemente de lo que hay en el ahora, en el presente. Este, libre de la presión del cuándo y del cómo, adquiere la capacidad de desarrollarse infinitamente y, así, te sientes preparado para recibir toda la información que necesitas para llevar a cabo lo que estás haciendo *ahora*. Es un instante de máxima creación: la mente no desea, simplemente escucha a una *Mente Superior* que contiene a todas las mentes.

Entonces —¡oh, milagro! —, las ideas brotan como un manantial de aguas frescas y cristalinas. En estos momentos tu mente ha conectado con la *Mente Universal* que vive en la *Eternidad*, donde todo es ahora mismo, donde pasado, presente y futuro es todo un instante de infinitas posibilidades de creación y de manifestación física.

UCDM nos dice:

> «Tus creaciones, al igual que tú, representan una aportación para Él, pero ni tú ni ellas le aportan nada que sea diferente porque todo ha existido siempre. [...] Tu santa mente determina todo lo que te ocurre. La respuesta que das a todo lo que percibes depende de ti porque es tu mente la que determina tu percepción de ello».[3]

Cuando nos liberamos del miedo a que las cosas que anhelamos o deseamos no ocurran, entonces es cuando aumentan las posibilidades de que ocurran. Nuestras dudas influyen constantemente en que no realicemos nuestros proyectos.

Cuando comprendemos que lo que deseamos es una posibilidad y nos liberamos del apego a que las cosas sean de una determinada manera, lo normal es que los deseos y las expectativas se vean superados por hechos mucho más amplios y de mayor trascendencia. Una mente libre de preocupaciones es una mente serena, que observa y sabe cuándo y cómo debe ocuparse.

Dice *UCDM*:

«Todo lo que el ego te dice que necesitas te hará daño. [...] No te preguntes a ti mismo, por lo tanto, qué es lo que necesitas, pues no lo sabes, y lo que te aconsejes a ti mismo te hará daño. Pues lo que crees necesitar servirá simplemente para fortificar tu mundo contra la luz y para hacer que no estés dispuesto a cuestionar el valor que este mundo tiene realmente para ti».[4]

«Solo el Espíritu Santo sabe lo que necesitas. Y te proveerá de todas las cosas que no obstaculizan el camino hacia la luz. ¿Qué otra cosa podrías necesitar? Mientras estés en el tiempo, Él te proveerá de todo cuanto requieras, y lo renovará siempre que tengas necesidad de ello. No te privará de nada mientras lo precises. Mas Él sabe que todo cuanto necesitas es temporal, y que solo durará hasta que dejes a un lado todas tus necesidades y te des cuenta de que todas ellas han sido satisfechas. [...] Lo único que le interesa es asegurarse de que no te valgas de ellas para prolongar tu estadía en el tiempo».[5]

«Deja, entonces, todas tus necesidades en Sus manos. Él las colmará sin darles ninguna importancia».[6]

La *mente de tortuga* está libre. Vive en el presente. Se ocupa de lo que ocurre ahora, sabiendo que las circunstancias y las personas que la rodean están allí en un instante de creación conjunta. Todo está bien, todo es un aprendizaje para nuestro despertar. Nuestra mente sosegada y tranquila observa lo que ella sabe que son sus creaciones, la extensión de ella misma en un marco en el que puede desarrollarse y reconocer quién es realmente y a quién pertenece.

Por todo ello, debemos entregar nuestro tiempo al Espíritu Santo. Él lo utilizará como un medio de enseñanza y de aprendizaje, realizando, como dice *UCDM, Su función docente.*

> «Y el tiempo será tal como tú lo interpretes, pues, de por sí, no es nada».[7]

Hay un ídolo de la enfermedad que hace estragos en nuestra paz mental y, por ende, destroza nuestro sistema nervioso e intoxica el cuerpo. Me refiero a la creencia en el ataque, a la creencia de que algo externo a nosotros nos puede dañar.

Solamente la creencia en la separación puede dar lugar a la creencia en el ataque. Pensamos que son otros los que nos hacen daño, pensamos que son circunstancias ajenas a nuestra voluntad las que nos molestan.

No somos conscientes de que los que entregamos nuestro poder a los demás somos nosotros, al sentirnos separados de ellos. Necesitamos ídolos que nos protejan, y estos no hacen más que reforzar la creencia en la separación. Si fuéramos conscientes de quiénes somos en cada instante, no los necesitaríamos.

Muchas veces proyectamos en los demás el odio y el desprecio que nos tenemos. Creemos que de esta manera nos liberamos. Hacemos juicios constantes contra aquellos que parecen ser distintos de nosotros; utilizamos nuestro cuerpo como baremo de comparación y ello nos lleva a sentirnos diferentes. Nos desvalorizamos, y el ego consigue que perdamos lo que tanto anhelamos: la paz interior.

Como vemos, *UCDM* se refiere al concepto de *enfermedad* en términos de un estado mental patológico. Por lo tanto, bajo esta premisa, *enfermo* es sinónimo de *inapropiado*, *inadecuado* o *erróneo*; la mente está enferma porque no está operando como debería, y fomenta estados internos como el miedo, la preocupación, la ansiedad o el control.

Por eso *UCDM* nos dice:

> «La enfermedad es idolatría porque es la creencia de que se te puede desposeer de tu poder».[8]

> «Todo ataque es un ataque contra uno mismo. No puede ser otra cosa».[9]

> «En este mundo la salud es el equivalente de lo que en el Cielo es la valía».[10]

> «Una vez que se ha experimentado la protección de Dios, inventar ídolos se vuelve inconcebible».[11]

LA DEPRESIÓN

Ya he hablado antes de ella, pero, como también dije, hay que insistir. Muchas veces es necesario repetir las enseñanzas para integrarlas.

El gran ídolo de la enfermedad es la depresión. Cuando hablo de la depresión, no me refiero a la depresión biológica, aquella que se produce de forma natural para evitar males mayores al cuerpo. Si se muere un ser querido, por ejemplo, es normal que todo mi metabolismo decrezca y que me sienta abatido y triste. Este estado me da tiempo para recuperar mi equilibrio emocional, aceptar lo que me sucede y trascenderlo, con el fin de poder seguir cumpliendo mi función en el tiempo.

Cuando me mantengo rígido e inflexible frente a los acontecimientos externos, que no acepto o a los que me resisto, mi mente choca con un *muro mental* inquebrantable, y me deprimo. Me deprimo por mi resistencia a aceptar lo que tengo delante de mí. Quiero que las cosas sean diferentes de como las percibo; deseo cambiar lo externo, pues creo que eso me dará la felicidad. Y, al ver que no cambia, me deprimo.

No comprendemos que cuanto más nos resistimos, más reforzamos nuestra realidad y más la sufrimos. Nos deprimimos por la resistencia, la no aceptación, la creencia en la separación, el miedo a la soledad, el deseo obsesivo de que las cosas sean como a nosotros nos gustaría.

¡Cuántas veces una persona descubre que ha sido engañada por su pareja y, decidida a hacer todo lo posible para conservar la relación, la hace sentir culpable! Pero su pareja persiste en su conducta, y entonces llega la depresión. Decidimos sufrir para hacer que el otro se sienta culpable; más o menos conscientemente, pretendemos que nuestro dolor lo haga cambiar y, al no conseguirlo, nos deprimimos. Sencillamente, no aceptamos el aprendizaje que encierra esta situación y decidimos sufrirla en lugar de integrarla.

UCDM declara:

> «La depresión significa que has abjurado de Dios».[12]

> «Mas no te olvides de que negar a Dios dará lugar inevitablemente a la proyección, y creerás que son otros y no tú, los que te han hecho esto a ti. [...] Tal vez creas que juzgas a tus hermanos por los mensajes que ellos te envían a ti, pero por lo que los juzgas es por los mensajes que tú les envías a ellos».[13]

Y para terminar estas reflexiones, veamos lo que nos dice *UCDM* sobre cómo ver a nuestros hermanos:

> «No les atribuyas tu propia negación de tu alegría, o no podrás ver en ellos la chispa que te haría feliz. Negar la

> chispa conduce a la depresión, pues siempre que ves a tus hermanos desprovistos de ella, estás negando a Dios».[14]

PERO QUE NO TE RETRASE EN TU CAMINO

> «La Biblia dice que si un hermano te pide que camines con él una milla, que le acompañes dos. Ciertamente no sugiere que le retrases en su viaje. Tu dedicación a un hermano no puede tampoco retrasarte a ti».[15]

Llevo años reflexionando acerca de hasta qué punto la sanación puede tener lugar y cuáles son las condiciones necesarias para alcanzarla. Primero, hemos de tener en cuenta que la mente está muy atrapada en su identificación con el cuerpo y que, debido a ello, debemos utilizar lo que el *Curso* llama *principios mágicos*: remedios o medicamentos para los males corporales.

Sé que lo que voy a decir en estas líneas puede crear desasosiego, un desasosiego que tiene su origen en nuestras creencias y en su control sobre nuestros actos conscientes, aunque creamos elegirlos libremente.

La mente inconsciente, que representa entre un noventa y cinco y un noventa y siete por ciento de la actividad mental, controla y graba todo lo que nos sucede. Procesa una cantidad muy elevada de bits de información, si la comparamos con la que controla nuestra mente consciente. Por esta causa, la mente inconsciente suele determinar nuestras decisiones y, muchas veces, nos impulsa a hacer cosas que no querríamos y no sabemos por qué las hacemos. Esto lo podemos trasladar tanto a situaciones repetitivas en mis relaciones interpersonales, como a circunstancias locales o puntuales. Nos hace sentir que no podemos controlar nuestras vidas, llevándonos al estrés emocional, al desequilibrio mental o a un sufrimiento que muchas veces se hace insoportable. Nos olvidamos de que tenemos el poder de decidir cómo vivir nuestra vida y de que el cambio que anhelamos está en cada uno de nosotros. Esta es la enfermedad de la mente: «Querer cambiar al otro».

Cuando *UCDM* se refiere a las relaciones especiales, de alguna forma lo hace desde una perspectiva freudiana. Freud nos habla del inconsciente y nos alerta de su importancia e influencia en nuestras vidas, pensamientos y decisiones. Lo curioso es que la mayoría de las personas no se dan cuenta de que existen programas ocultos en el inconsciente que afectan directamente a sus vidas. Cuando en mis charlas y conferencias digo que somos un programa, una vulgar *matriz*, muchos ponen cara de incredulidad y parecen pensar: «¡Qué dice este tío!».

Hasta el mismísimo san Pablo hizo referencia a esto cuando dijo:

> «Puesto que no hago el bien que quiero, sino que obro el mal que no quiero».[16]

El *Curso* nos alienta a *despertar*, a hacernos conscientes de que nuestras vidas no están en nuestras manos y de que, si queremos ser libres, debemos descubrir la verdad. Una verdad oculta en el inconsciente, reprimida por el miedo, alentado constantemente por el ego. *UCDM* llama a esto la *dinámica de la negación*.

> «La tarea del obrador de milagros es, por tanto, negar la negación de la verdad».[17]

> «Nada que te hayas negado a aceptar puede ser llevado a la conciencia».[18]

Esta última frase señala lo que realmente quiero decir: no puedes hacerte consciente de nada de lo que no creas que es posible hacerse consciente. No puedes ser consciente de que estás sometido, controlado por una información inconsciente, si realmente no consideras esa posibilidad. No puedes cuestionarte tus creencias si las conviertes en un dogma de comportamiento, si te identificas con ellas y creas una entidad. Es imposible que nadie despierte de un sueño si piensa que no está soñando.

> «El Espíritu Santo te enseñará a percibir más allá de tus creencias porque la verdad está más allá de cualquier creencia; y la percepción del Espíritu Santo es verdadera».[19]

Cuando le digo a un cliente: «Mira, esto que te ocurre, este comportamiento adictivo, esta sensación de vacío... no son tuyos. Es un programa de tu inconsciente que lucha por salir a tu consciente y así poder liberarse. Cuanto más lo reprimas, cuanto más lo niegues, cuanto más luches contra él... más fuerte lo harás. Aquello a lo que te resistes, persiste. Lo primero que debes hacer es integrar todo este desasosiego, ver qué se oculta detrás de este comportamiento o adicción, de este síntoma físico tan molesto».

Lo primero que suele hacer la persona que me escucha es abrir los ojos. ¡Qué curioso!, abrir los ojos es una respuesta inconsciente, pero que invita precisamente a esto: a abrir los ojos. Ver otras posibilidades, darte cuenta de que tu propia sanación está en ti y se halla oculta tras unos programas, muchas veces ancestrales, que buscan salir a la luz de la conciencia para que puedan ser trasformados, o mejor dicho, *perdonados*.

Este primer paso es fundamental: cuestionarnos nuestras creencias, verdades, historias y justificaciones. Pero no es el único. Hay que dar muchos pasos más, y no todo el mundo está dispuesto a hacerlo. Hay innumerables barreras inconscientes, muchos bloqueos mentales, creencias inamovibles sujetas por una infinidad de anclas emocionales y familiares.

No todo el mundo está dispuesto a dejar de ser *crucificado*, a renunciar al papel de víctima. No todo el mundo está dispuesto a desvincularse de los lazos familiares que lo mantienen atado a conductas nocivas y tóxicas. Conductas de «¡ay, pobre de mí!», de sobreprotección, de control, de chantaje emocional, comportamientos que nos crean sentimientos de culpa, pues hacemos cosas que no queremos hacer, pero que creemos que tenemos que hacer. Decimos cosas como: «Si no lo hago, se pondrá enfermo; es que lo está pasando muy mal; cuando mejore ya me iré...». Posponemos nuestra libertad individual, nos *crucificamos* creyendo que hacemos un bien. Pero lo único que conseguimos al mantener nuestra conducta es conservar el problema.

Recuerdo el siguiente caso en consulta: Una señora vino a verme porque tenía un conflicto con su marido; creía que él no le ayudaba en nada. Me contó su interpretación de su historia personal, que yo no acepté, porque sé que todo el mundo se cuenta sus historias, sus justificaciones para mantenerse en la situación estresante. Le dije que su conflicto tenía que ver con los hijos y la falta de libertad; ella me quería llevar al conflicto con el marido. Estaba proyectando la necesidad de que su marido cambiara. Al final, encontramos la creencia: «Mis responsabilidades con mis hijos me impiden que me divorcie de mi marido y tenga más libertad. Mis hijos me impiden ser libre de dejar a mi marido».

Esta creencia, limitante por cierto, sigue alimentándose en la necesidad de que cambien los demás. Ella no está viendo que su pareja es el espejo —su complementario— que le muestra lo que no se permite hacer: tener tiempo para ella.

Ella quería más libertad, pero su marido no cambiaba. Estaba en casa, pero era como si no estuviera. Pero los hijos..., ¡ay, los hijos! Y ahora su situación se cronificaba: seguía sin soportar al marido y los hijos manifestaban conductas adictivas. Ella no había cambiado, seguía manteniendo sus creencias, pero no sabía por qué estas la controlaban. Descubrimos que tenía creencias inconscientes heredadas de su madre: el padre de su madre había abandonado a su mujer y a sus hijos. Era como si la madre le susurrara al oído: «Haz todo lo posible para que tus hijos no se queden sin padre».

En esto consiste el cambio tan pregonado: el camino de elegir con tu corazón, la compresión de que tú no puedes ayudar a nadie salvo a ti mismo.

La resistencia a realizar el cambio en nosotros, el apego a mi historia, siempre consiste en creer que los demás están equivocados. Nos resistimos a vivir en la incertidumbre.

Las circunstancias de nuestras vidas y, sobretodo, las de las relaciones especiales, son maravillosas oportunidades de *trascender* las informaciones heredadas.

Aquí puede surgir una pregunta más que probable: ¿Qué es trascender?

1. Trascender implica superar y estar por encima de la dicotomía que generan dos energías complementarias.
2. Para ello, es fundamental comprender que vivimos en un mundo polarizado; un polo no puede existir sin el otro.
3. Cada experiencia que vivimos podemos vivirla desde el victimismo o desde la maestría.
4. Llevamos una información que nos lleva a resonar con personas y experiencias para nuestro autoconocimiento.

Veamos un ejemplo:

En una consulta, la cliente me comenta que repite constantemente relaciones con parejas que la engañan y le son infieles. Como es de esperar, vive esta situación desde el victimismo. Le pregunto:

—¿Qué pasó con tus padres y/o abuelos? —a lo que me responde:

—Mi madre aguantó una vez sí y otra también que mi padre tuviera amantes; mi abuela se quedó sin pareja y pasó muchas necesidades.

A partir de aquí, hacemos una inversión de pensamiento: «debo ser más fiel a mí misma».

La enfoco a comprender que está viviendo una situación para conocerse mejor y empezar a tomar decisiones que ellos —sus ancestros— no pudieron o no supieron hacer. Ello es sinónimo de vivir desde el aprendizaje. Al final, es capaz de decidir libremente quién quiere ser en esta situación, sin juzgar su comportamiento —ni el de los demás, porque es precisamente lo que necesita integrar— y sin resentimiento alguno.

Nuestras conductas están fuertemente ancladas en creencias ancestrales, en comportamientos de negación de uno mismo, en un falso concepto de egoísmo. Hacemos cosas que no queremos hacer; vamos donde no queremos ir con una actitud de *sacrificio* que lo único que esconde es miedo. Miedo a no ser aceptado, al qué dirán, a la culpa. En definitiva: miedo, miedo y miedo.

> «La lógica del ego es tan impecable como la del Espíritu Santo, ya que tu mente tiene a su disposición los medios para ponerse de parte del Cielo o de la tierra, según elija. Pero una vez más, recuerda que ambos se encuentran en ti».[20]

Cuando una persona se siente enferma, lo primero que hace es buscar la solución a sus males en el exterior. Busca a alguien que la pueda curar. Si una persona aplica estos principios y comprende que la sanación está en ella misma, esto no quiere decir que no tenga que cuidar y tratar su cuerpo. Insistimos: el cuerpo y la mente se abordan de formas distintas y complementarias. Cada relación y experiencia brinda la oportunidad de ver las cosas de otra manera y nos permite liberarnos de la culpa. Por encima de todo, lo que pretendo enseñar es que la verdadera curación se encuentra cuando se cambia de mentalidad —inversión de pensamiento—, lo que nos lleva a un cambio de percepción y eleva nuestra conciencia. Este cambio nos conduce a actuar sin resentimiento y a otro estado emocional más liberador.

> «Tienes que cambiar de mentalidad, no de comportamiento, y eso es cuestión de que estés dispuesto a hacerlo».[21]

Cuando una persona hace lo que cree y siente que tiene que hacer —que muchas veces contradice lo que hace la mayoría—, cuando lo primero que hace una persona es mirarse a sí misma y preguntarse quién quiere ser, muchas veces se la llama egoísta. ¡Qué curioso! Llamamos egoísta a quien es coherente consigo mismo porque no hace lo que creemos que debe hacer. Entonces, ¿quién es el egoísta?

> «El plan del ego para la salvación se basa en abrigar resentimientos. Mantiene que, si tal persona actuara o hablara de otra manera, o si tal o cual acontecimiento o circunstancia externa cambiase, tú te salvarías. De este modo, la fuente de la salvación se percibe constantemente como algo externo a ti. Cada resentimiento que abrigas es una declaración y una aseveración en la que crees, que reza así: Si esto fuese diferente, yo me salvaría. El cambio de mentalidad necesario para la salvación, por

lo tanto, se lo exiges a todo el mundo y a todas las cosas excepto a ti mismo».[22]

Recuerdo dos casos de personas con problemas y síntomas físicos importantes. Ambas comprendieron que tenían que hacer un cambio fundamental, y que se trataba de un cambio de mentalidad, no de conducta. Trabajé con ellas en busca de los resentimientos ocultos. Los sacamos a la luz de la conciencia, para poder transformarlos mediante la compresión de los programas que dominaban sus vidas. Pretendí que sanaran su percepción, que abandonasen el papel de víctimas que las hacía soportar situaciones de vejación y de profunda desvalorización. Comprendieron el significado del famoso dicho: «Dios los cría y ellos se juntan». Entendieron que no hay víctimas ni victimarios, que cada uno representa un papel y que, por lo tanto, la culpa no es real. Con esta *nueva percepción*, se liberaron del resentimiento y cambiaron de mentalidad de una forma casi espontánea. Ambos casos me comentaron que sentían que tales cambios internos habían ayudado a que los tratamientos médicos funcionaran con más eficacia y rapidez.

¿Cuándo se puede dar por finalizada la sanación? Para que haya una sanación plena, el cambio de mentalidad tiene que reflejarse en un cambio de conducta, lleno de coherencia y libre de resentimientos. Sin embargo, es habitual que tras un tiempo —mi experiencia me ha enseñado que es de alrededor de unos pocos meses—, de repente, la sintomatología vuelve a hacerse presente. Múltiples factores vuelven de nuevo a activarse y a entrar en juego —condiciones genéticas, biológicas, ambientales, sociales, conductuales, emocionales, etc.—. Cuando indagamos en los aspectos que venimos señalando, muy habitualmente la persona ha mantenido relaciones y circunstancias antiguas que le siguen generando estrés. En esas circunstancias, sigue en incoherencia.

Por poner un ejemplo simple y aclaratorio: si uno vive una experiencia traumática —por ejemplo, un abuso o una agresión—, puede llegar a comprender para qué ha vivido esta experiencia y perdonarse a sí mismo. No obstante, es inconcebible que alguien te diga que pases tiempo con tu agresor. Pues esto pasa en las familias nucleares, que en muchos casos he conocido personalmente. Por ejemplo, es el caso de una mujer que sigue conviviendo y celebrando aniversarios con un miembro de la familia —un tío— que abusó de ella cuando era pequeña. Cuando se reúnen, al día siguiente ella se encuentra mal.

Se ha cambiado la percepción, sí; ha habido perdón, sí; pero en la mayoría de los casos las personas no han alcanzado la conciencia plena de este perdón y su inconsciente sigue presto, atento al más mínimo resentimiento. Estas son algunas frases de mis consultantes: «Ya estoy cansado de ser el fuerte de la familia»; «si yo no estoy alegre, nadie lo está», «me aíslo de mi entorno familiar», etc. Como vemos, estas personas siguen vigilantes; aún piensan que, si actúan según les dictan sus corazones, pueden molestar a los demás. Entonces aguantan allí, esperando inconscientemente que los demás cambien. Como esto no sucede, continúan resistiendo, sonriendo frente al mismo problema, más mitigado, eso sí, pero al fin y al cabo el mismo. No están haciendo el cambio fundamental, que consiste en vivir su propia vida al margen de los demás y no olvidar que nadie debería *morir* por otra persona. Los lazos familiares, las creencias limitantes, los miedos inconscientes no nos permiten ser libres de verdad, vivir con auténtica coherencia, pues nos atan a conductas nocivas.

Hay que ser muy valiente para mirar el presente sin condenación. Se debe tener una mente libre de juicios y cuando aparece uno, mandarlo a expiar a través del Espíritu Santo.

Cuando se logra, ya no hay nadie que nos retrase en el camino y nosotros tampoco retrasamos a los demás con nuestra falsa compasión o nuestra ignorancia acerca de cómo debemos ayudar.

> «Los buenos maestros se dan cuenta de que solo los cambios fundamentales son duraderos, mas no comienzan en ese nivel. Su primer objetivo —y el más importante— es fortalecer en el estudiante el deseo de cambiar. Ese es asimismo no solo su último objetivo, sino también su objetivo final. Lo único que el maestro tiene que hacer para garantizar el cambio es estimular en el alumno su deseo de cambiar. Cambiar de motivación es cambiar de mentalidad, y esto inevitablemente produce un cambio fundamental, ya que la mente es fundamental».[23]

Hay que liberarse de lo que yo llamo el síndrome de la mujer de Lot —Sodoma y Gomorra— cuando el ángel del Señor dijo a Lot y a su familia que se marcharan de la ciudad y que no miraran atrás, pues se convertirían en una estatua de sal. Es una maravillosa metáfora del no mirar una situación conflictiva, de no mirar el pasado, pues nos recordará viejas heridas y nos paralizará (estatua de sal).

Por eso, una persona que se ha curado de una enfermedad debe estar muy alerta para no repetir conductas, evitar situaciones o relacionarse con personas que para su inconsciente le recuerden *momentos de peligro*. A nadie se le ocurriría enviar a un exalcohólico a tomarse un café con leche en un bar. En ese ambiente hay demasiados anclajes.

Hay anclajes que provienen de cuando se estaba en el útero materno. Es el caso, por ejemplo, de la persona cuya madre, por las circunstancias que fueran, no deseaba traerla al mundo, le molestaba quedarse embarazada y por su mente tal vez pasó el deseo de abortar. Entonces, la persona nace con un vacío interior, con una carencia fundamental de cariño y de amor; busca incesantemente que su madre la quiera, aunque es casi seguro que ella la ha cuidado, la ha alimentado y ahora mismo daría su vida por ella. Pero hay un condicionante muy fuerte de desamor, y la persona vive una relación adictiva con su madre, se encuentra embarcada en una búsqueda permanente de reconocimiento y eso afecta a su bienestar. Es algo compulsivo, irracional. Debe sacar este programa a la luz de la conciencia, perdonarlo, soltarlo y aceptar que su madre no la quiso. Así, se libera y la libera de toda culpabilidad. Entonces, puede seguir su camino sin apegos; es libre de estar con ella o de desaparecer de su vida. Ahora, cuando esté con ella, no será por obligación o por pena, sino porque quiere estar, y si no le apetece, lo acepta y se queda en paz.

Esto nos lo explica muy bien la doctora Nessa Carey en su libro *La revolución epigenética*, cuando recalca la importancia del estado emocional de la madre en los tres primeros meses de gestación, ya que va a influir en el resto de la vida del ser que va a nacer. En dicho libro describe el resultado del seguimiento de los descendientes de los supervivientes de la hambruna holandesa durante la Segunda Guerra Mundial. Si las madres se habían alimentado normalmente durante la época de la concepción y habían pasado desnutrición durante los últimos meses de embarazo, los niños nacían pequeños. En cambio, si las madres habían sufrido desnutrición los primeros meses, pero luego se habían alimentado de forma normal, los niños nacían con un peso adecuado. Cuando los niños se hacían mayores, los primeros seguían pequeños y los índices de obesidad eran inferiores a la población en general, mientras que los que nacían con un peso adecuado tenían mayores índices de obesidad, además de otros problemas de salud.

Nessa Carey expone otro ejemplo paradigmático:

«Los niños que han sufrido malos tratos y carencias afectivas en su primera infancia, al crecer tienen un riesgo sustancialmente superior al de la población general de tener problemas de salud mental. Con frecuencia, el niño se convierte en un adulto con un alto riesgo de tener problemas de depresión, auto-odio, drogadicción y suicidio».[24]

«No amas a quien tratas de aprisionar. Por lo tanto, cuando tratas de aprisionar a alguien, incluyéndote a ti mismo, no le amas y no te puedes identificar con él».[25]

«No intentes «ayudar» a un hermano a tu manera, pues no puedes ayudarte a ti mismo».[26]

«Las interpretaciones que haces de las necesidades de tu hermano son las interpretaciones que haces de las tuyas propias. Al prestar ayuda la estas pidiendo, y si percibes tan solo una necesidad en ti serás sanado».[27]

«Si amarse uno a sí mismo significa curarse uno a sí mismo, los que están enfermos no se aman a sí mismos».[28]

Dibujo realizado por Montserrat Adell,
propiedad de Enric Corbera Institute.

CÓMO ENCONTRARSE A UNO MISMO

Todo el mundo ha oído la frase *Conócete a ti mismo*. Se han desarrollado multitud de técnicas para alcanzar el autoconocimiento; algunas de ellas son tremendas disciplinas que duran años y años. La idea fundamental es siempre la misma: buscar dentro de nosotros aquello que yace oculto en el inconsciente para poder liberarnos de sus cadenas y alcanzar la iluminación.

Esto se puede conseguir con arduos trabajos y disciplinas férreas, es más: sin una disciplina mental, no es posible obtener resultados. El *Curso* lo dice así:

> «Una mente sin entrenar no puede lograr nada».[1]

UCDM deja muy claro que se trata de un curso de autoaplicación y que requiere estar muy alerta con respecto a los pensamientos que alberga nuestra mente, pues sabemos que están creando forma en algún ámbito del espacio-tiempo. Nos enseña que no hace falta creer en sus postulados, basta con ponerlos en práctica en nuestro quehacer diario. Así se obtiene la experiencia necesaria para saber cómo funcionan los pensamientos y se adquiere la destreza necesaria para anular los pensamientos parásitos y activar los que nos permiten funcionar cada día.

La mente no para nunca y no deja de fabricar las circunstancias de nuestra vida. Cuando seamos conscientes de este poder y lo utilicemos de forma consciente a través del Espíritu Santo, crearemos. Esto requiere tener una mente disciplinada en la ausencia de juicio. Una mente que no hace juicios es una mente que no percibe, y entonces la mente tiene la capacidad de la percepción perfecta. Pero se trata de un logro que no podemos alcanzar por nosotros mismos, necesitamos la ayuda del Espíritu Santo.

> «Tal vez creas que eres responsable de lo que haces, pero no de lo que piensas. La verdad es que eres responsable de lo que piensas porque es solamente en ese nivel donde puedes ejercer tu poder de decisión».[2]

> «La mente es muy poderosa y jamás pierde su fuerza creadora. Nunca duerme. Está creando continuamente. Es difícil reconocer la oleada de poder que resulta de la combinación de pensamiento y creencia, la cual puede literalmente mover montañas».[3]

> «En última instancia no importa si tus juicios son acertados o no, puesto que en cualquier caso estás depositando tu fe en lo irreal».[4]

EL ESPEJO

Aplicar el método del espejo a nuestra vida es una forma rápida y eficaz de conocernos a nosotros mismos. Es muy conocida la frase: «Ver la paja en el ojo ajeno y no la viga en el propio», que alude a la conveniencia de reconocer las faltas propias antes de condenar las de los demás.

Todo esto indica que proyectamos continuamente en los demás y vemos en ellos lo que nos agrada o disgusta de nosotros mismos. Cuando lo que vemos en los otros nos desagrada mucho, no aceptamos que nos digan que somos iguales, es más: nos encolerizamos, lo negamos con rotundidad. Cuando reaccionamos de esta forma excesiva, podemos estar seguros de que lo que nos dicen es cierto. Lo que sucede es que ignoramos que si atacamos una posición del otro, se debe a que previamente la hemos condenado en nosotros mismos. De forma inconsciente, proyectamos al exterior esta condenación y el deseo de ocultar lo que creemos que es un defecto y, por eso, nos alteramos cuando lo vemos en los demás. Continuamente nos encontramos con personas o situaciones que nos recuerdan aquello que nos altera y a lo que nos oponemos con tanto empeño, un empeño que solo se explica debido a que tenemos una serie de juicios contra el supuesto defecto.

El psicólogo Carl G. Jung dijo que siempre nos encontramos con nuestra sombra. Si somos conscientes de esto, podremos aprender muchísimo de nosotros mismos. Podremos ver nuestros prejuicios, nuestros juicios y creencias acerca de los demás.

Una de las características del funcionamiento del espejo es que solemos encontrarnos con aquello sobre lo cual hemos formulado un rotundo juicio condenatorio. Por ejemplo, odio que las personas mientan, y me cruzo constantemente con personas que me mienten. Esto me hace perder la paz mental simplemente porque no entiendo cuál es el mensaje que me envía la vida. Lo primero que habría que preguntarse es: «¿Cómo me miento a mí mismo?». Si reflexiono, me daré cuenta de que digo sí cuando pienso que no, voy a algún lugar cuando no quiero ir... En definitiva, me miento a mí mismo todo el tiempo. A lo largo de sus páginas, el *Curso* nos enseña que siempre vivimos experiencias sobre las cuales previamente hemos formulado un juicio.

> «La forma en que percibes en cualquier momento dado determina tu comportamiento [...]».[5]

«Tu hermano es el espejo en el que ves reflejada la imagen que tienes de ti mismo mientras perdure la percepción».[6]

«Decirte que no juzgues lo que no entiendes es ciertamente un buen consejo».[7]

«Si reconocieras que cualquier ataque que percibes se encuentra en tu mente, y solo en tu mente, habrías por fin localizado su origen, y allí donde el ataque tiene su origen, allí mismo tiene que terminar».[8]

«La espada del juicio es el arma que le entregas a esta ilusión de ti mismo, para que pueda luchar e impedir que el amor llene el espacio que mantiene a tu hermano separado de ti. Mientras empuñes esa espada, no obstante, no podrás sino percibirte a ti mismo como un cuerpo, pues te habrás condenado a estar separado de aquel que sostiene el espejo que refleja otra imagen de lo que él es y, por ende, de lo que tú no puedes sino ser también».[9]

UCDM deja muy claro que cada encuentro con alguien es un encuentro con uno mismo y que nosotros somos los únicos responsables de cómo se desarrolle. Nos dice que los encuentros no son casuales, sino causales: aquí *UCDM* nos enseña una metafísica no-dualista. Nos explica la ley de atracción, gracias a la cual siempre hallamos lo que buscamos sin ser conscientes de ello. A lo que buscamos es a lo que prestamos atención, por eso es tan importante no hacer juicios y, por eso, se requiere entrenar la mente para estar atento a lo que esta piensa. No olvidemos que nuestra mente nunca descansa y que somos demasiado condescendientes con sus divagaciones.

Por eso *UCDM* afirma que cada encuentro debe ser santo; veámoslo:

> «Cuando te encuentras con alguien, recuerda que se trata de un encuentro santo. Tal como lo consideres a él, así te considerarás a ti mismo. Tal como lo trates, así te tratarás a ti mismo. Tal como pienses de él, así pensarás de ti mismo. Nunca te olvides de esto, pues en tus semejantes, o bien te encuentras a ti mismo, o bien te pierdes a ti mismo».[10]

Es sencillamente magistral y de una claridad meridiana. Si queremos avanzar en el autoconocimiento, no olvidemos nunca la responsabilidad que tenemos en los encuentros.

No busquemos en parajes remotos, no busquemos en técnicas largas y complicadas. *UCDM* nos lo pone mucho más fácil:

> «Todo el mundo anda buscándose a sí mismo y buscando el poder y la gloria que cree haber perdido. Siempre que estás con alguien, tienes una oportunidad más para encontrar tu poder y tu gloria. Tu poder y tu gloria están en él porque son tuyos. El ego trata de encontrarlos únicamente en ti porque no sabe dónde buscar. El Espíritu Santo te enseña que si buscas únicamente en ti no podrás encontrarte a ti mismo porque tú no eres un ente separado».[11]

Aquí tenemos otra explicación metafísica de la percepción del mundo. Todos somos uno, no somos entes separados. El ego no sabe esto ni lo puede entender. El ego rechaza lo que ve en el otro porque piensa que así lo puede perder, sin ser consciente de que es así como lo mantiene. El viaje más rápido hacia el autoconocimiento consiste en saber que siempre estás frente a ti mismo y que en muchas ocasiones ves una imagen especular, tu reflejo en el espejo.

> «La Voluntad de Dios es que tú encuentres la salvación. ¿Cómo, entonces, no te iba a haber proporcionado los medios para encontrarla? Si Su Voluntad es que te salves, tiene que haber dispuesto que alcanzar la salvación fuese posible y fácil. Tienes hermanos por todas partes. No tienes que buscar la salvación en parajes remotos».[12]

LA PROYECCIÓN

Solamente puedes verte a ti mismo. Proyectamos en los demás nuestras creencias, nuestros valores, nuestros miedos. Vemos en los demás nuestros juicios.

Siempre estamos proyectando nuestra sombra, aquella parte de nosotros que no queremos ver, que condenamos, la parte que no aceptamos de nosotros mismos.

Podemos proyectar nuestra santidad, nuestra divinidad y adorar a los demás, cuando en realidad nos adoramos a nosotros mismos.

El *Curso* nos dice:

«Verás tu valía a través de los ojos de tu hermano, y cada uno será liberado cuando vea a su salvador en el lugar donde antes pensó que había un agresor. [...] Este es tu papel en la consecución de la paz».[1]

SOLO TÚ PUEDES PRIVARTE A TI MISMO

Solamente podemos vivir nuestra vida de dos maneras: desde la separatividad o desde la unidad. La primera opción nos conduce a pensar que debemos protegernos de todo lo externo; a creer en la casualidad, en la mala suerte, a creer que todo lo que nos rodea no tiene que ver con nosotros. Vivimos pandemias y no somos conscientes de que estamos cambiando y destruyendo nuestro ecosistema. Este busca constantemente su equilibrio y, muchas veces, a expensas de los seres humanos, los cuales, atrapados en un egoísmo incalificable, destruimos todo lo que nos rodea, esperando que no suceda nada. La separatividad también nos lleva a creer en la lucha para conseguir metas u objetivos; a creer que no hay para todos; que, si yo tengo, tú no tienes...; a creer en el sacrificio, en el sufrimiento, en los problemas. La alternativa consiste simplemente en creer que formamos parte de un *Todo* que está en nosotros; que somos portadores de toda la información; que tenemos dentro todas las posibilidades; que, cuando realizamos un trabajo, se nos proporcionan los medios para llevarlo a cabo; que todo tiene un sentido; que tenemos la capacidad de desarrollar nuestro potencial... Nunca estamos solos por una razón muy simple: la *Fuente* que todo lo provee es el manantial de vida de *Todo*.

> «El mundo que ves es el sistema ilusorio de aquellos a quienes la culpabilidad ha enloquecido. Contempla detenidamente este mundo y te darás cuenta de que así es. Pues este mundo es el símbolo del castigo, y todas las

> leyes que parecen regirlo son las leyes de la muerte. Los niños vienen al mundo con dolor y mediante el dolor. Su crecimiento va acompañado de sufrimiento y muy pronto aprenden lo que son las penas, la separación y la muerte. Sus mentes parecen estar atrapadas en sus cerebros y sus fuerzas parecen decaer cuando sus cuerpos se lastiman. Parecen amar, sin embargo, abandonan y son abandonados. Y parecen perder aquello que aman, la cual es quizá la más descabellada de todas las creencias. Y sus cuerpos se marchitan, exhalan el último suspiro, se les da sepultura y dejan de existir. Ni uno solo de ellos ha podido dejar de creer que Dios es cruel».[2]
>
> «Si este fuese el mundo real, Dios sería ciertamente cruel. Pues ningún padre podría someter a sus hijos a eso como pago por la salvación y al mismo tiempo ser amoroso. El amor no mata para salvar».[3]

La creencia en la culpabilidad es la gran fuerza que nos hace vivir en la separación; la culpa demanda castigo y este se debe conceder a la persona que lo pide. La culpabilidad es tan abrumadora que necesitamos librarnos de ella sea como sea, y como el ego se sustenta en la creencia en la separación, lo que hace es proyectar la culpa fuera creyendo que de esta manera se libra de ella. Cuando hacemos esto, no somos conscientes de que así la alimentamos, de que le damos más y más fuerza. Entonces surge otra necesidad: la de protegernos. ¿De qué? De la proyección de la culpa de los demás. Si yo creo que puedo proyectar la culpabilidad, creo que me la pueden proyectar a mí.

Entonces mis esfuerzos estarán encaminados a ofrecer la cara de inocencia, la cara que revela mi sufrimiento por lo que me hacen los demás.

Cuando mi conducta se encamina por estos derroteros, me empobrezco, porque creo que todo lo que me ocurre procede del exterior. Debo protegerme de los demás; debo evitar que me vean como realmente soy, o como creo que soy; debo ocultar mis *pecados*, mis *defectos*. Este tipo de pensamiento es agotador, destruye las defensas corporales. La mente se agita, angustiada, y sufro por lo que creo que puede sucederme. Entonces, procuro aislarme y este aislamiento sigue potenciando mi creencia en la soledad, mi miedo a estar solo.

Tenemos que hacer una inversión de pensamiento: dejar de echar la culpa a los demás y, por supuesto, también a nosotros mismos.

> «[...] la culpa se tiene que des-hacer y no verse en otra parte».[4]

Esta inversión de pensamiento, que es uno de los objetivos del *Curso*, implica prestar una atención férrea a cómo el ego utiliza nuestra mente. El ego no puede vivir sin la creencia en la culpa. Podemos pasar por fases dolorosas, pero también hemos de tener en cuenta que el dolor es siempre emocional y nos duele porque tenemos que liberarnos de nuestras necesidades egoístas.

El miedo es siempre un síntoma de nuestra profunda sensación de pérdida. Esta es una de las causas de nuestra privación. El miedo alimenta la creencia en la separación, en una posible falta, en la escasez. Cuanto más miedo tenemos, más egoístas nos volvemos. Miedo a no tener, miedo a perder, qué más da..., para el ego lo importante es que tengas miedo. No vemos que nuestro miedo se alimenta del miedo; es como echarle gasolina al fuego.

Cuando invertimos el pensamiento y nos percatamos de que nosotros mismos somos los que generamos nuestras desgracias, nuestros problemas, en definitiva, nuestra escasez, entonces sabemos dónde está la liberación.

Como nos dice *UCDM*:

> «El Espíritu Santo ve la situación como un todo. El objetivo establece el hecho de que todo aquel que esté involucrado en la situación desempeñará el papel que le corresponde en la consecución del mismo».[5]

> «La creencia de que es posible perder no es sino el reflejo de la premisa subyacente de que Dios está loco. Pues en este mundo parece que alguien tiene que perder porque otro ganó».[6]

> «Siempre que consientes sufrir, sentir privación, ser tratado injustamente o tener cualquier tipo de necesidad, no haces sino acusar a tu hermano de haber atacado al Hijo de Dios».[7]

Al hacer la inversión del pensamiento, entendemos que, en realidad, aquello que los demás parecen hacernos nos lo hacemos nosotros a través de ellos. Todos somos uno, todos estamos unidos, somos una parte del todo.

Veamos esto desde otra perspectiva: ¿quién no ha experimentado frustración alguna vez tras orar o hacer una petición al *Cielo*?

UCDM lo expresa con mucha claridad: no sabemos pedir. Pedimos desde la necesidad y, entonces, solo se nos pueden dar circunstancias en las que nos sentimos necesitados. La Divinidad no tiene la capacidad de juzgar. Es más, Ella no es dual, Ella posee una mente holística, la *Mente Una*. Ella alberga las infinitas posibilidades de cada instante que vivimos. Si repetimos historias es porque repetimos sentimientos y creencias. La mente dividida no se puede comunicar porque habla de cosas diferentes a la *Mente*. Vive en el temor, en la carencia. En definitiva: en el miedo. Por eso, cuando pedimos con esta mente, la *Mente* no nos entiende.

La mente dividida es confusa, piensa que sabe lo que es mejor para ella, piensa que puede encontrar la solución a cualquier problema. Es más, está convencida de que esto es siempre así. No se plantea que, quizás, lo mejor para uno mismo es lo opuesto de lo que desea.

Pongamos un ejemplo cotidiano: quiero dejar un trabajo porque mi jefe es una persona injusta, intolerante e inflexible. Me siento víctima de unas circunstancias, creo que merezco algo mejor —en esto estoy de acuerdo— y elevo una plegaria en este sentido. No me doy cuenta de que estoy haciendo un juicio que alimenta la separatividad —la mente dividida—. Esto crea confusión a la *Mente*, y cuando logro encontrar otro trabajo, resulta que el jefe repite las mismas pautas que el que tuve en la empresa anterior.

Recuerdo la historia de una clienta mía: tenía una relación de víctima/victimario con su pareja. Él bebía y la maltrataba. Consiguió separarse y al cabo de poco tiempo tuvo otra pareja que, curiosamente, bebía y la maltrataba. El primer impulso es pensar: «¡Pobrecita, qué mala suerte!». Pero hay que buscar las causas sin juzgar. Al analizar sus ambientes familiares estresantes, vi que su padre había sido bebedor y había maltratado a toda la familia. Repetía programas, pues sus parejas también tenían que ver con el padre. El inconsciente no distingue mi padre de mis parejas, pues todos representan un rol, concretamente el de cabeza del clan. Para su inconsciente, las parejas eran el padre que había querido tener y nunca tuvo. ¿Qué hay que hacer en un caso así? Lo primero es tomar conciencia de que no somos víctimas de las circunstancias que vivimos. Luego, preguntarnos para qué las vivimos. La respuesta es: para sanar nuestras creencias en la carencia, en la soledad, en el abandono, en la desvalorización. Para, como yo lo llamo, vivir la trascendencia. Después, hemos de bendecir a quien nos hace vivir esas circunstancias, y perdonarnos a nosotros mismos por atraerlas a nuestra vida y hacernos daño a través de ellas. El paso siguiente es tomar una decisión que esté libre de victimismos y culpabilidades.

Recuerdo que un joven me dijo un día: «Todas las mujeres que me encuentro son iguales; lo único que cambia son sus nombres». Le pregunté cuáles eran estas características comunes y me respondió: «Son muy controladoras. Siempre están encima de mí; no me dejan ni respirar». Mi siguiente pregunta fue: «¿Y cómo es tu madre?». Su respuesta fue tajante: «Ella me dijo un día: Si fuera por mí, te encerraría en un armario lleno de algodones y no te dejaría salir». Sin comentarios. Hablaremos más delante de las relaciones especiales.

Pedir al Espíritu Santo una relación mejor, un trabajo mejor, que mi madre me quiera, que mi hijo deje a esa novia que tiene, que mi marido o mi mujer cambie, etc., esto simplemente es no pedir.

Solo cuando estamos muy desesperados decimos algo realmente verdadero: «Señor, hágase tu Voluntad».

Por eso *UCDM* afirma:

> «El hecho mismo de que percibas la Voluntad de Dios —que es lo que tú eres— como algo temible, demuestra que tienes miedo de lo que eres. Por lo tanto, no es de la Voluntad de Dios de lo que tienes miedo, sino de la tuya».[8]

> «Tal vez insistas en que el Espíritu Santo no te contesta, pero quizá sería más prudente examinar qué clase de peticionario eres».[9]

> «Cuando le pides al Espíritu Santo lo que te podría hacer daño Él no puede satisfacer tu petición porque no

hay nada que pueda hacerte daño y, por lo tanto, no estás pidiendo nada. Cualquier deseo que proceda del ego es un deseo de algo que no existe, y solicitarlo no constituye una petición».[10]

En esta última cita se dice claramente que ninguna petición del ego puede ser escuchada. Conviene recordar que estas se basan siempre en la necesidad y en el deseo de que las cosas sean como nos gustaría, y esto es algo que ni siquiera Dios hace. Dios no puede atacar la voluntad de *Su Hijo*, porque fue *Su Voluntad* que *Su Hijo* viviera en función de su realidad, por eso, solo tú puedes privarte de algo.

Como el Espíritu Santo sabe que siempre nos proyectamos en los demás, nos enseña y da respuesta a nuestras oraciones a través de ellos. El *Curso* hace mucho énfasis en ello, y yo lo explico a lo largo de todo este libro. Es la percepción la que tiene que ser curada, eso es precisamente lo que más necesitamos. El *Curso* nos señala la manera de hacerlo: lo más importante, como ya he repetido y seguiré repitiendo, es no hacer juicios.

UCDM nos dice:

«Parece que es la percepción la que te enseña lo que ves. Sin embargo, lo único que hace es dar testimonio de lo que tú enseñaste. Es el cuadro externo de un deseo: la imagen de lo que tú querías que fuese verdad».[11]

«Solo puedes hacerte daño a ti mismo. Hemos repetido esto con frecuencia, pero todavía resulta difícil de entender».[12]

Por eso el *Curso* nos anima a entender y a practicar este principio: según cómo pidamos, así recibiremos. Cuando pedimos algo a través del ego, no podemos ser escuchados, porque pedimos lo imposible. Hay que pedir de una forma incondicional, hay que pedir entregando la solución de nuestro problema, con la certeza de que la que nos sea ofrecida será la mejor para todos; sabiendo que cada uno recibirá en función de sus propios pensamientos y creencias, y que no tenemos derecho a desear que las circunstancias de los demás sean diferentes.

Por eso *UCDM* afirma:

> «La respuesta a todas tus oraciones reside en ellos. Recibirás la respuesta a medida que la oigas en todos tus hermanos. No escuches nada más, pues, de lo contrario, no estarás oyendo correctamente».[13]

> «Nunca olvides, por consiguiente, de que eres tú el que determina el valor de lo que recibes y el que fija el precio de acuerdo con lo que das. Creer que es posible obtener mucho a cambio de poco es creer que puedes regatear con Dios. Sus leyes son siempre justas y perfectamente consistentes. Al dar, recibes. Pero recibir es aceptar, no obtener. Es imposible no tener, pero es posible que no sepas que tienes».[14]

> «Así pues, solo puedes pedirle algo al Espíritu Santo dándole algo, y solo puedes darle algo allí donde Lo reconoces. Si Lo reconoces en todos, imagínate cuánto le estarás pidiendo y cuánto habrás de recibir».[15]

En estas últimas citas de *UCDM* se nos enseña cómo pedir y que la respuesta que obtengamos de nuestros hermanos estará en función del valor que les otorguemos; al final se nos enseña la máxima petición y la máxima valoración.

A modo de resumen, recordemos que al pedir algo debemos ser totalmente conscientes de nuestra plenitud, y aceptar que se nos dé lo que sea mejor para todos. Por ello, cuando decimos: «Señor, hágase tu santa Voluntad y no la mía», formulamos una petición consciente, pues reconocemos que no sabemos qué es mejor.

INVERSIÓN CAUSA-EFECTO

Nuestro mundo, el mundo en el que creemos vivir, se basa precisamente en la relación causa-efecto. Nuestra percepción del mundo dependerá de dónde localicemos la causa y, por supuesto, de nuestra conducta.

Quisiera transmitir con claridad y precisión lo importante que es esto: lo que yo crea que es la causa de algo determinará mi forma de vivir. No hay término medio, no se puede servir a dos amos: atribuyo la causa de lo que me ocurre al exterior o al interior. No hace falta que diga que el ego siempre busca excusas para todo y pone mucho énfasis en remarcar que mi comportamiento se basa en las cosas que otros me hacen. Funciona con premisas como estas: «Tú eres la causa de lo que hago»; «mis enfermedades son producidas por tu comportamiento»; «si tú hicieras o no hicieras tal cosa, yo sería más feliz». Decimos cosas como: «Me pones enfermo»; «me sacas de quicio»; «tu comportamiento me irrita»; «no me dejas vivir»; «tu indolencia me altera»; «es imposible vivir contigo»; «siempre me haces sufrir»; «así me pagas todo mi sacrificio»; «todo lo hago por tu bien», etc.

Como podemos ver, la causa de todo está en el otro. Ni siquiera nos planteamos por qué vivimos o nos relacionamos con este otro. No nos cuestionamos a nosotros mismos, siempre a los demás. No nos hacemos la pregunta que nos recomienda el *Curso* y que el ego no tolera: ¿para qué?

UCDM lo deja claro a lo largo del libro de «Texto». Es más, nos recuerda que el ego utiliza el pasado para justificar nuestras conductas en el presente. Para el ego, el pasado es el recuerdo de viejas heridas, abriga resentimientos ocultos que acaban emergiendo en forma de enfermedades y relaciones adictivas. Relaciones que el *Curso* llama de *odio especial* o de *amor especial.* Todas ellas se sustentan en la proyección de la culpabilidad. El ego siempre busca la fuente de la culpa fuera; busca la causa de todos sus malestares fuera, y también la causa de su felicidad. Por eso, siempre se está ocupando —como dice *UCDM*— de nimiedades.

Con esta forma de pensar, el victimismo es la conducta preferida del ego. Nos aleja de las responsabilidades, nos mantiene en una mentalidad adolescente, buscando a alguien que nos solucione los problemas. Nos impide hacernos adultos emocionales —adultos de Dios—.

Si queremos cambiar los efectos de esta forma de pensar, es imprescindible que utilicemos la memoria de otra manera. Una memoria que nos recuerde que la decisión de atribuir algo a alguien es nuestra, y que esto puede cambiar.

Un adulto emocional buscará en sí mismo la causa de los efectos que le afectan. No buscará excusas; no se sentirá víctima y, por supuesto, no se sentirá culpable.

Comprenderá que el ego busca culpar a Dios de todas nuestras desventuras. Deshará la creencia en que *si Dios existiera, no permitiría que ocurrieran ciertas cosas* y la reemplazara por la creencia en que *todo lo que ocurre es gracias a Dios*, pues Él nos provee de la capacidad de elegir —en otro capítulo hablaré del poder de elegir—. Un adulto emocional cambiará un recuerdo doloroso por una enseñanza sublime. Comprenderá que, como la causa está en sí mismo, puede cambiar los efectos.

Nosotros somos la causa de nuestros efectos: he aquí una enseñanza que nos libera, una verdad que no todo el mundo está dispuesto a asumir. Es una llamada a la responsabilidad, a dejar el victimismo, a comprender que la culpa no existe y que puede ser deshecha, que *dormíamos* y esto nos impedía *despertar* a la verdad de que somos la causa de todo.

Por fin podremos cambiar los efectos, por fin podremos dejar atrás nuestros males, por fin podremos pasar a la acción y liberarnos de la creencia de que podemos hacer daño a los demás y de que ellos nos pueden dañar. Cuando integramos esta enseñanza, *estamos curados* —obviamente a nivel mental—, pues al no proyectar la culpa, esta se libera en nosotros. Se trata de un trabajo continuo que consiste en deshacer la causa en nosotros mediante este conocimiento. Al hacerlo, eso es lo que recibimos de los demás.

> «Por lo tanto, aquellos que han sido perdonados deben dedicarse en primer lugar a curar, pues al haber aceptado la idea de la curación, deben compartirla para así conservarla».[1]

> «La memoria, al igual que la percepción, es una facultad que tú inventaste para que ocupara el lugar de lo que Dios te dio en tu creación. [...] Se puede utilizar para sanar y no para herir, si ese es tu deseo».[2]

> «El uso que el Espíritu Santo hace de la memoria no tiene nada que ver con el tiempo. El Espíritu Santo no la utiliza como un medio para conservar el pasado, sino como una manera de renunciar a él. La memoria retiene los mensajes que recibe y hace lo que se le encomienda hacer».[3]

> «Y si parece servir para abrigar un viejo odio y presentarte escenas de injusticias y de resentimientos que has estado guardando, eso fue lo que le pediste que fuera su mensaje, y ese fue el que te dio».[4]

> «Es imposible poder cambiar nada en el presente si su causa se encuentra en el pasado».[5]

No se pueden entender las palabras del *Curso* con una mente dividida. Con una mente holística son muy comprensibles, porque sabemos que pasado, presente y futuro son y están en un mismo instante; que todo es un eterno ahora y que solo nuestra mente dividida nos hace percibir el tiempo separado. Por eso podemos cambiar la percepción que tuvimos en un teórico pasado, porque este se halla en el presente y está dictando nuestras decisiones erróneas, basadas en la percepción de la mente dividida.

UCDM afirma:

> «Lo que tú recuerdas nunca sucedió, pues procedió de una ausencia de causa, que tú pensaste que era una causa».[6]

Esta frase nos enseña que podemos cambiar la percepción de lo ocurrido y así transformar las emociones. Al hacerlo, sanamos la mente, liberándola de preocupaciones, sinsabores, afrentas, disgustos, etc. Podemos hacerlo porque ya no atribuimos la causa a los demás, a situaciones externas, sino a nosotros mismos. He repetido y repetiré que una de las cosas que más necesitamos es sanar nuestras percepciones. Esta también es una enseñanza crucial del *Curso*.

Hay que tener una mente no-dual, una mente metafísica que comprenda que todo es *Uno* y que nosotros atraemos las circunstancias de nuestras vidas. Las atraemos de forma inconsciente, por eso es tan importante aplicar las premisas del *Curso* para despertar y ser conscientes de esta gran verdad. Al atribuirnos a nosotros mismos la causa, somos libres de cambiar los efectos. Esta es la verdad que nos hará libres.

Veamos algunos ejemplos de *Inversión* de pensamiento para su mayor comprensión y, por supuesto, aplicación.

Ejemplo 1: Me molesta mucho que mi marido llegue tarde cada viernes.

Aquí la causa es el marido.

Vamos a realizar la inversión: Yo ya sé que mi marido llega tarde cada viernes. Por lo tanto, puedo decir: Yo soy la que se molesta, pues mi marido siempre hace lo mismo.

Ejemplo 2:

Mi madre se entromete en mis asuntos y no me deja vivir en paz.

Aquí la causa es mi madre.

Vamos a hacer la inversión: Yo no me permito vivir en paz y estar tranquila con mi familia porque permito su intromisión.

Ejemplo 3:

Mi marido me falta al respeto.

Aquí la causa del malestar es el marido.

Vamos a hacer la inversión: Yo me falto al respeto a través de mi marido.

Utiliza el Sentido Común:

1. ¿Que tu marido viene cada viernes borracho? Pues sales con tus amigas al cine o te vas a pasear.
2. ¿Que tu amigo cada vez que te llama es para quejarse de su madre? No le coges el teléfono, o si lo haces le puedes decir: ¿Qué?, ¿Cómo te va con tu madre? Sigues quejándote. Te debe gustar mucho este juego. O simplemente: Oye, esta historia ya me la sé, ¿nos vamos de fiesta y nos pegamos un buen revolcón?

3. ¿Que tu crees que tu marido te falta el respeto? Muy bien, puedes llevar a cabo las siguientes reflexiones propuestas por Carl G. Jung:

-¿Qué pretendo?
-¿Qué miedo tengo?
-¿Qué justificaciones?
-¿Así es como quiero vivir el resto de mi vida?

4. Si no aprendes de las circunstancias dolorosas de la vida, estás forzando a la consciencia cósmica a que las repita una y otra vez hasta que tomes la decisión adecuada.

Sigamos con lo que nos dice *UCDM*:

«El milagro te recuerda una Causa que está eternamente presente y que es inmune al tiempo y a cualquier interferencia. Dicha Causa nunca ha dejado de ser lo que es. Y tú eres Su Efecto, tan inmutable y perfecto como Ella Misma».[7]

Como vemos, *UCDM* nos recuerda que tenemos una *Causa* cuyo efecto somos nosotros. La *Causa* de nuestra existencia no es el azar; es la inteligencia. Cuando la inteligencia crea, siempre tiene un propósito, y este propósito somos nosotros, que en realidad somos *Uno* solo.

Podemos manifestarnos en múltiples efectos, porque, al ser nosotros el efecto de una causa pluripotencial, de infinitas posibilidades, también podemos crear de diferentes formas. Esta diversidad creativa nos ha llevado a sentirnos diferentes y a olvidar la *Causa Primigenia*. Al hacerlo, trasladamos la causa de nuestras circunstancias precisamente a nuestras creaciones y creemos que son estas las que producen los efectos indeseados, tales como la enfermedad, el infortunio o la carencia.

> «Cuando memorias de viejos rencores vengan a rondarte, recuerda que su causa ya desapareció».[8]

> «Sin causa no puede haber efectos, mas sin efectos no puede haber causa. Lo que hace que una causa sea causa son sus efectos; el Padre es Padre por razón de Su Hijo. [...] Y puesto que es el Hijo de Dios, tiene que ser a su vez un padre, que crea tal como su Padre lo creó a él. El círculo de creación no tiene fin».[9]

Atención a nuestras creaciones: serán creaciones si pensamos con el Espíritu Santo y serán fabricaciones si lo hacemos desde el ego.

Cuando fabricamos a través del ego, estamos dormidos. Somos los soñadores de un sueño que creemos real y no podemos hacer nada salvo tener miedo de lo que nos pueda ocurrir en el sueño.

Por eso *UCDM* nos dice:

> «El milagro no te despierta, sino que simplemente te muestra quién es el soñador. Te enseña que mientras estés dormido puedes elegir entre diferentes sueños, dependiendo del propósito que le hayas adscrito a tu soñar».[10]

Démonos cuenta de lo importante que es esta premisa: nosotros somos los soñadores y si nos hacemos conscientes de ello, seguimos soñando, pero podemos elegir qué tipo de sueños queremos. Esto también nos enseña que somos la causa de nuestros sueños y que el sueño que vivimos es el efecto. Por eso, el *Curso* nos pregunta qué tipo de sueños deseamos: de curación o de muerte. Obviamente, debemos elegir entre sueños de perdón o de culpabilidad.

Y sigue *UCDM* con la enseñanza:

> «El soñador de un sueño no está despierto ni sabe que duerme. En sus sueños tiene fantasías de estar enfermo o sano, deprimido o feliz, pero sin una causa estable con efectos garantizados».[11]

> «El milagro establece que estás teniendo un sueño y que su contenido no es real. Este es un paso crucial a la hora de lidiar con ilusiones. Nadie tiene miedo de ellas cuando se da cuenta de que fue él quien las inventó. Lo que mantenía vivo al miedo era que no se daba cuenta de que él era el autor del sueño y no una de sus figuras».[12]

El milagro nos enseña que nuestro hermano no nos hizo daño, nos enseña que él es el simple ejecutor de una causa que se halla escondida en nuestro inconsciente, de una causa que se alimenta de creencias. Esto nos permite analizar la situación considerándonos la causa y preguntarnos qué pensamientos, sentimientos y emociones no expresadas albergamos, pues son estos los que nos hacen perder la coherencia emocional y nos provocan dolor.

> «El milagro te devuelve la causa del miedo a ti que lo inventaste. Pero también te muestra, que, al no tener efectos, no es realmente una causa porque la función de lo causativo es producir efectos. Y allí donde los efectos han desaparecido, no hay causa. De este modo, el cuerpo se cura gracias a los milagros porque estos demuestran que la mente inventó la enfermedad y que utilizó el cuerpo para ser la víctima, o el efecto, de lo que ella misma fabuló».[13]

Y entonces, ¡oh, milagro!, la mente se libera porque reconoce que:

> «[...] Nadie me está haciendo esto a mí, sino que soy yo quien lo está haciendo».[14]

> «¿Cuán dispuesto estás a perdonar a tu hermano? ¿Hasta qué punto deseas la paz en lugar de los conflictos interminables, el sufrimiento y el dolor?».[15]

Dibujo de Montserrat Adell, perteneciente a Enric Corbera Institute.

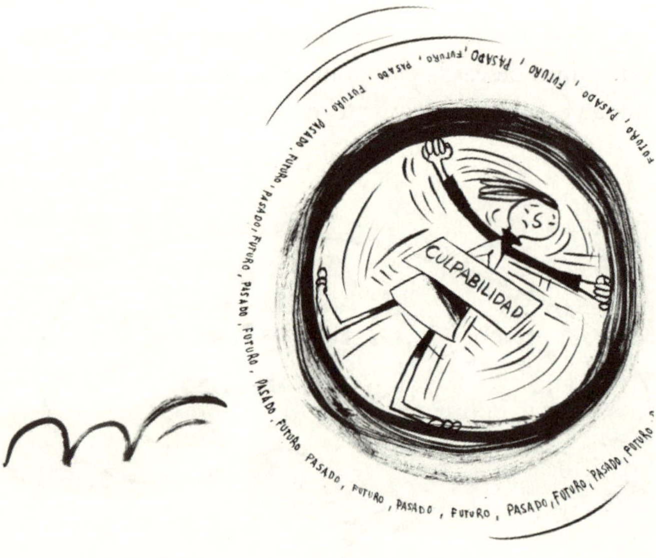

LA CULPABILIDAD

La culpabilidad hace que el tiempo exista y que lo vivamos como lineal. Ello es debido a que, si te sientes culpable, necesitas tiempo para recibir el castigo. En realidad, al sentirnos culpables repetimos las historias continuamente como una vulgar noria. El ego no puede tolerar que te liberes del pasado, pues para él el presente solamente es un recordatorio de viejas heridas y de viejos rencores. De esta manera, el ego proyecta el pasado a tu futuro y repites las historias una y otra vez. Esto ocurre porque estás atrapado en la rueda de la culpabilidad.

LAS RELACIONES ESPECIALES

¿QUÉ DEBEMOS ENTENDER POR RELACIONES ESPECIALES?

Todos y cada uno de nosotros establece, consciente o inconscientemente, relaciones con determinadas personas o entidades, con las cuales nos sentimos más o menos identificados. Las identificaciones con ciertas personas e instituciones son las proyecciones de nuestras creencias. Por eso, pensamos que alguien puede darnos la felicidad o nos la puede quitar. Empatizamos con aspectos de lo que creemos que es nuestra realidad, sufrimos o somos felices con esa realidad, y establecemos relaciones con las personas que forman parte de ella. *UCDM* las llama relaciones de odio especial y de amor especial.

> «Unirse al sufrimiento de otro es la interpretación que el ego hace de la empatía, de la cual siempre se vale para entablar relaciones especiales en las que el sufrimiento se comparte».[1]

> «La prueba más clara de que la empatía, tal como el ego la usa, es destructiva, reside en el hecho de que solo se aplica a un determinado tipo de problemas y a ciertos individuos».[2]

> «El ego siempre utiliza la empatía para debilitar, y debilitar es atacar».[3]

Como vemos, el *Curso* nos deja muy claro que el ego siempre busca separación, que es la causa de nuestro dolor. Nos unimos al sufrimiento, pero no a todo, sino a una parte. Esto se debe a que proyectamos nuestra culpa inconsciente y creemos que, de alguna forma, el sufrimiento nos redime.

Las relaciones especiales buscan una parte de la proyección para unirse a ella y afirmar así el propio comportamiento y sus creencias, para respaldar su verdad. Por eso, establecemos uniones especiales que nos refuerzan. Nos incorporamos a grupos que luchan contra la guerra, o que luchan contra tal o cual enfermedad. Nos unimos a personas que creemos que pueden solucionar nuestros males y necesidades; establecemos relaciones especiales entregándoles nuestro poder. Alguien que me puede curar, alguien que me puede salvar... Muchas veces, seguimos a ciegos conductores de ciegos que nos dicen qué debemos hacer o dejar de hacer.

Existen relaciones biológicas, las uniones que establece el inconsciente biológico con nuestras familias, con nuestros padres e hijos. Pero, muchas veces, estas relaciones biológicas se convierten en especiales, en relaciones adictivas. Por ejemplo, es el caso de un padre ausente que nunca está en casa y si está, es como si no estuviera. La madre proyecta su necesidad biológica de estar con su compañero en su hijo, y este en su madre. Se le llama complejo de Edipo, un amor incestuoso escondido en el inconsciente. Más adelante, cuando el hijo busca una mujer, intenta sustituir a su madre y su esposa muchas veces piensa que no sabe si se ha casado con su esposo o con la madre de este. Este es solamente un ejemplo de relación especial; hay muchos otros en los que la persona se mantiene unida a otras o a situaciones de una forma irracional, sin darse cuenta de que ha establecido una relación especial.

«No cabe duda de que los que eligen a algunas personas como pareja en cualquier aspecto de la vida y se valen de ellas para cualquier propósito que no desean compartir con nadie más, están tratando de vivir con culpa en vez de morir de ella. [...] Para ellos el amor es solo un escape de la muerte».[4]

«Si buscas amor fuera de ti, puedes estar seguro de que estás percibiendo odio dentro de ti y de que ello te da miedo».[5]

Como podemos ver, *UCDM* es contundente: no hay ambigüedades, las cosas son como son. Si buscamos el amor fuera es porque creemos que estamos solos. Tememos la soledad, el abandono, la carencia. Buscamos en el otro lo que creemos que nos falta y, por ello, establecemos una relación especial. Haremos todo lo posible para mantenerla, pues pensamos que si la perdemos, sufriremos. Las relaciones especiales siempre se sustentan en nuestra necesidad. Buscamos en el otro aquello que no sabemos darnos a nosotros mismos.

La relación especial comporta mucho dolor porque detrás siempre está el miedo a la pérdida, que nos hace sufrir. Por ello, para mantener la relación especial jugamos a la culpa: siempre intentamos que el otro se sienta culpable, así dominamos su voluntad. Cuando el otro siente culpa, hace todo lo posible para liberarse de ella y entonces obra como no quiere, para mantener esa relación especial. Cabe destacar que el proceso de infundir culpa en el otro no es consciente, pues surge de los programas sustentados por el miedo.

«Nadie considera raro amar y odiar al mismo tiempo, y aun los que creen que odiar es un pecado, simplemente se sienten culpables por ello, pero no hacen nada por corregirlo. Esto es lo que es normal en la separación, y aquellos que aprenden que no es normal en absoluto, parecen ser los que no son normales. Pues este mundo es lo opuesto al Cielo al haber sido concebido para ser su opuesto, y todas las cosas aquí son exactamente lo inverso a la verdad».[6]

«Es esencial para la supervivencia del ego que tú creas que el especialismo no es el infierno, sino el Cielo».7

«La convicción de pequeñez se encuentra en toda relación especial, ya que solo los que se consideran a sí mismos necesitados podrían valorar el especialismo».[8]

Cada miembro de una relación especial cree que debe sacrificar algo de su yo para que el otro haga lo mismo. Esto es sumamente peligroso, porque cada uno puede percibir que el otro le exige más de lo que él le pide. Por eso, *UCDM* nos enseña que, a la larga, ese sacrificio que hacemos para que triunfe el amor se convierte en un amargo resentimiento. Entonces se dicen frases como «mira como me pagas todo lo que te he dado durante estos años» o «lo hago todo por mi familia y nunca me lo agradecen». Las relaciones especiales se basan en dar para obtener. Se alimentan del miedo a la soledad, de las creencias en el sacrificio y el sufrimiento. Son los pilares que sostienen la relación y son la causa por la que soportamos maltratos y vejaciones de toda índole... «No sea que me abandone y me muera en soledad».

«Cuando ambos miembros de la relación especial ven en el otro ese yo especial, el ego ve una unión bendecida en el Cielo».[9]

«La convicción de pequeñez se encuentra en toda relación especial, ya que solo los que se consideran a sí mismos necesitados podrían valorar el especialismo».[10]

«El amor es libertad. Ir en su busca encadenándote a ti mismo es separarte de él. ¡Por el Amor de Dios, no sigas buscando la unión en la separación ni la libertad en el cautiverio!».[11]

Sufrimos una conmoción al descubrir que nuestras relaciones son atraídas por los programas del inconsciente —programas del pasado, programas de nuestros ancestros— y que, en muchos casos, estas relaciones representan una venganza contra el pasado.

Veamos algunas de las características que conforman una relación especial:

1. Responde al fin que tú le asignas y no al que le es propio.
2. Procuras obtener algo de ella, en vez de aportarle algo.
3. Te preocupas de lo que el otro hace, en vez de preocuparte de ti. Te obsesionas con el otro.
4. El mal de amores: te amas en función de cómo te ama. Vives fantasías.
5. Esperas que te demuestre que te ama. Pides o te pide un cambio de conducta.
6. No te enamoras auténticamente de la otra persona porque no estás enamorado de ti mismo.
7. No honras tus sentimientos.
8. Olvidas que el mayor bien es el que te haces a ti mismo y que este bien repercute en el otro. Permites los maltratos.
9. Amar no quiere decir que los demás hagan lo que quieran.

RELACIONES DE ODIO ESPECIAL

Tener enemigos es esencial para el plan de salvación del ego. Para que su plan funcione, necesita tener enemigos y considera como tales a quienes tengan valores y creencias diferentes. Todo lo que no se parezca a lo nuestro se convierte en un posible enemigo. Nos alzamos como abanderados de las buenas costumbres y nos organizamos en partidos políticos, en instituciones, en religiones. Erigimos líderes políticos para que se opongan a otros líderes, a los que culpamos de nuestras desgracias. Así, evitamos buscar la responsabilidad en nosotros mismos. Establecemos ejes del bien y del mal sin darnos cuenta de que cada eje proyecta su sombra en el otro. Acusamos a otros de ser fundamentalistas y no vemos nuestro propio fundamentalismo.

> «La ira puede manifestarse en cualquier clase de reacción, desde una ligera irritación hasta la furia más desenfrenada. El grado de intensidad de la emoción experimentada es irrelevante. Te irás dando cuenta cada vez más de que una leve punzada de molestia no es otra cosa que un velo que cubre una intensa furia».[12]

Para mantener estas relaciones de odio especial, debemos formar agrupaciones con quienes tienen pensamientos parecidos a los nuestros, para autoafirmarnos como dueños de la razón y para intentar demostrar que nuestros valores son mejores que los de los demás.

¡Cuántas veces hemos sentido a miembros de diversas confesiones religiosas proclamar que su verdad es la verdadera o que es mejor que la de los demás! Así, afirman que no todos pueden entrar en el Reino de los Cielos.

En todas las relaciones de odio especial, el ego busca un chivo expiatorio para proyectar nuestras culpas.

«Solo los que se creen especiales pueden tener enemigos, pues creen ser diferentes y no iguales».[13]

«Pues ser especial no solo separa, sino que también sirve como base desde la que el ataque contra los que parecen ser inferiores es natural y justo».[14]

«El deseo de ser especial de tu hermano y el tuyo son enemigos, y en su mutuo odio están comprometidos a matarse el uno al otro y a negar que son lo mismo».[15]

«Tu deseo de ser especial es lo que se ve atacado por todo lo que camina o respira, se arrastra o se desliza o simplemente vive».[16]

RELACIONES DE AMOR ESPECIAL

Las relaciones de amor especial consisten en buscar a hermanos que suplan nuestras carencias. Se basan en la unión de dos personas con la intención de que cada una de ellas llene el vacío que la otra cree tener. Son relaciones nacidas del miedo a la escasez y a la falta. Dependemos de los demás para subsistir, creemos que sin ellos la vida no tiene sentido. Olvidamos que formamos parte de la *Fuente* y que ella nos provee todo lo que necesitamos.

Son relaciones nacidas del egoísmo: esperamos que el otro nos dé lo que creemos que nos falta. El *Curso* lo dice muy claramente:

«No hay nadie que venga aquí que no abrigue alguna esperanza, alguna ilusión persistente o algún sueño de que hay algo fuera de sí mismo que le puede brindar paz y felicidad. Si todo se encuentra en él, eso no puede ser verdad. Y así, al venir a este mundo, niega su propia verdad y se dedica a buscar algo que sea más que lo que lo es todo, como si una parte de este todo estuviera desligada y se encontrase donde el resto no está. Este es el propósito que le confiere al cuerpo: que busque lo que a él le falta y que le provea de lo que le restauraría su plenitud. Y así, vaga sin rumbo, creyendo ser lo que no es, en busca de algo que no puede encontrar».[17]

Toda esta culpa inconsciente y ancestral nos hace vivir un continuo de relaciones especiales que nos permiten proyectar la ira al exterior, permaneciendo agazapados tras nuestra relación de amor especial. Esta se alza como una muralla frente a los enemigos que vemos en el exterior. Cuando tenemos una relación de amor especial, creemos que Dios nos ama especialmente.

Tal como vengo diciendo y el *Curso* enseña:

> «El sufrimiento y el sacrificio son los regalos con los que el ego bendice toda unión. Y aquellos que se unen ante su altar aceptan el sufrimiento y el sacrificio como precio de su unión. En sus iracundas alianzas, nacidas del miedo a la soledad [...]».[18]

El *Curso* pone énfasis en la ira como la manera de establecer una relación especial:

> «Cada vez que te enfadas puedes estar seguro de que has entablado una relación especial que el ego ha bendecido, pues la ira es su bendición. La ira se manifiesta de muchas formas, pero no puede seguir engañando por mucho tiempo a los que se han dado cuenta de que el amor no produce culpabilidad en absoluto, y de que lo que produce culpabilidad no puede ser amor, sino ira.

La ira no es más que un intento de hacer que otro se sienta culpable [...]».[19]

Ya he hablado de la importancia del sacrificio en nuestra sociedad y en nuestra cultura. Parece que sin este concepto en nuestras mentes no podemos vivir ni relacionarnos. Pero, cuando vemos que alguien se sacrifica *por los otros*, eso no deja de ser una percepción nuestra. Lo consideramos un sacrificio porque así lo viviríamos si lo tuviéramos que hacer nosotros.

No hablo de hacer o no hacer, sino de cómo y para qué obramos. Puede ser necesario hacer un esfuerzo, pero esto es muy diferente a hacer un sacrificio. El sacrificio es un acto egoísta muy bien protegido por el ego, que nos hace creer que obramos por el bien de los demás, cuando en realidad lo hacemos por nuestro propio bien. Nos sacrificamos cuando creemos que de esa manera podemos cambiar algo y esperamos que, gracias a nuestro sacrificio, el otro cambie. Es más: ahora mismo, mientras lees esto:

«[...] no puedes aceptar el hecho de que el sacrificio no aporta nada».[20]

«El sacrificio es un elemento tan esencial en tu sistema de pensamiento, que la idea de salvación sin tener que hacer algún sacrificio no significa nada para ti. Tu confusión entre lo que es el sacrificio y lo que es el amor es tan aguda que te resulta imposible concebir amor sin sacrificio».[21]

Y de lo que debes darte cuenta es de lo siguiente:

«[...] el sacrificio no es amor, sino ataque».[22]

Y sigue *UCDM* con el tema del sacrificio:

> «Crees que todo el mundo exige algún sacrificio de ti, pero no te das cuenta de que eres tú el único que exige sacrificios, y únicamente de ti mismo».[23]

Cuando hacemos algo con un verdadero sentimiento de amor, no nos pesa, sale directamente de nuestro corazón, dejamos que la *Sabiduría* universal guíe nuestros pasos. Sabemos que cuando queremos ayudar, en realidad estamos pidiendo ayuda; sabemos que solamente hacemos las cosas por nosotros mismos, muchas veces para llenar un vacío que sentimos en nuestro interior.

Creemos amar a los demás, pero en el fondo esperamos que ellos nos amen. Buscamos reconocimiento, porque nos sentimos desvalorizados. Cargamos con programas muy duros que nos dicen que no hemos sido deseados, programas heredados de nuestros ancestros. Cuando nos hacemos conscientes de ello, liberamos los *pecados* de nuestros padres. Todos estos sentimientos nos llevan a establecer las relaciones especiales de las cuales he hablado hasta aquí.

> «Tú que crees que el sacrificio es amor debes aprender que el sacrificio no hace sino alejarnos del amor. [...] La culpabilidad es la condición que da lugar al sacrificio, de la misma manera en que la paz es la condición que te permite ser consciente de tu relación con Dios».[24]

LA RELACIÓN SANTA

Para que nuestras relaciones especiales se vuelvan santas es imprescindible utilizar la empatía de otra manera. El Espíritu Santo nos ilumina y nos guía para conseguirlo. Lo primero es evitar unirnos al sufrimiento de los demás, pues —como ya he dicho—, al hacerlo lo reforzamos.

El Espíritu Santo nos enseña a no unirnos al dolor, a no reforzar la creencia en la separación que tiene nuestro hermano.

Nos enseña que, en toda relación, lo primero que tenemos que hacer es aportar y no esperar recibir, y para saber qué debemos aportar, hemos de pedir inspiración.

También nos enseña a no juzgar, porque así nos liberamos de vivir relaciones de culpabilidad como consecuencia de nuestros juicios anteriores. Podemos terminar cualquier relación, pero debemos hacerlo en paz, sin resentimientos, con agradecimiento por la enseñanza que hemos recibido. De esta manera, nuestra próxima relación estará libre del pasado y nacerá en el presente en el que la vivamos.

Para mí, el siguiente pasaje del *Curso* es extraordinario, y me transmite una paz y una tranquilidad que no son de este mundo:

> «El Espíritu Santo jamás ha dejado de resolver por ti ningún problema que hayas puesto en Sus manos ni jamás dejará de hacerlo. Cada vez que has tratado de resolver algo por tu cuenta, has fracasado».[25]

> «El Espíritu Santo solo te pide este pequeño favor: que cada vez que tus pensamientos se desvíen hacia una relación especial que todavía te atraiga, te unas a Él en un instante santo y ahí le permitas liberarte».[26]

Cuando dice *una relación especial que todavía te atraiga*, se refiere a esas relaciones de *sí, pero no, ahora te veo, ahora no, me separo de ti, pero nos vemos de vez en cuando*, en fin: una relación adictiva. Las relaciones adictivas comportan mucho dolor y sufrimiento. Se sustentan en una gran desvalorización. Hay que despertar al hecho de que la atracción que se ejercen los miembros de la pareja es la manifestación de los aparentes opuestos, que en realidad son complementarios. Hay un punto clave en toda relación: antes o después, toda atracción generará su opuesto: la repulsión. Cuando esto sucede, aparece la gran oportunidad de trascender —crisis matrimoniales— y renacer a una nueva relación, a la que podemos llamar santa.

> «Si no existiera esta batalla entre repulsión y atracción, no existiría la vida».
>
> Carl G. Jung

Reflexiones:

1. Siempre nos relacionamos con la pareja perfecta, en el momento preciso y en la situación adecuada.
2. En el Universo no existe la casualidad.
3. Nuestras relaciones de pareja vibran según nuestra conciencia.

La relación especial se alimenta del *querer*, que conlleva carencia y esperar algo a cambio. Vive del sacrificio y del sufrimiento. Utiliza el dolor para atar a aquel que dice amar. Es el amor del ego, que se convierte en especialismo.

La relación santa se asienta en la abundancia, pues sabe que lo tiene todo. Es el amor del Espíritu Santo.

El Amor no es algo que yo hago o decido, sino *algo* que actúa a través de mí. No podemos conocerlo, no está en oposición. Me permite mirar a los demás como algo valioso.

El Amor no es una actividad, sino un estado de Ser: la expresión del Ser. Cuando un amor se basa en nuestras proyecciones, es el amor humano. Se le llama *enamoramiento* y es cíclico:

1. Repetimos experiencias una y otra vez.
2. Siempre esperando que el otro cambie.

El amor humano es el amor real en este mundo. Aceptas su sombra, te ocupas de ella, no esperas nada especial, no hay demandas, hay equilibrio. Si se queda atrapado por el ego, se convierte en romanticismo, en amor especial. La relación especial se convierte en santa cuando podemos reconocernos en ella.

El tesoro de la pareja se oculta en nuestro inconsciente, en la sombra. Por ejemplo: Todas mis parejas son como mi hermano, unos fachas intransigentes, inflexibles e intolerantes. Y ella es una superhippy igual de intransigente, inflexible y enjuiciadora

El instante santo es un recurso extraordinario. En él, piensas literalmente que las cosas pueden ser de otra manera y pides que se te enseñe a verlas. La condición es no juzgar y no intentar resolver por tu cuenta los problemas que crees tener. También se te pide que te desprendas de tu pequeñez o dicho de otra manera: que sientas que tú lo tienes todo y que lo puedes recibir todo.

> «No permitas que ninguna necesidad que percibas nuble la necesidad que tienes del instante santo».[27]

He aquí una definición maravillosa del instante santo:

> «El instante santo es aquel en el que la mente está lo suficientemente serena para poder escuchar una respuesta que no está implícita en la pregunta; una que ofrece algo nuevo y distinto».[28]

Atención a esta frase: *que ofrece algo nuevo y distinto*, porque es clave. Si pedimos consciente o inconscientemente, deseamos algo. Pero se nos dice que, cuando la respuesta que se te da es inesperada y sorprendente, entonces puedes estar seguro de que el Espíritu Santo te ha contestado.

Cuando aplicamos el instante santo en nuestras vidas, renunciamos a cualquier juicio relacionado con el pasado. Sabemos que los juicios que hemos formulado se manifiestan en lo que llamamos presente, que es su consecuencia directa.

Vivir en el instante santo es vivir en el ahora. Se trata de un recurso extraordinario. Dejamos en manos del Espíritu Santo cualquier asunto de nuestras vidas para que Él lo resuelva con su luz. No hacemos planes porque no sabemos lo que es mejor para nosotros. Dejamos de preocuparnos para ocuparnos, nos permitimos sentir lo que tenemos que hacer, sabiendo que la respuesta se nos dará. Tenemos una mente libre de la preocupación por el tiempo.

Hay una frase del «Libro de ejercicios» que considero extraordinaria y que he experimentado más de una vez:

> «La mente que ha sanado no planifica. Simplemente lleva a cabo los planes que recibe al escuchar a una Sabiduría que no es la suya. Espera hasta que se le indica lo que tiene que hacer, y luego procede a hacerlo».[29]

Creemos que podemos controlar el tiempo y los sucesos futuros, y no cuidamos nuestros juicios, nuestras proyecciones. Necesitamos ayuda, pues planificamos para el día de mañana, suponiendo que este va a ser de tal o cual manera.

Cuando una mente está libre del tiempo, siempre sabe lo que tiene que hacer en cada instante. Voy a poner un ejemplo personal. En una ocasión estaba en un curso con mi móvil en silencio, pero en mi mente sentí que sonaba; lo cogí y vi que mi hijo me estaba llamando, salí y le respondí:

—¿Qué ocurre, hijo?

Me contestó:

—Papá, ¿te acuerdas de ese señor que viene muchas veces a casa para arreglar el jardín, cortar leña y esas cosas?

—Sí —respondo.

—Pues está aquí y necesita que le ayudemos. Su mujer tiene que ir urgentemente a Marruecos y no tiene dinero. ¿Qué hago?

Le respondí:

—Dale lo que necesita y algo más, por si surge algún imprevisto.

Cuando vives con esta mente, no tienes que preocuparte de saber a quién ayudar. Se te asistirá y sabrás cuándo, cómo y a quién.

Por eso el *Curso* dice en otros apartados de la misma lección:

> «La mente que se dedica a hacer planes para sí misma está tratando de controlar acontecimientos futuros».[30]

> «Por lo tanto, la mente que hace planes no permite ningún cambio. Lo que aprendió en el pasado se vuelve la base de sus futuras metas».[31]

> «Si tienes que hacer planes, ya se te dirá cuáles deben ser. Puede que no sean los planes que tú creías que necesitabas hacer, ni las respuestas a los problemas a los que creías enfrentarte».[32]

La relación santa está directamente relacionada con el perdón. El perdón que nos enseña el Espíritu Santo, es decir, el que no tiene nada que perdonar, el que comprende que solamente debemos perdonarnos a nosotros mismos por el daño que podemos hacernos a través del otro.

Comprendemos que siempre estamos relacionándonos con nosotros mismos a través de los demás, que somos nosotros los que atraemos todas las circunstancias y personas a nuestro alrededor. Que todas y cada una de ellas son magníficas oportunidades para sanar, los espejos en los cuales podemos vernos reflejados para sanar al integrar lo que percibimos.

> «Santo hermano mío, quiero formar parte de todas tus relaciones e interponerme entre tus fantasías y tú. Permite que mi relación contigo sea algo real para ti y déjame infundirle realidad a la percepción que tienes de tus hermanos. No fueron creados para que pudieras hacerte daño a través de ellos. Fueron creados para crear junto contigo. Esta es la verdad que quiero interponer entre tu objetivo de locura y tú. No te separes de mí ni dejes que el santo propósito de la Expiación se pierda de vista en sueños de venganza. Las relaciones en las que tales sueños se valoran me excluyen a mí. En el Nombre de Dios, déjame entrar a formar parte de ellas y brindarte paz para que tú puedas ofrecerme paz a mí».[33]
>
> En este apartado, el *Curso* dice con mucha claridad:
>
> «Cada situación en la que te encuentras no es más que un medio para satisfacer el propósito que se estableció para tu relación».[34]

Veamos *el propósito que se estableció*. ¿Quién lo estableció? Y ¿cuándo?

La respuesta es bastante obvia: lo establecimos nosotros mismos a través de nuestros programas inconscientes, en el tiempo en el que no hay tiempo y en el que la información se guarda de una forma holográfica (por manifestar). Cuando se dan las condiciones, las almas se encuentran con sus respectivos cuerpos y establecen la relación especial para poder tomar conciencia de lo que deben sanar y crear una nueva relación basada en la santidad. Relación que puede ser con la misma persona o con otra. No olvidemos que todos somos *Uno*.

Lo anterior se puede resumir con otras palabras: en cada situación en la que te encuentres, aprovecha para tomar conciencia de lo que te dice *UCDM* y comprender que esa situación tiene el propósito de sanarte.

Estamos dormidos y nuestras vidas están regidas por programas inconscientes. Cuando nos damos cuenta de que las relaciones que creemos especiales no son más que el reflejo de nuestros programas inconscientes, podemos liberarnos, despertar y sanar nuestra relación.

Voy a terminar este capítulo con un ejemplo, el de un cliente joven que presenta un fuerte eccema. Me cuenta que se ha divorciado porque siempre discutían por lo mismo: su madre se inmiscuía en la relación. Actualmente, sale con una chica y alterna una semana con ella y otra con su madre. Un día pide a su madre si le puede presentar a su nueva pareja. Ella le contesta: de tu puta no quiero saber nada. Su madre aguantó y aguantó las infidelidades de su marido y proyectó en su hijo —mi cliente— sus necesidades (era la pareja simbólica). Mi cliente repara los abusos del hombre. Está atrapado por una madre que le inculcó el victimismo. Para ella cualquier relación de su hijo era infidelidad.

EL VERDADERO PODER

> «El poder de decidir es la única libertad que te queda como prisionero de este mundo. Puedes decidir ver el mundo correctamente».
>
> *UCDM*[1]

Ante cualquier situación cotidiana, debemos ser conscientes de que todo lo que nos ocurre, llamémosle bueno o malo, está frente a nosotros para que hagamos una elección.

Cada instante de nuestra vida determina el instante siguiente. Es más, como no somos conscientes de nuestro poder, al final este determina nuestra vida y pensamos que es nuestro destino. Pero somos nosotros los que escribimos nuestro destino, y lo hacemos a cada instante. De ello se deduce, tal como nos recuerda el *Curso*, la importancia de mantenernos alerta con respecto a los contenidos de nuestra mente y que hemos de tener cuidado de identificarnos con ellos.

Cuando algo relevante llama a nuestra puerta, debemos parar, reflexionar, aquietar la mente y entonces ejercer nuestro poder. Podemos elegir la culpabilidad o el perdón, sentirnos separados o unidos a los acontecimientos.

A lo largo de este libro expongo el desarrollo mental que se expresa en nuestras vidas y explico que la mente se encuentra dividida en lo que el *Curso* llama mente recta y mente errada.

No somos víctimas de las circunstancias, pero hay programas procedentes del inconsciente que actúan constantemente en nuestras vidas y nos hacen experimentar abandono y miedo, porque nos creemos impotentes frente a lo que nos ocurre.

> «Date cuenta de que te pasas la vida a merced de personas, cosas o situaciones. Que te manipulan o tú puedes manipular. Qué no eres dueño de ti ni capaz de mirar situaciones con sosiego, sin enfados ni ansiedad.
> Toda esta actitud solo depende de tu programación».
>
> Anthony de Mello[2]

Entonces, buscamos soluciones a nuestro alrededor, buscamos a alguien o algo que nos ayude, nos refugiamos en la magia, consultamos las estrellas, recurrimos a los nuevos remedios que ofrece la tecnología. Siempre estamos buscando lo más avanzado. O rezamos pidiendo que se nos dé el amor de nuestra vida, el hijo tan deseado, el trabajo esperado, la fortuna que parece que nunca llega.

No comprendemos que el poder se halla en nosotros. Nos convertimos en idólatras, convencidos de que nuestro ídolo nos exige algún tipo de compensación para atendernos. No creemos que lo poseamos todo. Nuestra creencia de que estamos solos y separados de todo y de todos nos convierte en víctimas de las circunstancias. Hacemos lo posible para que nuestros ídolos nos protejan de todo mal, para que nos traigan buena fortuna, para que nuestras relaciones fructifiquen y hallemos el amor, un amor que llene nuestro vacío existencial.

Somos una *pandilla* de idólatras, unos desheredados, unos temerosos. Siempre estamos pidiendo, suplicando, y lo hacemos de muchísimas maneras. El ego tiene infinidad de formas de buscar fuera de ti lo que crees que te falta. Ya he hablado de las relaciones especiales, de amor especial y odio especial, de que esperamos que el otro se comporte de determinada manera y si no lo hace utilizamos el subterfugio de la culpa. Nos ponemos enfermos para que el otro se sienta culpable y poder decirle:

> «[...] Mírame, hermano, por tu culpa muero».[3]

Hemos de protegernos del mal que nos rodea, del infortunio, de la carencia. Queremos hacer planes de futuro para que no nos falte nada y, entonces, la diosa fortuna nos desposee de nuestros ahorros. Tenemos miedo porque no podemos controlar el futuro, no vemos que ese poder está en nosotros.

No nos percatamos de que nuestros mayores miedos se hacen reales en nuestras vidas porque los alimentamos con nuestra atención y poder, del cual no somos conscientes.

UCDM nos enseña de una forma magistral:

> «No busques fuera de ti mismo. Pues será en vano y llorarás cada vez que un ídolo se desmorone. [...] No busques fuera de ti mismo. Pues todo tu dolor procede simplemente de buscar en vano lo que deseas y de insistir en que sabes dónde encontrarlo. [...] Mas se te ha concedido conocer la verdad y saber que no la debes buscar fuera de ti».[4]

> «No hay nadie que venga aquí que no abrigue alguna esperanza, alguna ilusión persistente o algún sueño de que hay algo fuera de sí mismo que le puede brindar paz y felicidad. [...] Esta persistente ilusión le impulsará a buscar miles de ídolos, y más allá de estos, mil más».[5]

> «Todos los ídolos de este mundo fueron concebidos para impedirte conocer la verdad que se encuentra en tu in-

> terior y para que le fueses leal al sueño de que para ser íntegro y feliz tienes que encontrar lo que está fuera de ti».[6]

> «Crees que los ídolos tienen el poder de remediar tus deficiencias y de proporcionarte la valía que no tienes. Todo aquel que cree en ellos se convierte en esclavo de la pequeñez y la pérdida».[7]

Descansemos con la tranquilidad de que nuestros miedos pueden ser disueltos cuando utilizamos nuestro poder, el poder de elegir.

Cada instante de nuestras vidas es una oportunidad de elegir de nuevo, de reescribir nuestro futuro. Yo lo llamo *doblar el tiempo*, y en las siguientes líneas explicaré cómo hacerlo.

DOBLAR EL TIEMPO

Para entender cómo podemos doblar el tiempo debemos comprender una serie de teorías científicas que apoyan los conceptos de la física cuántica.

En 1971, Dennis Gabor recibió el Premio Nobel por su descubrimiento del principio holográfico, que demuestra que el todo está en cada parte y que cada parte contiene al *Todo*. Curiosamente *UCDM* dice lo mismo:

> «El reconocimiento de que la parte es igual al todo y de que el todo está en cada parte es perfectamente natural, pues así es como Dios piensa, y lo que es natural para Él es natural para ti».[8]

Veamos un esquema del experimento ideado por Gabor para explicar su teoría.

La imagen muestra que, una vez que la película holográfica queda sensibilizada, podemos pasar a través de ella un rayo láser y entonces la figura de la manzana se manifiesta en forma de holograma. Esto sucede en cada parte de la película, por pequeña que sea.

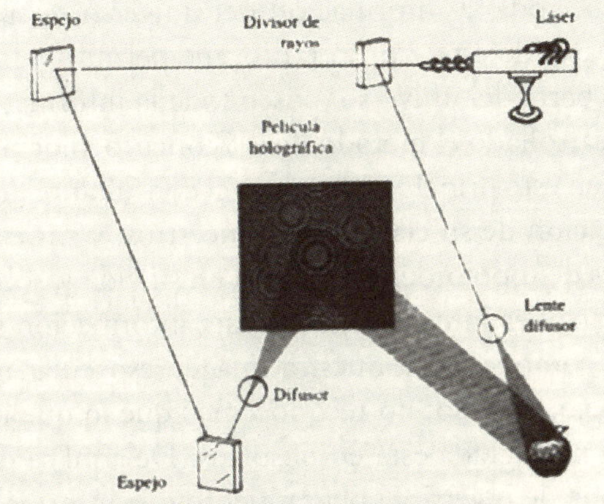

Figura 1. Un holograma se produce dividiendo un rayo láser en dos haces separados. El primer rayo se dirige hacia el objeto fotografiado (en este caso una manzana). Luego, la convergencia del segundo rayo con la luz reflejada del primero crea una pauta de interferencia que se registra en la película.

Placa holográfica. Michael Talbot, El universo holográfico.

De ello dedujo que cualquier imagen óptica puede ser convertida en su equivalente matemático de patrones de interferencia: la información resultante cuando las ondas se superponen unas a otras.

Esta superposición de ondas permite almacenar gran cantidad de información. Karl Pribram demostró que en el cerebro la memoria se conserva de forma holográfica. Y Gabor dedujo que toda la información se guarda entre las sinapsis de las neuronas cerebrales, en el espacio sináptico.

Cuando se quiere demostrar una teoría, siempre hay que hacer un modelo. Para demostrar la teoría holográfica, no hace falta ir muy lejos para encontrar el modelo: es nuestro cuerpo. Cada célula de mi cuerpo contiene toda la información, es más, de una de ellas se puede hacer un doble.

Si ampliamos este concepto a un nivel más elevado, se deduce que toda la información del universo se encuentra en cada parte de este. Por lo tanto, me permito pensar que yo, como parte del universo, poseo toda la información.

He desarrollado el método de la Bioneuroemoción inspirándome en este principio. A saber: el consultante lleva toda la información de su clan, de sus ancestros, y sus experiencias vitales de todo orden se reflejan en su vida y, sobretodo, en sus relaciones interpersonales. Esta información se complementa como si fuera nuestra imagen especular reflejada en un espejo. Por eso, no reconocemos que lo que más nos molesta o nos agrada está en nosotros. De aquí se deriva la importancia de invertir el pensamiento o la información.

El insigne pensador y científico David Bohm desarrolló su teoría en el libro *La totalidad y el orden implicado*. Buscaba la comprensión de las cosas como un todo y consideró que ese todo se puede expresar de dos formas diferentes, que él llamó el orden implicado y el orden explicado.

Según David Bohm, el universo sería un orden explicado, que vendría a ser la exposición de una holografía. Si hacemos una analogía, es como si el universo fuera una placa sensibilizada. El orden implicado es el que no vemos y, de alguna forma, en él todo se almacena en ondas de información.

Bohm piensa que la conciencia es una forma sutil de materia y que la base de la relación entre ambas, materia y conciencia, no se encuentra en nuestro nivel de realidad, sino en las profundidades del orden implicado. Considera que la conciencia tiene infinidad de manifestaciones y que no hay que clasificarla en materia animada e inanimada.

> «Entendiendo por conciencia pensamientos, sentimientos, emociones, deseos y voluntad, toda la vida mental o psíquica se halla en forma explicada. Pero por debajo de estos fenómenos subyace el orden implicado».[9]

> Veamos algunas reflexiones de David Bohm:

> ¿Son nuestros pensamientos, sentimientos y deseos buenos o malos? ¿Podemos cultivarlos y llevarlos a la perfección? La física moderna es rotunda: los pensamientos, los deseos y los sentimientos, la propia conciencia, son fracciones, pequeñas partes de una totalidad. Nuestra conciencia es una minúscula porción, una diminuta fracción, de una totalidad multidimensional.

Los estudios del Instituto HeartMath (Instituto de las matemáticas del corazón) nos permiten llegar a conclusiones muy importantes y comenzar a comprender la importancia de nuestro corazón más allá de la biología. Los estudios de este instituto nos revelan que existe una inteligencia del corazón o una inteligencia emocional. Se ha encontrado que existen unas 40 mil neuronas en el corazón, es decir, que este tiene su propio sistema nervioso. También nos indica que nuestro corazón emite un campo eléctrico y un campo magnético.

Estos campos son más fuertes que los producidos por el cerebro, es decir, que la energía emocional es más fuerte que la del pensamiento. A nivel individual, como menciona en términos resumidos el doctor Rollin McCraty, vicepresidente ejecutivo y director de investigación de HeartMath:

> «El campo del corazón actúa como una onda de información que provee una señal global sincronizada que va hacia todo el cuerpo e interactúa con órganos, sistemas y, en general, con las funciones corporales, influyendo

> en todo nuestro cuerpo. El gran científico Nikola Tesla nos dijo que si queríamos entender los secretos del universo, debíamos pensar en términos de energía, frecuencia y vibración».[10]

Pero ¿cómo acceder a la totalidad, a la unidad, a Dios? La física dice que, en un solo átomo del orden implicado, por sus características holográficas, se halla inscrita la información de la totalidad. Si dirigimos nuestro foco hacia el punto de donde emanan todos los sentimientos, nuestro corazón, hallaremos allí un átomo que contiene toda la información. Solo falta conectar con él, o mejor, dejar que él conecte con nosotros. Este es el camino interior que nos llevará a la totalidad, a la unidad.

¿Cómo afecta todo esto a nuestras vidas? Planteo las siguientes reflexiones:

1. El orden implicado contiene toda la información de todos nuestros niveles de existencia —sensorial, mental y espiritual— de una forma no lineal, no local, no causal.
2. Este campo crece con la experiencia y con el aumento del número de individuos que conforman el campo explícito o de existencia.
3. La información trasciende el espacio y el tiempo.
4. Toda esta información puede ser moldeada por nuestros pensamientos, sentimientos y emociones.
5. Aparecen nuevas formas y funciones cuando, como consecuencia de un cambio de percepción, un número determinado de individuos aprenden un nuevo comportamiento.
6. La película *Campo de sueños* es un ejemplo de un *mundo implícito no local.* Cuando hay un personaje que no ve a los jugadores, esa persona no está en resonancia.

Somos una partícula de consciencia en un *Océano de Consciencia*. A la vez somos observadores y nuestra observación determina nuestro universo. Tomar conciencia de ello nos llevará a convertirnos en observadores de nosotros mismos, a disociarnos y comprender que siempre tenemos la posibilidad de elegir otra manera de ver y entender nuestra vida.

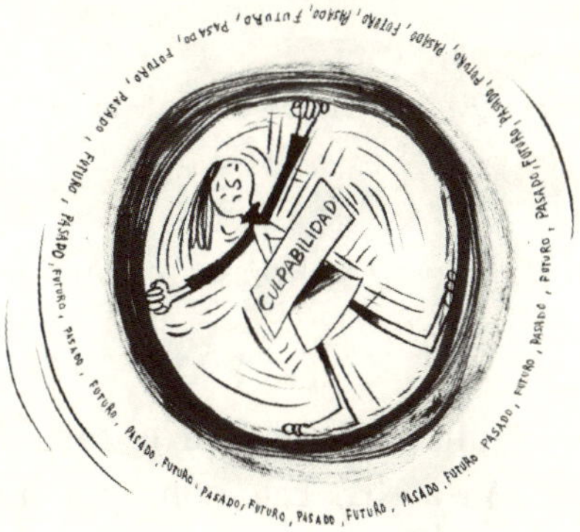

EL TIEMPO ES HOLOGRÁFICO

> «Si un número suficiente de nosotros llega a alcanzar una mentalidad verdaderamente milagrosa, este proceso de acortar el tiempo puede llegar a ser verdaderamente inconmensurable».[1]

Según Craig Hogan, un físico del laboratorio de física de partículas en el Fermilab de Batavia, Illinois, el detector de ondas gravitacionales GEO600 se ha topado con el límite fundamental del espacio-tiempo, el punto donde el espacio-tiempo deja de comportarse como el continuo suave que Einstein describe y se disuelve en *granos*. Haciendo una analogía, es como ampliar gradualmente una fotografía hasta que solamente se ven granos o puntos.

De todo ello se deduce que el universo es un *magno holograma*, y que este ingenio nos está señalando el límite del espacio-tiempo.

¿Qué quiere decir que el tiempo es holográfico? Significa que lo que llamamos pasado, presente y futuro coexisten en cada instante. Como diría Bohm:

> «El pasado está activo en el presente como una especie de orden implicado».[2]

Holotrópico significa orientado a la totalidad o que se mueve en dirección a ella. Este concepto sugiere que en nuestro estado cotidiano de la conciencia no estamos realmente enteros; estamos fragmentados o identificados solo con una pequeña fracción de lo que somos.[3]

La idea expresada aquí de una relatividad espacio-tiempo-mente fue concebida por Jung en su libro *Sincronicidad*, donde plantea que fenómenos como la astrología o la telepatía podrían explicarse no tanto como un fenómeno de energía sutil sino a través del concepto del *Unus Mundi*, la unidad de la mente y el espacio-tiempo.

El filósofo Manly P. Hall dijo en una de sus conferencias que: «El tiempo nace de la mente observando el espacio».

En el *Timeo,* Platón sugiere que «el espacio y la mente están entrelazados y forman de su relación el tiempo».

El budismo nos dice: «La conciencia se despliega como el tiempo».

Dice *UCDM*:

> «El tiempo es un truco, un juego de manos, una gigantesca ilusión en la que las figuras parecen ir y venir como por arte de magia».[4]

> «La eternidad es al tiempo lo que el infinito es al espacio. Por lo tanto, desde el punto de vista de la eternidad, la totalidad del tiempo es Ahora, así como para el Infinito la totalidad del espacio es Aquí».
>
> Ken Wilber

> «El tiempo es una herramienta que creamos como un medio para medir el espacio entre nuestros pensamien-

tos y nuestros deseos, y su manifestación. Para explicarlo mas fácilmente, el tiempo es el espacio entre tus pensamientos y el acto de la manifestación en el momento presente de la realidad».

Robert Lanza

«La vida es una preparación para el futuro; y la mejor preparación para el futuro es vivir como si no hubiera ninguno».

Anónimo

«Un ser humano es parte del todo que llamamos universo, una parte limitada en el tiempo y en el espacio. Está convencido de que él mismo, sus pensamientos y sus sentimientos, son algo independiente de los demás, una especie de ilusión óptica de su conciencia. Esa ilusión es una cárcel para nosotros, nos limita a nuestros deseos personales y a sentir afecto por los pocos que tenemos más cerca. Nuestra tarea tiene que ser liberarnos de esa cárcel, ampliando nuestro círculo de compasión para abarcar a todos los seres vivos y a toda la naturaleza».

Einstein

Hay que sacar la basura de nuestra mente: preocupaciones, creencias en el control, deseos, insatisfacciones y un largo etcétera.

Esto es lo que dice Sócrates a Dan Millman en *El Guerrero pacífico*, refiriéndose a la basura que tenemos en la mente: «La tienes demasiado ocupada con multitud de pensamientos aleatorios. Lo único importante es el aquí y el ahora, no hay nada más. En este instante en el que tu mente está presente, expresas tu máxima potencialidad. Cuando consigas vivir en el presente, te sorprenderá todo lo que puedes hacer y lo bien que lo haces».

La primera acción de una mente consciente es saber que no sabe.

1. Cada momento es único.
2. No hay instantes vacíos.
3. No vivas la vida llenando la mente de preocupaciones.
4. Encuentra el amor en lo que haces.
5. El accidente es la enseñanza.

«Si piensas que sentirte mal o estar preocupado cambiará un evento pasado o presente, estas viviendo en otro planeta, con otro sistema de realidad».

William James

«No insistas en el pasado, no sueñes con el futuro, concentra tu mente en el momento presente».

Buddha

Por lo tanto, reencuadremos:

1. El tiempo está sujeto a la percepción, y esta al estado emocional.
2. Para vivir en la dualidad se necesita un ego. Este sí que cree en el tiempo. Es más, es la piedra sobre la que ha edificado su iglesia.
3. Vivir del pasado y del futuro nos impide vivir el presente.
4. Nuestro presente está atiborrado de percepciones, de vivencias y experiencias del pasado y todo eso nos impide crear nuevas realidades.
5. Estar atrapado en el tiempo es estar atrapado en el pasado. Repetimos historias una y otra vez.
6. Cuando tu conciencia aumenta la vibración, gracias al no juicio y a desarrollar una mente inocente, el espacio-tiempo se vuelve más lento.

7. Tienes la sensación de que tienes tiempo para todo. Sientes que todo fluye, que estás conectado.
8. Una mente centrada en el aquí y el ahora vive una expansión del tiempo.

De ello deducimos que tenemos una parte de nuestra conciencia en un estado implicado, al que llamo *yo cuántico*, mientras que al estado explicado corresponde el *yo consciente,* el que vive la vida diariamente.

Este *yo cuántico* se proyecta dentro del holograma espacio-tiempo, y en esta proyección desplazamos nuestra conciencia dentro del holograma al *yo consciente*. En la medida en que el *yo cuántico* se va manifestando en el orden explicado del *yo consciente*, este último se olvida del *yo cuántico*, se desconecta, por así decirlo, de sí mismo, es decir, de la parte cuántica. Entonces entra en el sueño de separación. Esto podría explicar la búsqueda de la famosa alma gemela, que sería nuestro doble. La parábola del hijo pródigo alude a la misma realidad: dos hermanos viven con el padre y uno de ellos pide su herencia y se marcha al mundo, mientras que el otro se queda en la hacienda con el padre. El hijo que se va experimenta de todo, incluida la culpa, hasta que decide volver a la *casa del padre*, quien organiza una fiesta por su regreso.

Si ampliamos esta analogía, podemos decir: nosotros estamos en el mundo —yo consciente—. En la medida en que conectemos con nuestro *yo cuántico*, nos daremos cuenta de que podemos vivir en el mundo controlando nuestras vidas. Es más: podremos convertir nuestra vida en nuestra creación.

El *yo cuántico* vive todos los tiempos en el mismo instante. Cuando nos conectamos con él, nos puede enviar la información más adecuada para cada momento. Pero, para que esto ocurra, es muy importante contar con una mente que no formule juicios, una mente incondicional, que sabe que no sabe qué es lo mejor en cada momento.

Reflexiones:

1. Mis programas se encuentran en el orden implicado del campo y se manifiestan en mi vida de tal forma que los veo como provenientes del futuro.
2. Mi yo cuántico tiene a su disposición una infinidad de información, pero solo obedece a la fuerza emocional de mi yo explícito o yo consciente.
3. Mi forma repetitiva de interactuar con mi mundo de ilusión es la causa de que mis historias se repitan.
4. Me resulta imprescindible modificar mi manera de interactuar con el mundo para cambiar la información a la que mi yo cuántico puede acceder.
5. Si el tejido espacio-tiempo es holográfico, significa que está curvado y, por lo tanto, todo el tiempo está en cada tiempo.
6. Lo que yo llamo futuro está en el tiempo cuántico, es donde se almacena la información que vamos proyectando en lo que llamamos presente, pero que para el yo cuántico es pasado. Por eso, nuestro presente crea condiciones para el futuro, que cuando se nos presentan tienen que ver con el pasado.

Dicho de otra manera:

-El futuro es nuestro pasado.
-El pasado es nuestro futuro.
-Futuro y pasado son tiempos inexistentes.
-El espacio es tiempo presente.
-El tiempo es espacio en movimiento (cambio).

7. Esta información se almacena en este campo cuántico y se activa cuando tomamos una decisión.
8. Si vivimos inconscientemente, lo hacemos en un programa marcado por nuestros ancestros, por los inconscientes familiares y el inconsciente colectivo. Nuestro libre albedrío es prácticamente nulo, vivimos en Matrix (en referencia a la película Matrix). Hay que despertar y tomar conciencia de los programas inconscientes.
9. Nadie puede despertar de un programa si cree que no está en él.
10. *UCDM* dice:

«Nadie puede despertar de un sueño que el mundo esté soñando por él. [...] No puede elegir despertar de un sueño que él no urdió».[5]

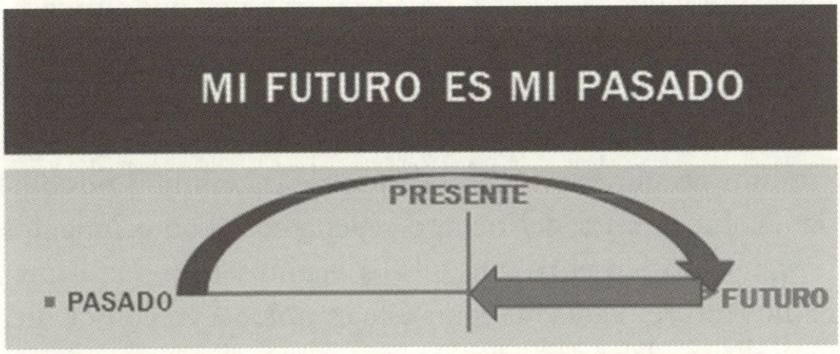

Mi futuro es mi pasado, que vivo en lo que yo llamo presente. Dibujo de Enric Corbera.

Recordemos algunos de los programas que he explicado:

1. La culpabilidad es un programa muy inconsciente que condiciona nuestras vidas y nos hace vivir situaciones de castigo.

2. El sufrimiento y el sacrificio, vistos como una virtud, determinan nuestras creencias.
3. Tiendo a hacer aquello en lo que no creo, pero que pienso que debo hacer.
4. Los programas son activados por el miedo.

Ejemplos de todo ello son:

1. La memoria celular.
2. Los grandes secretos familiares, lo no dicho, los silencios, etc.
3. Los programas de los países, que recuerdan y celebran acontecimientos pasados.
4. Los programas de las religiones.

De todo ello se deduce que lo que llamamos futuro es una proyección del pasado que vivimos en el presente. Simplemente vivimos nuestro pasado y esto nos quita toda libertad de elegir. Hay que tomar conciencia, cambiar las percepciones y las emociones en cada momento, eso hace que el futuro sea diferente, porque se dobla la línea del tiempo: creamos otra línea temporal dentro de las infinitas posibilidades. En la línea del tiempo repetíamos acontecimientos programados en el pasado y los vivíamos en lo que llamábamos futuro. Para conseguir este cambio, el yo consciente, el explícito, debe despertar y proyectar en el yo cuántico los acontecimientos que luego este debe manifestar en lo que el yo consciente llama futuro. Nuestra mente lineal reinterpreta los acontecimientos ubicados en el pasado.

Doblar el tiempo, cambiar mi línea espacio-tiempo.
Dibujo de Enric Corbera.

En otras palabras: cuando doblo el tiempo, es decir, cuando cambio mi línea espacio-tiempo, creo un vacío cuántico y mi yo cuántico no tiene programas para mandarme en mi futuro. Entonces, tengo la libertad de crear nuevos programas que viviré en el futuro. Así, me convierto en el *creador* de mi vida y no en un *sufridor* de esta.

Cuando viajo con mi mente hacia un acontecimiento situado en mi pasado, pero con otra información —se ha producido un cambio de percepción—, creo una apertura en el campo de la *Consciencia* y se forma otra línea espacio/tiempo.

Tejido del espacio-tiempo. Fuente: ‹http://www.ojocientifico.com›
Consulta realizada el 28 de junio de 2013.

Para *crear* mi futuro es muy importante seguir las directrices de *UCDM*. Las siguientes son imprescindibles.

1. Entrenarme en la escucha de mi corazón. Mi corazón me conecta con los programas ventajosos o liberadores de mi vida.
2. Aplicar el perdón en mi vida. El perdón deshace el futuro, porque deshace el pasado. Actúa especialmente sobre los campos que se alimentan de la culpabilidad. *UCDM* dice:

«El perdón es lo que nos libera totalmente del tiempo y lo que nos permite aprender que el pasado ya pasó».[6]

3. No hacer juicios sobre las cosas que me ocurren.
4. Comprender que mis juicios crean forma en algún lugar (campo cuántico) que luego se me presenta como futuro.
5. Cambiar mis conductas al comprender que no están en coherencia cuántica (emocional).
6. Ser consciente de que tengo el poder de elegir a cada momento. Dejo el papel de víctima.

«El poder de elegir es el mismo poder que el de crear [...] Elegir implica que la mente está dividida. El Espíritu Santo es una de las alternativas que puedes elegir».[7]

7. Saber que alimento todo lo que vivo con mis programas.

«Tu perdón reajusta el tiempo y los sucesos, porque liberas culpa inconsciente».

Gary R. Renard[8]

LA INFLUENCIA RETROACTIVA

En el capítulo «Rezar por el ayer», del libro de Lynne McTaggart *El experimento de la intención*, encontré argumentos que avalan mi teoría —mi inspiración, pues yo no soy físico— de que el tiempo que vivimos en lo que llamamos presente viene del futuro que, a su vez, proviene del pasado.

Hay un conjunto de teorías científicas que contradicen la ley de la causalidad, pues sostienen que el efecto produce la causa.

Puede parecer que *UCDM* a veces se contradice, pero no es así. Nos dice que somos la causa de los efectos que producimos en nuestras vidas, que todo lo que nos pasa lo hemos producido nosotros, incluso asegura que no podemos despertar del sueño si no sabemos que somos la causa. Pero también dice algo muy importante:

> «El milagro te recuerda una Causa que está eternamente presente y que es inmune al tiempo y a cualquier interferencia. Dicha Causa nunca ha dejado de ser lo que es. Y tú eres Su efecto, tan inmutable y perfecto como Ella Misma».[9]

Entonces, ¿es posible prevenir retroactivamente una enfermedad después de que esta ha afectado a una persona y se ha extendido por su cuerpo? ¿Es posible *reescribir* nuestra propia reacción emocional ante un acontecimiento?

> «Una posible interpretación de los experimentos sobre la influencia retroactiva sugiere lo impensable: la intención es capaz de retroceder en el tiempo para influir sobre acontecimientos pasados, o respuestas emocionales o físicas, en el momento original en que sucedieron. El problema central de retroceder en el tiempo y manipular

> nuestro propio pasado radica en los nudos lógicos en que se enreda la mente cuando piensa en todo esto».[10]

Este es nuestro trabajo en Bioneuroemoción, cuando hacemos un cambio de percepción, gracias a la *Comprensión* de que todos y cada uno llevamos una información inconsciente, que se manifiesta en nuestras vidas y que muchas veces llamamos destino. A este proceso lo llamamos reescribir nuestra vida.

> «Si cambiamos nuestro ambiente emocional, podemos reescribir nuestra vida».
>
> Doctora Nathalie Zammatteo[11]

En su libro, la Doctora Zammatteo hace una reflexión que creo que es vital:

> «Si yo te dijera que con solo tomar conciencia de un problema de salud tienes la capacidad de encontrarle una solución, ¿qué te parecería?
> Tanto si se trata de una indigestión, de una inflamación de rodilla, de una jaqueca, de una difícil relación de pareja o de la pérdida de un empleo, tienes la posibilidad de tomar conciencia hasta el punto de que se te inspire una solución adaptada».

La idea propuesta desde el inicio de este libro es que cada uno tiene la posibilidad de ser el actor en el regreso a su propio bienestar y de entregarle cada situación problemática al Espíritu Santo, rindiéndonos a dejar de desear lo que creemos que es mejor o lo que más nos gustaría.

En multitud de ocasiones hemos comprobado que podemos cambiar la causa pasada de un efecto presente, porque sabemos, por experiencia, que el inconsciente biológico es atemporal y que guarda todos los acontecimientos importantes de nuestras vidas y de nuestros ancestros. Acontecimientos importantes marcados por nuestra forma de vivirlos, con emociones que se guardan en la memoria colectiva, familiar e individual.

Veamos lo que dice *UCDM*:

> «Tu papel consiste simplemente en hacer que tu pensamiento retorne al punto en que se cometió el error y en entregárselo allí a la Expiación en paz».[12]

El físico Evan Harris Walker fue el primero en proponer que la física cuántica puede explicar la influencia retroactiva. Pero, para ello, es necesario tener en cuenta el efecto del observador.[13]

La otra posibilidad es que toda la información del universo esté a nuestro alcance en cualquier momento y que el tiempo exista en un gigantesco presente extendido. Shafer W. Braud especuló acerca de la posibilidad de que los presentimientos sobre el futuro sean un desplazamiento hacia atrás en el tiempo: un acontecimiento futuro que de alguna forma retrocede en el tiempo con el objetivo de influir sobre una mente presente. Si simplemente se invierte el presentimiento y se lo llama influencia retroactiva, de modo que toda actividad mental futura influya sobre el presente, se mantienen el mismo modelo y los mismos resultados que en los experimentos sobre la retrocausalidad. Toda la precognición puede ser una muestra de influencia retroactiva; todas las decisiones futuras pueden influir sobre el pasado.[14]

Mi experiencia, a lo largo de todos estos años, me ha enseñado que nuestro pasado está formado por pequeños espacio-tiempos congelados y desconectados entre sí. Vendría a ser como un suelo embaldosado en el cual cada baldosa está separada de las otras por un hilo de material que las mantiene unidas.

Esta pieza congelada por un acontecimiento traumático se proyecta en un futuro, que a su vez se proyecta en mi presente cuando hay un acontecimiento desencadenante que le recuerda a mi inconsciente el trauma vivido en el pasado.

Si yo tomo consciencia de todo esto, puedo revertir mis acontecimientos futuros, cambiando mis emociones y, por supuesto, mi percepción en el instante congelado; puedo descongelarlo mediante diversas técnicas, que enseñamos en el método de Bioneuroemoción. Yo llamo a este proceso el *arte de desaprender*.

Lynne McTaggart refuerza el método que aplicamos:

> «También hay una posibilidad de que en el nivel más fundamental de nuestra existencia no exista nada parecido al tiempo secuencial. La energía pura que se da en el nivel cuántico no tiene tiempo ni espacio, sino que existe como un amplio contínuum de cargas fluctuantes. Nosotros somos, en cierto sentido, el tiempo y el espacio. Cuando aportamos energía a la conciencia mediante el acto de percepción, creamos objetos separados que existen en el espacio a través de un contínuum mensurable. Al crear el tiempo y el espacio, creamos nuestra propia separación y también nuestro propio tiempo.
> Según Dick J. Bierman, lo que parece ser retrocausalidad es simplemente una demostración de que el presente depende de condiciones o resultados potenciales futuros, y que la no localidad se produce tanto en el tiempo como en el espacio. En cierto sentido, nuestras acciones, elecciones y posibilidades futuras ayudan a crear nuestro propio presente. Según esta visión, nuestras acciones

y decisiones presentes están siendo constantemente influenciadas por nuestro futuro».[15]

Todo ello refuerza mi teoría basada en las experiencias cuánticas de eminentes científicos, teoría que podría formular así: mi presente, que mañana será mi pasado, determina unas consecuencias en lo que yo llamo mi futuro, y este se me presentará constantemente en mi presente, sin ser consciente de que los programas que veo como mi futuro han sido creados en mis instantes de tiempo pasados.

UCDM nos enseña a librarnos del pasado mediante el instante santo.

> «¿Puedes imaginarte lo que sería no tener inquietudes, preocupaciones ni ansiedades de ninguna clase, sino simplemente gozar de perfecta calma y sosiego todo el tiempo?».[16]

> «El miedo no tiene cabida en el presente cuando cada instante se alza nítido y separado del pasado, sin que la sombra de este se extienda hasta el futuro. [...] Y el presente se extiende eternamente. [...] Elige este preciso instante, ahora mismo, y piensa en él como si fuese todo el tiempo que existe».[17]

> «En el instante bendito abandonas todo lo que aprendiste en el pasado y de inmediato el Espíritu Santo te ofrece la lección de la paz en su totalidad».[18]

El experimento de Caslav Brukner[19] se basaba en un supuesto de la ciencia acerca del tiempo: en la evolución de una partícula, una medición realizada en cierto momento será totalmente independiente de una medición realizada más tarde o más temprano.

Para probarlo, había que realizar cálculos teóricos de la polarización de una determinada partícula, a la que se llamó Alice, en dos momentos distintos.

Para calcular sus secuencias matemáticas, Caslav Brukner y Vlatko Vedral usaron lo que se denomina espacio Hilbert o espacio abstracto, utilizado en ciencias físicas en *Los espacios lineales en la ingeniería.*

Primero, calcularon la polarización de Alice y, a continuación, la midieron algunos momentos más tarde. Cuando terminaron su cálculo de la posición presente de Alice, regresaron y midieron nuevamente su polarización anterior.

Descubrieron que la desigualdad de Bell (se refiere a la diferencia entre dos mediciones llevadas a cabo en distintos momentos) había sido violada: la segunda vez obtuvieron un resultado distinto de la primera polarización. El propio acto de medir a Alice en un momento posterior influenció, y de hecho cambió, la forma en que estaba polarizada antes.

Los resultados de estos experimentos se publicaron en la revista *New Scientist,* en un espectacular artículo de portada: «El entrelazamiento cuántico: cómo el futuro puede influir sobre el pasado».

Este experimento muestra la importancia del observador en la medición de partículas cuánticas y la forma en que el futuro afecta al pasado. Es muy probable que nuestro pensamiento en el presente pueda alterar el pasado y no conforme un futuro.

Por eso *UCDM* enseña a vivir en un eterno presente. Para ello, es preciso no formular juicios, pues estos determinarán un futuro basado en un pasado lleno de ellos. Liberar el tiempo implica liberar la mente de juicios condenatorios. *UCDM* enseña a liberar el pasado, pues este determinará un futuro al que llamamos presente.

Veámoslo:

> «El instante santo es el recurso de aprendizaje más útil de que dispone el Espíritu Santo para enseñarte el significado del amor, pues su propósito es la suspensión total de todo juicio. [...] Es imposible juzgar sin el pasado, pues sin él no entiendes nada».[20]

> «El instante santo refleja Su conocimiento al desvanecer todas tus percepciones del pasado y, de esta manera, eliminar el marco de referencia que inventaste para juzgar a tus hermanos».[21]

HACIA LA INTEGRACIÓN

Cuando en la vida cotidiana, se nos presenta una situación que nos molesta o nos agrada mucho, debemos ser conscientes de estar ante una parte de la totalidad. Por así decirlo, solo vemos el positivo, como si se tratara de un filme. Hay que encontrar el negativo, el orden implicado de la situación.

Pensar de esta manera, saber que todo tiene un orden implicado y que este se encuentra también en el inconsciente, nos permite sacarlo a la luz de la conciencia para poder integrarlo.

¿Por qué es tan importante la integración?

Es importante porque al integrar, unifico y veo el todo. Mi mente no se polariza, puedo cambiar mis programas inconscientes, puedo poner en marcha un proceso de reaprendizaje y así crear otro orden explicado, otros acontecimientos futuros.

Cuando integro, sano mi mente y mi cuerpo porque, al verlos como un todo, alcanzo un estado mental de paz.

UCDM expresa lo mismo de la siguiente manera:

«La Voz del Espíritu Santo es la Llamada a la Expiación, es decir, a la restitución de la integridad de la mente».[22] «Existen dos formas diametralmente opuestas de ver a tu hermano. Ambas tienen que encontrarse en tu mente porque tú eres el perceptor. Tienen que encontrarse también en la suya, puesto que lo estas percibiendo a él. Mira a tu hermano a través del Espíritu Santo en su mente y reconocerás al Espíritu Santo en la tuya. Lo que reconoces en tu hermano lo reconoces en ti; y lo que compartes, lo refuerzas».[23]

«[El Espíritu Santo] tiene que llevar a cabo Su labor mediante el uso de opuestos porque tiene que operar para una mente y con una mente que está en oposición».[24]

«La mente que está libre de culpa no puede sufrir. Al estar sana, sana a su vez al cuerpo porque ella misma ha sanado».[25]

Quiero hacer hincapié en el párrafo que dice que el Espíritu Santo hace su labor mediante los opuestos. Como nuestra mente está dividida, comprender lo opuesto a algo es la forma de verlo y de integrarlo.

Por todo ello, siempre contamos con la oportunidad de ver las cosas de otra manera y de hacernos preguntas como:

«¿Es esto lo que quiero ver? ¿Es esto lo que deseo?».[26]

Tenemos poder de decisión y control con respecto a lo que vemos y a lo que deseamos, no con respecto a lo que ocurre. Por eso *UCDM* dice:

> «Y si eliges ver un mundo donde no tienes enemigos y donde no eres impotente, se te proveerán los medios para que lo veas».[27]

> «No olvides que lo que decidas que él [tu hermano] es para ti, determinará tu futuro. Pues estás construyendo tu futuro ahora: el instante en el que todo el tiempo se convierte en un medio para alcanzar cualquier objetivo».[28]

Por lo anterior y en relación con la historia de Helen Schucman y William Thetford, que no se llevaban nada bien en su trabajo, *UCDM* los condujo a la reflexión: «Tiene que haber otra manera». Y es precisamente con esta reflexión como quiero terminar este capítulo. Cuando enfrentemos situaciones de ira, de enfado, cuando nos encontremos con circunstancias que consideremos problemáticas, con acontecimientos dolorosos..., debemos afirmar: «Tiene que haber otra manera, otra forma de ver las cosas».

Entonces es el momento de utilizar el propio poder: el poder de elegir, y elegir ver la situación de otra manera. Es el momento de invocar al Espíritu Santo y pedirle que nos ilumine y nos guíe en la nueva decisión.

SANAR LA PERCEPCIÓN

El mundo que vemos siempre es una interpretación que nos habla de nosotros mismos y dicta nuestras reacciones frente a lo que vemos.

Proyectamos constantemente en la *pantalla del mundo* nuestra forma de ver y entender lo que vemos. Dicho de otra manera: proyectamos nuestros programas inconscientes, con sus creencias, sus tabúes, sus prejuicios y todas las historias del inconsciente familiar y del inconsciente social.

La percepción siempre pone en evidencia al perceptor: es la manifestación de su estado mental. Todos pensamos que tenemos razón. La percepción —tu percepción— determina el mundo que quieres ver y que quieres experimentar.

Cuando estamos ante una situación que percibimos parecida a otras anteriores que fueron desagradables, o que nos produjeron aversión, nuestra tendencia será reaccionar emocionalmente de la misma forma. Así, lo que llamamos presente es la vivencia de nuestro pasado. Cuando cambiamos la emoción asociada a una experiencia, transformamos nuestra percepción de la misma y también todas las experiencias similares. De esta manera, nos liberamos del pasado y proyectamos un nuevo futuro al que, más tarde, llamaremos presente.

No vemos con nuestros ojos, vemos con nuestra mente. Gavin Francis, médico y explorador de la anatomía humana, nos explica que:

> «Si a un ciego de nacimiento le devuelves la función ocular, ¡no ve! El cerebro aprende a ver de la misma forma que aprende a hablar».

Cuando buscamos algo, lo hacemos mediante una proyección de la imagen que tenemos almacenada en el inconsciente. Es como cuando mi mujer me pidió que cogiera una caja de pañuelos de papel que estaba sobre un pequeño mueble a la entrada del dormitorio. Yo miraba la superficie del mueble, donde se suponía que estaba la caja, y no conseguía verla, hasta que ella exclamó: «¡Sí, hombre, la caja rosa!». Y, de repente, frente a mis ojos apareció la caja rosa de pañuelos de papel. ¿Qué había pasado? Que en casa la caja de pañuelos de papel solía ser de color azul, y yo no la veía porque proyectaba una caja de color azul y de ciertas características que mi mente conocía bien.

> «La percepción selecciona y configura el mundo que ves. Literalmente lo selecciona siguiendo las directrices de la mente».[1]

> «La percepción es una elección, no un hecho».[2]

> «Pues tu creencia acerca de Quién eres depende enteramente de la voz que elijas escuchar y de los panoramas que elijas ver. La percepción da testimonio únicamente de esto, nunca de la realidad».[3]

Cuando buscamos algo, siempre hemos de tener muy claro qué buscamos y cuáles son sus características, porque, en otro caso, como se dice vulgarmente, nos puede morder.

Esto ocurre constantemente en nuestras vidas de una forma inconsciente. ¡Cuántos experimentos se habrán hecho en psicología sobre la percepción!

Recuerdo uno que me explicaron cuando estudiaba psicología. Se mostraba a una serie de personas un corto filmado sobre un accidente automovilístico. Luego se les preguntaba de qué color estaba el semáforo. Unos decían verde y otros, rojo, pero lo cierto era que no había semáforo. Invito a mis lectores a visitar la página,[4] donde encontrarán muchos ejercicios que cuestionan la percepción.

Entonces, ¿qué realidad percibo? ¿Cómo puedo estar seguro de lo que veo?

Tenemos que ser conscientes de algo fundamental: la percepción, si se utiliza correctamente, se convierte en un tesoro, pues nos permite ser conscientes de muchos aspectos almacenados inconscientemente en nuestra psique.

1. Tu percepción te permite conocerte.
2. Tu percepción te permite desarrollar una conciencia de Unidad.
3. Tu percepción te permite reconocer a los demás como tus complementarios.
4. Tu percepción te permite alcanzar la libertad emocional.

Un aspecto importante de la percepción está relacionado con cómo me perciben los demás. Es una magnífica oportunidad de conocer tu sombra. Si algo de lo que escucho me molesta, detrás hay un aprendizaje por integrar. El auténtico poder está en percibirlo no como una dificultad, sino como una oportunidad para aprender e integrar aspectos de uno mismo. Observando cómo nos tratan los demás podemos entender cómo nos estamos tratando a nosotros mismos. Esto es a lo que se refería Jung cuando decía que las mentes de los hombres son espejos unas de otras.

Una nueva percepción es un cambio neurológico que permite ampliar tu conciencia.

No hay que olvidar que la percepción es hija de la proyección, un mecanismo de defensa de la psique consistente en atribuir a los demás aquellas emociones, conductas o rasgos de carácter que deseamos inconscientemente desalojar de nosotros mismos por considerarlos inaceptables.

Lo que criticas en los demás está en ti. Lo que no está en ti, directamente no lo percibes.

Vamos a complicarlo un poco más para hacerlo más divertido. Hablemos de algo fundamental en la vida: el enamoramiento. Me atrevo a decir que ni siquiera sabemos por qué nos enamoramos de alguien. La mente consciente da muchas explicaciones y formula numerosos razonamientos: que si es muy simpático, muy dulce, inteligente, rico, etc. Pero la percepción siempre está sujeta a interpretaciones y estas son el reflejo de programas inconscientes y de nuestro estado mental.

En el *Curso* hay una magnífica referencia que refrenda lo que digo:

> «La fe, la percepción y la creencia pueden estar mal ubicadas y servir de apoyo tanto para las necesidades del gran embaucador como para las de Verdad».[5]

He llegado a esta conclusión después de realizar y observar cientos de acompañamientos. Estos revelan que las personas se relacionan unas con otras por programas inconscientes. ¡Cuántas parejas habré visto que no pueden tener hijos! Conocí a una mujer que cada vez que se enamoraba de un chico, resultaba que era estéril. Es muy cierto que Dios los cría y ellos se juntan. Son frecuentes las relaciones adictivas entre personas que tienen los mismos problemas con sus padres o sus madres. Por ejemplo, padres ausentes o madres sobreprotectoras. Muchas personas con problemas de violencia llevan en sus programas inconscientes la impronta de que sus madres querían abortar, y muchos no se sienten bien consigo mismos porque los padres querían un descendiente del otro sexo.

Por eso, es tan importante sanar la mente antes de sanar el cuerpo, sobre todo sanar la mente inconsciente. Para enseñar a sanar la mente, indago en los diferentes ambientes familiares donde resuena la información que se percibe como conflictiva, pues esta se expresa en nuestras vidas a través de relaciones interpersonales y de síntomas a los que llamamos enfermedad. Para más información sobre la Bioneuroemoción, los lectores se pueden dirigir a nuestra página web.[6]

En nuestra metodología utilizamos la consciencia de unidad. Sabemos que la percepción refuerza o debilita las creencias de las personas. No creemos que la enfermedad sea casual, externa, pues la materia no puede tener capacidad de decisión. Hay una información genética y epigenética y esta última abarca muchos aspectos emocionales. El cuerpo se pone enfermo —mejor dicho, muchas veces lo ponemos enfermo— por nuestra manera de vivir las situaciones. Por eso, consideramos tan importante sanar la percepción de las cosas.

Tener una mente que vive en la conciencia de que *Todo* está relacionado implica ser conscientes de que atraemos lo que hay frente a nosotros y que esto revela nuestro estado mental. Y también implica ser conscientes de que proyectamos nuestras creencias sobre la enfermedad en la persona enferma. Es necesario que la mente consciente controle esa proyección, pues podemos reforzar o debilitar las creencias acerca de qué es la enfermedad y cómo se puede tratar.

«Aceptar la Expiación para ti mismo significa no prestar apoyo a los sueños de enfermedad y muerte de nadie».[7]

«Hay un modo de encontrar certeza aquí y ahora. Niégate a ser parte de ningún sueño de miedo, sea cual sea su forma, pues si lo haces perderás tu identidad en ellos».[8]

«Lo que les confiere realidad a los perniciosos sueños de odio, maldad, rencor, muerte, pecado, sufrimiento, dolor y pérdida es el hecho de compartirlos».[9]

«Soy responsable de lo que veo.
Elijo los sentimientos que experimento y decido
el objetivo que quiero alcanzar.
Y todo lo que parece sucederme yo mismo lo he pedido
y se me concede tal como lo pedí».[10]

Antes de entrar en la mente cuántica —consciencia de unidad— y después de haber desarrollado el verdadero poder, voy a proponer una hipótesis de trabajo: todo el mundo debería saber que los pensamientos son energía. Multitud de experimentos demuestran que cuando pensamos en algo concreto, en nuestro cerebro creamos una tormenta de luz. Esta luz está conformada por bits de información. Por lo tanto, los pensamientos son entidades físicas, aunque no tengan masa cuantificable.

Se expresan de dos maneras: en la conciencia (forma explícita) y guardados en la mente en forma de recuerdos (forma implícita). Dicho de otra manera: cuando somos conscientes, la energía es corpuscular, y cuando almacenamos el recuerdo, la energía se transforma en ondas de información o bits.

Cuando experimentamos un recuerdo o tenemos una idea genial, ¿dónde está almacenado este recuerdo o esta idea? Uno es pasado y la otra obviamente es futuro, y ambos se manifiestan en mi teórico presente. Esto lleva a suponer que toda la información ya está presente en forma de ondas de interferencia, a la espera de que mi mente sea receptiva a ella. ¿Cómo hacer que mi mente sea receptiva? Para ello es necesario que sea libre, y esto se consigue cuando la mente no refuerza nada de lo que observa. Así, libera lo observado, deja espacios vacíos, sin pensamiento, donde puede recibir informaciones diferentes. Informaciones que están por encima del pensamiento que la mente tenía antes; pensamientos de orden superior, más holísticos. De esta manera, la mente se libera y, como consecuencia, también lo hace el cuerpo. Entonces, se alcanza una percepción perfecta, libre de todo juicio.

> «Cuando percibes correctamente cancelas tus percepciones falsas y las de los demás simultáneamente».[11]

EL JUICIO

Cada vez que haces un juicio, te condenas a ti mismo. Juzgamos continuamente y nos condenamos continuamente. No nos lamentemos de lo que nos ocurra después. Para juzgar, tenemos que percibir y esto es lo que quiere el ego: nuestros juicios nos separan de los demás. El *Curso* nos dice:

«[...] *No juzguéis y no seréis juzgados* lo que quiere decir es que si juzgas la realidad de otros no podrás evitar juzgar la tuya propia». «La decisión de juzgar en vez de conocer es lo que nos hace perder la paz».[1]

LA MENTE CUÁNTICA

MENTE QUE VIVE EN LA CONSCIENCIA DE UNIDAD

> «Nadie puede pensar por separado, tal como Dios no piensa sin Su Hijo».
>
> *UCDM*[2]

> «¿Son entonces peligrosos los pensamientos? ¡Para los cuerpos sí!».
>
> *UCDM*[3]

En muchas de mis conferencias digo a los oyentes: «¡Debéis tener una mente cuántica!». Muchos no saben muy bien lo que quiero decir y me preguntan cómo se tiene una mente cuántica. Esta pregunta lleva implícita la idea de que la mente cuántica hay que buscarla en algún sitio, cuando, en realidad, nuestra mente es cuántica. No somos conscientes de ello porque vivimos una realidad dual y eso nos hace ver el mundo como si todos estuviéramos separados de todos, una interpretación propia de lo que se podría llamar una mente newtoniana.

Una mente cuántica es consciente de que todo está interconectado, de que todo es información y todo vibra. Es una mente que sabe que todo lo que le rodea, absolutamente todo, tiene que ver con ella.

UCDM lo deja muy claro:

> «El cuerpo no te separa de tu hermano, y si crees que lo hace estás loco».[4]

> «Ni tu hermano ni tú podéis ser atacados por separado. Ni tampoco puede ninguno de vosotros aceptar un milagro sin que el otro no sea igualmente bendecido por él y curado del dolor».[5]

La física cuántica, también llamada física de la consciencia, ilumina todas estas premisas porque actualmente la física y la espiritualidad se dan la mano y se explican la una a la otra.

Los grandes principios espirituales se certifican con los descubrimientos diarios de la física cuántica.

La teoría de la no-localidad refuerza todo lo que estoy diciendo: afirma que si separamos dos partículas cuánticas que están en interacción, por mucho que las distanciemos, lo que hagamos con una provoca una reacción en la otra. Aunque estén separadas por millones de años luz. Esto contradice la teoría de Einstein, según la cual no hay nada que supere la velocidad de la luz. Solo existe una explicación para esto: todo está unido, no hay distancia que recorrer.

Los físicos aceptaron la no-localidad siempre que se tratara solo de partículas cuánticas y no de átomos o moléculas. Pero Rosenbaum y Sai echaron por tierra estas suposiciones y demostraron que:

> «[...] objetos grandes como los átomos también estaban conectados no-localmente, incluso en un pedazo de materia tan grande que podías tomarlo con la mano. Nunca antes la no-localidad cuántica había quedado demostrada a una escala tan grande. Aunque el espécimen era solo un pequeño trozo de sal, para una partícula subatómica se trataba de un palacio gigantesco, ya que albergaba un trillón de átomos (10 elevado a la potencia 18). Rosenbaum, generalmente muy reacio a especular sobre lo que aún no podía explicar, se dio cuenta de que había descubierto algo extraordinario sobre la naturaleza

del Universo. Y yo comprendí —dijo— que había hallado un mecanismo para la intención: había demostrado que los átomos, componentes esenciales de la materia, podían ser afectados por influencias no locales».[6]

Si *Todo* está unido, ¿qué es lo que lo une *Todo*? Los físicos lo llaman el campo punto cero; otros, como Gregg Braden, lo llaman la matriz divina. El campo recibe el nombre de *punto cero* porque, incluso a la temperatura de cero absoluto, en que teóricamente toda la materia debería dejar de moverse, estas pequeñas fluctuaciones siguen siendo detectables. Ni en el lugar más frío del universo se detiene la materia subatómica, que continúa con su pequeño tango energético.[7]

Harold E. Puthoff pasó más de treinta años examinando el campo punto cero. Demostró, con algunos de sus colegas, que este constante intercambio de energía de toda la materia subatómica con el campo punto cero es la causa de la estabilidad del átomo de hidrógeno y, por lo tanto, de toda la materia. Además, comprobó que la energía de punto cero puede explicar las dos propiedades básicas de la masa: la inercia y la gravedad.[8]

Como vemos, muchas teorías señalan que todo está unido y que los pensamientos actúan e influyen en ese campo, y también sugieren que si utilizamos la intención, es decir, un pensamiento focalizado, esta influencia aumenta.

Ahora voy a especular un poco. El físico danés Niels Bohr, uno de los padres de la física cuántica, afirmó que una vez que las partículas subatómicas —como los electrones o los fotones— entran en contacto, se influencian mutuamente de manera instantánea a cualquier distancia y para siempre. Esto me lleva a pensar que, si dos personas se conocen, interactúan el tiempo necesario y se unen en un proyecto, nunca dejan de interactuar entre sí. Porque una cosa es estar en contacto y otra muy diferente es estar unidos. El contacto vendría a ser la manifestación explícita de un potencial implícito antes de la unión. Esto explicaría los actos creadores de dos o más mentes unidas en un proyecto común.

Por lo tanto, podemos hacer inferencias que van más allá de la física y entran de lleno en la metafísica o filosofía cuántica. Si interactúo con una persona con quien hace años tuve un conflicto y cambio mis pensamientos y percepciones con respecto a ella, ella recibirá esta información. Todo ello lo deduzco de los principios de *UCDM*, cuyos postulados también lo explican.

LA FUNCIÓN DE ONDA

Llamo *función de onda* al estado abierto a todas las posibilidades. Una mente cuántica es una mente consciente, que sabe con certeza que el espacio-tiempo es uno y que todo está en cada instante en un estado no manifestado. Para que se manifieste un pensamiento se necesita una focalización, ser observador de un acontecimiento. Es muy importante controlar la observación, mantenerse alerta a los propios pensamientos sobre lo observado, porque una mente cuántica *sabe* que en cada momento determina lo que va a pasar con lo observado en el instante siguiente.

Todas las posibilidades están presentes en el instante al que se llama *colapso de función de onda*. Todas ellas se hallan en un estado de ondas de información y cuando hay un observador, colapsan y la información se manifiesta en forma de fotón. Es decir, la onda colapsa en partícula. En este sentido, resulta revelador el experimento de la doble rendija: se proyecta un haz de luz sobre una pantalla ante la cual se coloca una placa con una doble rendija, de modo que en la pantalla se reflejará el patrón de las ondas de interferencia. Cuando un observador realiza la medición, en la pantalla se refleja el colapso de la función de onda. Deducimos entonces que el acto de observar hace que la onda colapse en partícula. Este experimento es muy importante para demostrar la influencia del observador.

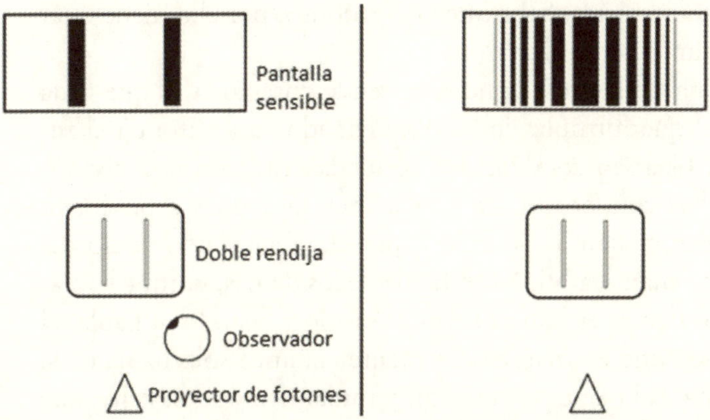

A. Película de los corpúsculos B. Película de ondas de interferencia

Experimento de la doble rendija.
Dibujo de David Corbera.

Esto coincide con una enseñanza de *UCDM:*

«Esto concuerda con la ley fundamental de la percepción: ves lo que crees que está ahí, y crees que está ahí porque quieres que lo esté».[9]

«Alegrémonos de que verás aquello en lo que crees y de que se te haya concedido poder cambiar tus creencias. El cuerpo simplemente te seguirá».[10]

«Tu mente es una luz tan potente que puedes contemplar las mentes de tus hermanos e iluminarlas, tal como yo puedo iluminar la tuya».[11]

> «Es imposible no creer en lo que ves, pero es igualmente imposible ver lo que no crees».[12]

De todo esto se deduce que una mente cuántica es una mente despierta. Sabe que es creadora y, por ello, debe estar constantemente alerta.

Una de las cosas que se aprende enseguida es que cada juicio que formulas lo acabas viviendo tú mismo en el futuro. Cuando condenas, te condenas a ti mismo a vivir lo que has condenado; de esta manera aprendes a perdonar. La mente cuántica lo sabe y, por ello, evita todo juicio. La mente cuántica NUNCA habla de los demás, porque hablar de los demás es hablar de uno mismo y cuando se habla, el ego se pone en marcha. La mente cuántica solo habla de sí misma. Sabe que puede elegir y tomar decisiones, y que este poder está a su servicio todo el tiempo y a cada instante.

Cuando somos conscientes de nuestro poder y de que en cada instante estamos recolocándonos en este espacio-tiempo que llamamos mundo, podemos decidir quiénes queremos ser con relación a lo que acontece a nuestro alrededor. Si vemos sufrimiento, aumentamos la creencia en él; si vemos dolor, sufrimos; si vemos escasez, nos empobrecemos. Nuestra percepción siempre refuerza lo que vemos. Podemos percibir separación o unidad.

> «Todo lo que percibes da testimonio del sistema de pensamiento que quieres que sea verdad. Cada uno de tus hermanos tiene el poder de liberarte si tú decides ser libre».[13]

Por eso, lo que más necesitamos es sanar la percepción. *UCDM* nos enseña la percepción verdadera o inocente, que es aquella que no juzga nada. Y si se encuentra juzgando, pide Expiación por ella misma y por lo que ha visto en el otro.

LA COHERENCIA CUÁNTICA

Siempre hablo de la coherencia como del fundamento para sanar cualquier percepción. Pero hay algo más importante todavía que quisiera recalcar en estas líneas. Cuando estás en coherencia emocional, el universo te entiende perfectamente y te envía situaciones de absoluta coherencia. Además, todas las personas que te rodean ven y perciben esa coherencia. Esto se debe a que tu coherencia se manifiesta, como todo, en el campo cuántico y este beneficia a todos, en especial a tu universo.

Por ello, cuando tomamos conciencia de algo, de alguna forma dotamos de coherencia a muchos aspectos de nuestro inconsciente y, por supuesto, de nuestro consciente. Una de las cosas que debemos hacer cuando tomamos conciencia es pasar a la acción. Porque, de lo contrario, esa coherencia se pierde y los resultados pueden ser todavía más catastróficos. Por ello, cuando uno de mis consultantes recibe una sesión de Bioneuroemoción, cuya finalidad es tomar conciencia de las emociones ocultas, pero no pasa a la acción, la psique entra en una especie de colapso y las sensaciones físicas y mentales se exacerban. El universo no entiende que, cuando algo está claro y se conoce el camino o la dirección, no se actúe en consecuencia. Atención: cuando no tienes claro qué hacer o adónde ir, no hagas nada; pero, cuando lo veas, no dudes y actúa sin mirar atrás.

Según *El experimento de la intención* de Lynne McTaggart, la coherencia cuántica tiene lugar cuando las partículas cuánticas —como pueden ser los fotones— pierden su individualidad y empiezan a actuar como una unidad, algo parecido a un ejército que llama al frente a todos sus soldados. Como cada movimiento de cualquier partícula encargada de un proceso biológico queda reflejado en el campo punto cero, nuestra coherencia se extiende hacia el mundo.

Según las leyes de la física clásica, y particularmente la ley de entropía, el movimiento del mundo inanimado se orienta siempre hacia el caos y el desorden. Sin embargo, la coherencia de la conciencia representa la mayor forma de orden conocida en la naturaleza, y los estudios sugieren que este orden puede ayudar a conformar y crear orden en el mundo. Cuando deseamos algo o tenemos la intención de hacer algo —un acto que requiera unidad de pensamiento— nuestra coherencia podría ser contagiosa.[14]

De acuerdo con las leyes de la termodinámica, los objetos están sometidos a la entropía. Esto significa que su sistema se va desordenando con el tiempo y que, si estamos en coherencia, recuperamos un orden superior. Esto puedo trasladarlo a mi vida y a mi universo particular. Si estoy enfermo, mi cuerpo ha perdido coherencia. Para sanar, debo recuperarla. La coherencia cuántica podría revertir cualquier proceso degenerativo, ayudando a cualquier tratamiento que se aplique al cuerpo. No olvidemos que cuerpo y mente están estrechamente relacionados. Esta reflexión debería inspirar cambios profundos en nuestras vidas, lo que redundaría en un estado de salud óptimo.

Se ha demostrado que cuando una persona está en coherencia, todo a su alrededor se ve afectado. Cuando digo «todo a su alrededor», me refiero a cosas tan comunes como tu propio coche.Por ejemplo, si pierdes tu coherencia cuántica, tu coche puede averiarse. Recuerdo algo que me ocurrió hace ya unos años. Iba con un coche tipo furgoneta, en el que llevaba mi bicicleta de montaña. Cuando llegué al destino, el coche se paró. Sencillamente dejó de funcionar. Le pedí al universo coherencia en mi mente para que, a la hora de regresar, el coche funcionara otra vez. Lo hice con certeza, hasta tal punto que cogí mi bicicleta e hice el recorrido planeado con tranquilidad. Cuando volví al coche, este se puso en marcha y me llevó a casa. Digo «me llevó» porque, cuando llegué a casa dejó de funcionar, y al día siguiente tuve que llamar a la grúa para trasladarlo al taller.

Las partículas del campo cuántico afectan a todo y estas son a su vez afectadas por la mente del observador, por su forma de pensar y ver las cosas.

UCDM reflexiona:

> «La percepción es la elección de lo que quieres ser, del mundo en el que quieres vivir y del estado en el que crees que tu mente se encontrará contenta y satisfecha. [...] y no da el más mínimo testimonio de nada que no esté de acuerdo con el propósito de tu mente».[15]

LAS LÍNEAS TEMPORALES RELATIVAS

Cada vez más científicos creen que existe más de una línea temporal, y no solo más de una, sino muchas. Estas líneas temporales coexistirían entre ellas, lo cual quiere decir que varias personas podrían estar viendo una misma situación, unas mismas circunstancias, un mismo campo de sucesos, desde una línea espacio-temporal distinta y, por tanto, les afectaría de manera distinta.

Se afirma que los diferentes estados cuánticos posibles existen simultáneamente y que, al examinarlos y colapsar la función de onda, se logra escoger en qué universo quedarse.

En cada instante de nuestras vidas podemos colapsar la percepción de un suceso de diferentes maneras. Así, aquello que tenía que ocurrir no ocurre, porque nos encontramos en otra línea temporal. Esto es lo que he intentado explicar hasta ahora, aplicando diversas teorías de la física cuántica y relacionándolas con el *poder de decisión* y con *doblar el tiempo*.

La teoría de Einstein lo explica de otra manera, pero no creo que el resultado varíe mucho:

> «Si un individuo viaja en el tiempo y evita su propio nacimiento, no tiene por qué desaparecer o desvanecerse; seguiría existiendo, pero quizás con alguna diferencia. Tal vez él mismo sea el único que tiene conciencia de su existencia y todos los demás jamás se habrían enterado de que existió».[16]

Lo que sí parece claro es que mi intencionalidad determinará un efecto en el campo cuántico en cualquier suceso de mi vida, y que este efecto, a su vez, creará condiciones diferentes a las que me encontraría si no dirigiera esa intencionalidad.

Una de las cosas que cabe preguntarse es qué respuesta debemos dar en cada situación.

Los principios de *UCDM*, llenos de luz y de amor, nos guían a la hora de elegir. (Cosa que no hacen los científicos cuánticos, porque la mayoría de ellos reflexionan desde el ego, desde la dualidad. Por ello, a algunos les cuesta tanto aplicar estos principios a sus vidas cotidianas. No es el caso, por ejemplo, de David Bohm, con su teoría del orden implicado y del orden explicado, o el de los doctores en física Bruce Rosenblum y Fred Kuttnet en su libro *El enigma Cuántico*).

> «En la quietud todas las cosas reciben respuesta y todo problema queda resuelto serenamente».[17]

> «Por eso es por lo que el tiempo no está involucrado en la solución de ningún problema, ya que cualquiera de ellos se puede resolver ahora mismo».[18]

Una mente en paz es creativa, escucha en su interior lo que debe hacer en cada momento. Cuando estás en paz, no creas enemigos. Eres consciente de que eres el creador del miedo y de que este alimenta esas situaciones en que lo experimentas.

Por eso, el auténtico poder no se opone a nada; es el poder de la quietud mental, del no juicio, de la mente que se halla presente en el aquí y ahora y que sabe que puede decidir el instante siguiente si se halla en paz.

> «La imagen que ves de tu hermano no significa nada. No hay nada en ella que atacar o negar, amar u odiar, dotar de poder [...] La imagen de tu hermano que tú ves jamás ha estado ahí ni jamás ha existido. Deja, pues, que el espacio vacío que ocupa se reconozca como vacante, y que el tiempo que se haya dedicado a verla se perciba como un tiempo desperdiciado en vano, un intervalo de tiempo en blanco».[19]

> «No conoces la paz del poder que no se opone a nada. Sin embargo, ninguna otra clase de poder puede existir en absoluto».[20]

CONECTARSE CON EL CORAZÓN

Como indica el Instituto HeartMath: «Regular las emociones humanas es el próximo paso en la evolución humana».

¿Qué es lo que hace que al observar, nos emocionemos?

¿Qué proyecta nuestra mente cuando vemos algo y experimentamos emociones?

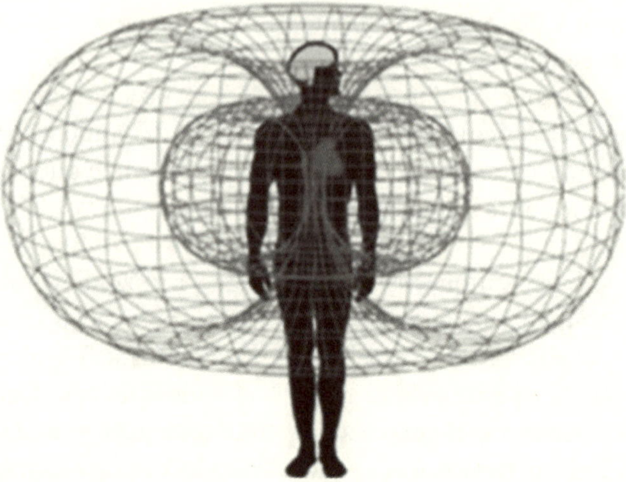

© Institute of HeartMath Research Center.
Ilustración artística del campo electromagnético del corazón.

¿Qué son las emociones? ¿Qué es lo que nos emociona? ¿Y por qué a todos no nos emociona lo mismo?

Recuerdo que, al celebrar el final de un curso en Córdoba, una cantante de ópera cantó como agradecimiento por lo que los vídeos que habíamos colgado en internet habían hecho por su salud. Sentir su voz fue un impacto; todos nos pusimos a llorar al instante. Sentía una fuerte opresión en mi corazón, como si mi pecho fuera a estallar; parecía un amago de ataque al corazón. Mis emociones eran tan intensas que no cabían en mi ser; todo era sensación, emoción, llorar y llorar. Lo más impactante fue que nadie podía controlar este fenómeno. ¿Dónde estaba la mente racional? Era algo brutal, como un maremoto. Solamente podíamos dejarnos llevar por ese vendaval de energía que resonaba con estruendo en cada uno de los corazones. Era imposible resistirse; había que dejarse fluir. Nunca en mi vida he sentido un agradecimiento tan profundo desde el corazón.

¿Qué hay en nuestros corazones que provoque esta reacción emocional?

El átomo primordial es el átomo que contiene toda la información del universo. Posee una energía inconmensurable; es el átomo de la información. Contiene todas las posibilidades y habita en el corazón; lleva la información más preciada para cada uno. Siempre se nos ha dicho que debemos escuchar nuestro corazón, que el corazón tiene razones que la mente no alcanza a comprender.

Sabemos que el corazón tiene memoria y que tiene neuronas. Según algunos expertos, unas cuarenta mil. El corazón es nuestro guía en las decisiones importantes. Cuando lo escuchamos, no hay razones que nos impidan hacer aquello que sentimos. Lucha contra viento y marea; su saber es irracional. Tenemos la certeza de que el camino que nos señala es el que debemos seguir.

La inteligencia del corazón es emocional. Solamente se manifiesta cuando sentimos emociones; entonces nos expresamos emocionalmente. Si queremos interactuar con los demás, si realmente deseamos llegar a ellos, no podremos hacerlo con la mente racional. Sí con la mente emocional, que habita en los corazones.

Se trata de una inteligencia holística, una inteligencia que piensa en la globalidad, no en la individualidad. Siempre piensa en la cooperación, no en la competición. Es una inteligencia que sabe que la única forma de tener es dar, pero dar por placer. Es una inteligencia que no espera; que no tiene expectativas. Está viva siempre en el momento presente; no va más allá del tiempo y del espacio; cada momento es un instante sagrado, un instante que te une con todo y con todos, en el que el tiempo se detiene y se convierte en eterno. Cuando la mente escucha al corazón, entra en un estado cuántico: todo es, todo se puede manifestar. La mente se mantiene en un estado creativo, conectada con el espíritu universal al que *UCDM* llama el Espíritu Santo.

El Espíritu Santo se halla en el átomo primordial, porque Él alimenta nuestras almas con esta energía suprema, divina, creadora de la vida en un eterno ahora. A través de ella, la mente escucha una *Sabiduría* que sabe que no es suya.

Es una mente en paz. *UCDM* lo expresa de la siguiente manera:

> «La mente que ha sanado no planifica. Simplemente lleva a cabo los planes que recibe al escuchar a una Sabiduría que no es la suya».[21]

Considero que las emociones son el soporte físico de los mensajes del corazón. Este no se expresa con palabras ni razonamientos, simplemente lo hace con emociones. Por lo tanto, estas son el código de expresión de nuestras almas. Cuando las almas quieren expresar algo muy importante para nuestro quehacer en este mundo, nos envían mensajes mediante emociones o situaciones que nos emocionan. Si la emoción se refleja en el cuerpo, este reacciona biológicamente. Y si la mente, el corazón y los actos están en coherencia, me siento pleno, realizado, en paz.

Solo hay dos emociones fundamentales: el miedo y el amor. El miedo se expresa a través de una variedad de otras emociones, y todas ellas derivan de la creencia en la separación, en la soledad, en la carencia. El amor —no el querer— es una emoción única, plena. Surge de la certeza de que la fuerza que lo alimenta todo también nutre la mente que se alinea con la emoción del amor.

Hace muy poco viví dos acontecimientos casi simultáneos que me hicieron llorar sin contención. En las dos ocasiones, la emoción embargó mi corazón y solo podía llorar. Sabía que una fuerza, una información, atravesaba mi pecho y me armonizaba con mis actos. En primer lugar, se me ofreció la oportunidad de dar, y di. La persona que me había llamado por teléfono para hacerme la propuesta me dijo: «¿Está usted seguro de que quiere dar esta cantidad cada mes?». «Sí», respondí. Ella se emocionó y me envió un abrazo. Un momento más tarde, me llegó un *e-mail* maravilloso. Se me invitaba a colaborar en un documental, titulado *Tu vida, tu creación*, con personas que para mí son unos *monstruos* de la comunicación, que son y han sido referentes en mi vida. ¡Y se me daba la oportunidad de colaborar y estar con ellos! La persona que me envió el correo —guardo su anonimato— es un embajador de la paz en el mundo, reconocido por la Unesco. Al día siguiente se me propuso ser embajador de la paz en el mundo por el trabajo que realizo desde hace años, a través de cursos, conferencias y vídeos colgados en la red.

Cuando terminé de leer ese correo, no pude evitar llorar. Todavía ignoro por qué lloraba, pero no podía controlarlo. Nunca he esperado nada a cambio de lo que he dado y doy. Simplemente, escucho mi corazón y, cuando noto unas cosquillas en él, actúo según lo que siento. Nada más.

> «Hay un lugar en ti donde hay perfecta paz. Hay un lugar en ti en el que nada es imposible. Hay un lugar en ti donde mora la Fortaleza de Dios».[22]

En el *Curso* hay una declaración extraordinaria titulada: «No tengo que hacer nada».

Veamos una parte de ella:

> «El que no tiene que hacer nada no tiene necesidad de tiempo. No hacer nada es descansar y crear un lugar dentro de ti donde la actividad del cuerpo cesa de exigir tu atención. A ese lugar llega el Espíritu Santo, y ahí mora.

> Permanecerá ahí cuando tú te olvides y las actividades del cuerpo vuelvan a abarrotar tu mente consciente. Mas este lugar de reposo al que siempre puedes volver siempre estará ahí. Y serás más consciente de este tranquilo centro de la tormenta, que de toda su rugiente actividad. Este tranquilo centro, en el que no haces nada permanecerá contigo, brindándote descanso en medio del ajetreo de cualquier actividad a la que se te envíe. Pues desde este centro se te enseñará a utilizar el cuerpo impecablemente. Este centro, del que el cuerpo está ausente, es lo que hará que también esté ausente de tu conciencia».[23]

UCDM nos enseña a encontrar la coherencia aprendiendo a escuchar al corazón. No lo dice literalmente, pero enseña a escuchar la *Voz* que no separa, la *Voz* que guía para tomar decisiones. Una *Voz* que no es arrogante, que no da órdenes, simplemente da paz. Esta *Voz* que oímos en el corazón puede influir en nuestra mente dividida y coaccionada por el miedo, dándole la oportunidad de pensar con coherencia, de alinear los pensamientos de la mente con los sentimientos que emanan del corazón. Entonces, nuestros actos serán coherentes y podremos lidiar con las situaciones estresantes desde otra perspectiva.

Howard Martin, uno de los pioneros del Instituto Heart-Math, dice que cuando estamos en coherencia, tenemos una mayor claridad de pensamiento y una mayor habilidad para controlar y gestionar las emociones, de manera que podemos reducir el estrés. El estado de coherencia resulta bueno para la salud, para el cuerpo, para el sistema nervioso, para el corazón físico. Se liberan hormonas regenerativas que activan las funciones cerebrales. Es un estado en el que estamos muy conscientes.[24] El estado de coherencia, del cual hablo constantemente en mis charlas y cursos, es el estado en el que se encuentra mi mente cuando está alineada con los sentimientos de mi corazón y con las acciones que mi yo realiza. A esto lo llamo un estado de coherencia humana, que es la coherencia mínima para conservar la buena salud física y mental.

Existe otro estado de coherencia superior: el que nos enseña el *Curso*. Un estado en el que no tengo que elegir, un estado de dejar fluir, de no hacer nada, de entregarse a los dictados del Espíritu Santo. Yo lo llamo la coherencia cuántica: todas las partículas atómicas se alienan frente a mi voluntad creadora, prestas a colapsar y a manifestarse en mi vida en forma de sincronías, de encuentros, de recursos, de capacitaciones, de resultados, de nuevas potencialidades que son fruto de una mente libre de preocupaciones y plenamente ocupada en seguir los dictados de su corazón. Un corazón iluminado por la luz del Espíritu Santo, que nos transmite certeza acerca de qué hay que hacer y adónde se debe ir.

> «Los Hijos de Dios tienen derecho al perfecto bienestar que resulta de tener perfecta confianza. Hasta que no logran esto se agotan a sí mismos y desperdician sus verdaderos poderes creativos en [...] medios inadecuados».[25]

> «Te dirigiré allí donde puedas ser verdaderamente servicial y a quien pueda seguir mi dirección a través de ti».[26]

EL PERDÓN

Hay muchas personas que quieren liberarse de las ataduras del mundo, personas muy bien intencionadas, con ganas de mejorar y alcanzar el camino de la iluminación. El mundo les ofrece muchas maneras de conseguirlo: meditaciones, contemplaciones, una gran variedad de ejercicios, tipos de alimentación, etc. Todo ello requiere tiempo, sacrificios, caídas en el camino, sentimientos de culpa y la trampa del ego espiritual.

El ego espiritual se alimenta de todos tus esfuerzos para mejorar. Te compara con los demás y te dice que eres mejor que los otros porque has logrado determinado nivel en alguna práctica, por ejemplo. El ego espiritual siempre ve el error en los demás. Te enseña que debes esforzarte porque el camino a la iluminación es largo, arduo y no todos llegan. Es el gran maestro de la separación: ese es su único objetivo. Pretende que hagas grandes esfuerzos para iluminarte, pero que olvides lo más importante: tomar plena conciencia de que formas parte de todo y de todos, de que la separación es una ilusión que alimenta al ego y lo refuerza. El aspirante a la iluminación se rinde, no se siente capaz de seguir, la culpabilidad lo abruma. Las cosas del mundo lo arrastran con su inercia; percibe el sacrificio que se le pide como un obstáculo insalvable. El miedo atenaza su vida y deja de sonreír para esperar la muerte. Al final, alguien con el ego espiritual muy hinchado le dice: «No es tu momento, todavía no estás listo para recibir la gracia de Dios».

El doctor David R. Hawkins, en su libro *Dejar ir*,[1] deja muy claro lo que es el ego espiritual y todas las tretas o rutinas que emplea para que te desanimes. Veamos algunas de ellas: dietas especiales; ir a lugares sagrados; respiraciones; tantrismo; liberación de chacras; cartas; equilibramiento de los meridianos; feng shui; cantos tribales; buscar un gurú; mirar al sol; viajes chamánicos; ayunos; retiros; renuncia al sexo y a ir al cine; vestirse diferente; hablar bajito; cambiarse el nombre; ir a la caza de hombres santos y un largo etcétera.

NO TENGO QUE HACER NADA

> «La liberación se te concede en el instante en que la desees. Son muchos los que se han pasado toda una vida preparándose y ciertamente han tenido sus momentos de éxito. Este curso no pretende enseñar más de lo que ellos aprendieron en el tiempo, pero sí se propone ahorrar tiempo. Tal vez estés tratando de seguir un camino muy largo hacia el objetivo que has aceptado. Es extremadamente difícil alcanzar la Expiación luchando contra el pecado. Son muchos los esfuerzos que se llevan a cabo tratando de hacer santo aquello que se odia y se aborrece. No es necesario tampoco que dediques toda tu vida a la contemplación ni que te pases largos períodos de tiempo meditando con objeto de romper tu atadura al cuerpo. Todos esos intentos tendrán éxito a la larga debido a su propósito. Pero los medios son tediosos y requieren mucho tiempo, pues todos ven la liberación de la condición actual de insuficiencia y falta de valor en el futuro.

> Tu camino será diferente, no en cuanto a su propósito, sino en cuanto a los medios. La relación santa es un medio de ahorrar tiempo. Un instante que tú y tu hermano paséis juntos os restituye el universo a ambos. Ya estás listo. Ahora solo tienes que recordar que no tienes que hacer nada. [...] Cuando la paz llega por fin a los que luchan contra la tentación y batallan para no sucumbir al pecado; cuando la luz llega por fin a la mente que se ha dedicado a la contemplación; o cuando finalmente alguien alcanza la meta, ese momento siempre viene acompañado de este feliz descubrimiento: No tengo que hacer nada».[2]

En todas estas prácticas el perdón brilla por su ausencia y, si se recurre a él, siempre se trata del perdón del ego, el perdón que ve el pecado en el otro, el que ve la ofensa que se le hace. Entonces, el ego caritativo perdona. Lo hace como un acto de sacrificio; equivale a decir: «Tú me has ofendido y yo, que soy muy bueno, te perdono, y se podría añadir: pero no olvido».

El perdón del ego caritativo utiliza el sacrificio y el sufrimiento como los mayores alardes de bondad. Con el perdón pretende demostrar que los demás son culpables de su sufrimiento, de su dolor. Se sacrifica con la esperanza de que el sacrificio sea un medio para acceder a los más elevados Cielos del Señor.

> «Soy tan incapaz de recibir sacrificios como lo es Dios, y todo sacrificio que te exiges a ti mismo me lo exiges a mí también. Debes reconocer que cualquier clase de sacrificio no es sino una limitación que se le impone al acto de dar».[3]

> «[...] el sacrificio no es amor, sino ataque».[4]

> «Crees que todo el mundo exige algún sacrificio de ti, pero no te das cuenta de que eres tú el único que exige sacrificios, y únicamente de ti mismo».[5]

> «Tú que crees que el sacrificio es amor debes aprender que el sacrifico no hace sino alejaros del amor».[6]

> «La culpabilidad es la condición que da lugar al sacrificio, de la misma manera en que la paz es la condición que te permite ser consciente de tu relación con Dios».[7]

> «De una forma u otra, toda relación que el ego entabla está basada en la idea de que sacrificándose a sí mismo él se engrandece. El sacrificio, que él considera una purificación, es de hecho la raíz de su amargo resentimiento».[8]

UCDM deja muy claro en sus páginas que el sacrificio y el sufrimiento están basados en la culpabilidad, en la carencia y, sobre todo, en una interpretación errónea de la naturaleza del perdón. Muchas personas se sacrifican porque no quieren hacer daño, sin darse cuenta de que el daño se lo hacen a sí mismas. Ofrecen su dolor como un sacrificio para demostrar al mundo que son buenas y los demás no. Lo curioso es que estas personas enferman —«me pone enfermo lo que haces», exclaman— y no quieren curarse porque su enfermedad es la prueba de que los demás son culpables.

El sacrificio es un acto muy egoísta, porque en el fondo lo que se pretende es cambiar a los demás. El que se sacrifica se siente en posesión de la verdad y se pregunta cómo es posible que los demás no se den cuenta de que él tiene razón. Sufre en silencio, esperando que algún día los otros cambien para poder ser feliz. Curiosamente, espera de los demás un cambio que no haría ni Dios, pues, si Dios actuara en contra de la voluntad de Sus Hijos, lo haría en contra de su Santísima Voluntad y esto es imposible.

Recibí un mensaje de una persona que estaba cansada de vivir, cansada de que el mundo no fuera como ella pensaba que tenía que ser, de sacrificarse en vano para que el mundo fuera mejor. He aquí un ejemplo de sacrificio egoísta. Le contesté: «Estás cansada porque intentas hacer algo que ni Dios mismo hace: atentar contra la libertad de las personas y el derecho de vivir como cada uno quiera. Deja de desear cambiar el mundo y cambia tu forma de verlo. Encontrarás descanso si vives tu vida y dejas que los demás vivan la suya. Entonces, tendrás paz y sentirás ganas de vivir».

A más de un consultante le he dicho: «¿Cómo es posible que tú, que eres tan bueno, que te sacrificas por tus hijos, por tu familia, estés enfermo y ellos no? ¿No será que luchas en silencio, esperando que ellos actúen como a ti te gustaría? ¿No será que vives la vida de ellos y te olvidas de vivir la tuya? ¿No esperarás que ellos cambien, en vez de cambiar tú? ¿No será que justificas cualquier cosa con tal de no cambiar, que utilizas el victimismo para hacerlos sentir culpables y dominar su voluntad?». *UCDM* enseña que en vez de querer llevar a cabo *la corrección,* hay que dejarla en manos del Espíritu Santo.

> «La corrección que tú quisieras llevar a cabo no puede sino causar separación, ya que esa es la función que tú le otorgaste».[9]

> «De acuerdo con esta interpretación de lo que significa corregir no podrás ver tus propios errores. Pues habrás trasladado el blanco de la corrección fuera de ti mismo, sobre uno que no puede ser parte de ti mientras esa percepción perdure. Aquel al que se condena jamás puede volver a formar parte del que lo acusa, quien lo odiaba y todavía lo sigue odiando por ser un símbolo de su propio miedo. He aquí a tu hermano, el blanco de tu odio,

quien no es digno de formar parte de ti, y es, por lo tanto, algo externo a ti: la otra mitad, la que se repudia».[10]

«La corrección debe dejarse en manos de Uno que sabe que la corrección y el perdón son lo mismo».[11]

EL PLAN DE PERDÓN DEL ESPÍRITU SANTO

Según el *Curso:*

«Perdonar es pasar por alto».[12]

Eso quiere decir que no percibes error alguno en tu hermano, no pretendes corregirlo, lo aceptas tal como lo ves. Comprendes que tu percepción solo es una manera más de ver las cosas; sabes que te proyectas en los demás; eres plenamente consciente de que tu hermano es un espejo y que solo gracias a él puedes verte a ti mismo.

El Espíritu Santo es nuestro guía para pasar por alto los errores de nuestros hermanos. No podemos hacerlo solos, porque nos duelen, nos molestan, los condenamos.

El *Curso* nos pide que entreguemos al Espíritu Santo nuestros juicios; Él nos enseñará a percibir sin juzgar. Esto pone nuestra mente en paz, que es una condición necesaria para superar los malestares físicos. Otra condición es el *Perdón* —lo escribo así, con mayúscula, para diferenciarlo del perdón del ego—. El *Perdón* siempre está dirigido a nosotros mismos porque somos nosotros los que vemos el pecado, la falta, el error. Somos nosotros los que sufrimos. Y debemos comprender que no hay nadie que nos haga sufrir, sino que sufrimos con aquello que creemos que nos hacen. Nadie nos insulta, no hay nadie que nos haga daño. Nos insultamos y nos hacemos daño a través de los demás.

Por lo tanto, el *Perdón*, el auténtico *Perdón*, hay que aplicárselo a uno mismo.

Lo que se deriva de la aplicación del perdón del Espíritu Santo es que el tiempo se acorta. Es más: vives en otro espacio-tiempo, las cosas que antes te afectaban dejan de hacerlo. El *Curso* llama a eso ver más allá del error, saltar el tiempo lineal. Los acontecimientos se te pueden presentar al unísono, todo está allí para que tú escojas vivir lo que quieras en el momento que quieras. Es una experiencia que no se puede explicar; hay que vivirla. No olvidemos que *UCDM* no es un curso para entenderlo, sino para experimentarlo.

> «No obstante, el tiempo solo está a la espera del perdón para que las cosas del tiempo puedan desaparecer, ya que no son de ninguna utilidad».[13]

Cuando se vive con el *Perdón*, uno se siente liberado de toda culpa. Esta desaparece cuando nos perdonamos por el daño inconsciente que nos venimos haciendo desde hace milenios. Debemos comprender que somos los únicos hacedores de cuanto nos sucede y que, si lo que nos hacemos nos duele, tenemos que perdonarnos. Este es el Plan de Expiación del Espíritu Santo que deshace el error. En *Tu realidad inmortal*, Arten le dice a Gary que Expiación es igual a *apaciguamiento*,[14] lo que equivale a pacificación o reconciliación, conceptos que debemos aplicarnos a nosotros mismos, no a los demás. Yo me apaciguo, me pacifico, me reconcilio conmigo mismo.

JUZGAR FRENTE A PERDONAR

Ya he hablado bastante sobre la necesidad de no juzgar y de perdonar. Hay que dejar claro que son cosas distintas. Es obvio que, si no juzgas, no tienes que perdonar. Pero, aun así, queda mucha culpabilidad inconsciente que se manifestará en tu vida en forma de acontecimientos molestos o dolorosos y, entonces, tendrás que perdonar.

Mediante la aplicación del *Perdón* se gana tiempo, porque el tiempo existe en la medida en que la culpa crece. Existe gracias a la creencia en la culpabilidad, y esta siempre pide castigo, que, a su vez, se presenta a lo largo del tiempo. Cada vez que nos perdonamos, eliminamos una parte de esta culpa inconsciente y entonces el tiempo se acorta.

En el capítulo «La mente cuántica» hablé de dos partículas que interactúan y quedan conectadas entre sí para siempre, a pesar de estar separadas por años luz, y realicé una extrapolación al ámbito de la relación entre dos personas. Podemos aplicar lo mismo al perdón: si me perdono por el daño que me estoy haciendo a través del otro, libero al otro del daño que se hizo a sí mismo intentando dañarme. Dejo de juzgar y de juzgarme, y aplico el *Perdón*. No debemos olvidar que la víctima también es el victimario, pues su conducta y su forma de ver y entender la vida la hacen vivir experiencias en las que busca un verdugo para poder ser su víctima, y así atar al otro. Todo esto lo desarrollaré en el capítulo «Nuestros programas inconscientes». El gran maestro Carl Gustav Jung decía que, si la víctima no hace nada para cambiar la situación, se convierte en victimario y el victimario en víctima.

He aquí una de las grandes aportaciones que podemos hacer para liberar el sufrimiento del mundo: no ver el error y, si lo vemos, perdonarnos entregándoselo al Espíritu Santo para que lo deshaga.

Así, reemplazamos el sistema de pensamiento del ego por el del Espíritu Santo. Se trata de una manera rápida de deshacer el ego que Jesús nos enseña en el *Curso* y que Gary R. Renard nos recuerda en su libro. Quiero terminar este capítulo con uno de sus párrafos:

«El ahora no tiene significado mientras haya culpabilidad en la mente. Pero, cuando eres libre, te abres al presente interminable y a la unidad con Dios. Y para añadir un punto, con el debido respeto, no deshaces la separación de Dios ignorándole. ¿Cómo puedes deshacer la sensación de separación de tu Fuente sin reconocer a tu Fuente? Cualquiera que sea la razón que inventes para no hacerlo, la verdadera razón es la culpa, y el resultado, tener miedo de Él».[15]

NUESTROS PROGRAMAS INCONSCIENTES

Cuando les digo a mis oyentes, consultantes o estudiantes que somos como robots dirigidos por programas de los cuales no somos conscientes, sus caras no reflejan precisamente alegría. No nos damos cuenta de este gran engaño, aunque muchos presienten que el llamado libre albedrío está muy condicionado.

UCDM es uno de los pocos libros que definen muy bien la conciencia:

> «La conciencia —el nivel de la percepción— fue la primera división que se introdujo en la mente después de la separación, convirtiendo a la mente de esta manera en un instrumento perceptor en vez de en un instrumento creador. La conciencia ha sido correctamente identificada como perteneciente al ámbito del ego».[1]

Esta definición iluminó mi trabajo de búsqueda de los programas inconscientes de las personas que vienen a consultarme al Centro de Investigación de las Emociones. Los pacientes llegan a nuestra consulta con todo tipo de síntomas: relaciones adictivas, dificultades para encontrar pareja, problemas de fertilidad, de dinero, negocios que no acaban de funcionar, impotencia, enfermedades variadas: neurológicas, degenerativas, mentales, cáncer, etc. Apliqué este concepto en mi consulta, partiendo de que la conciencia cree que sabe y elabora lo que llamo una historia, como explicación de las causas de todo lo que ocurre.

Nos conformamos y, con nuestro libre albedrío, elegimos. Pero esta elección está mediatizada y controlada por las creencias inconscientes, por programas heredados de nuestros ancestros. Entonces, se nos repiten las mismas historias, aunque en contextos aparentemente diferentes. Nos sentimos víctimas de circunstancias externas, lo atribuimos todo a la mala suerte o a un mal karma. La realidad es mucho más simple: las historias personales son el reflejo de las historias inconscientes —lo que yo llamo la historia oculta—, y solo cuando somos conscientes de esto, cuando comprendemos que nuestro libre albedrío es mínimo, podemos aplicarlo.

Cuando utilizo la conciencia para ver cómo mi inconsciente se proyecta en mi vida y en mis circunstancias, soy el observador de mis propios procesos mentales y entonces —¡oh, se hizo la luz!— veo lo que estaba oculto. Por ejemplo, que mi infertilidad se relaciona con una antepasada que tuvo muchos hijos no deseados, porque fue obligada a casarse con un hombre al que no quería y que abusaba de ella. O comprendo que mi violencia deriva de que, cuando estaba en el vientre de mi madre, no era deseado. O bien, que mi relación de pareja nunca llega a buen término porque mi abuela odiaba a los hombres. O que mi pareja era un hijo sobreprotegido por su madre, con problemas de adicciones, y es un inmaduro emocional.

En el centro hemos visto y comprobado todas estas historias y muchas más. Cuando el paciente toma conciencia de ellas, puede liberarse de muchos sentimientos, como la culpa; puede desprogramar, *desaprender* estos programas. Esto produce una gran liberación de energía, una descarga. El cliente se siente aliviado, como si se le quitara un peso de encima. Sabe que ahora sí: puede tomar una decisión, libre de culpa y de miedo. Le pido que aplique el *Perdón* a su vida, que no haga juicios, que acepte sus experiencias, que agradezca esta toma de conciencia.

Al hacerlo, la mente sana y el cuerpo reacciona en consonancia.

En su trabajo como psicólogos clínicos, Freud y Jung tuvieron que enfrentarse a las fuerzas que subyacen a la conciencia. Jung decidió separar el consciente del inconsciente en un punto muy avanzado del desarrollo, «aquel donde nos damos cuenta de nuestros propios procesos internos».[2] La mente consciente y la mente inconsciente son la muestra de la dualidad en la que nuestra mente vive. Vivimos en un mundo dual, en el cual hay cosas que queremos mantener ocultas a los ojos de los demás. Eso crea un gran «egregor»:[3] una entidad oculta, conformada por toda una serie de emociones y creencias escondidas que toman su fuerza de las mentes que viven las mismas emociones y prestan atención a las mismas creencias. Se crea una especie de energía cuántica que alimenta y se alimenta de todo este proceso mental. Esta energía, que es información, puede impregnar a algunos integrantes de mis ancestros, que se sienten como dirigidos por una fuerza. En psicoanálisis, esto se relaciona con el síndrome del fantasma. De ahí la importancia de deshacer estos programas y de hacerlo de forma consciente.

Pero no olvidemos que todo es un sueño y que lo que percibimos como real es solo una consecuencia de nuestra mente dividida. Eso se podría explicar mediante la física cuántica: *somos seres no locales que vivimos una experiencia local.* Según este principio, no hay nada independiente y nada está desconectado. A nuestra sensación de estar desconectados de todo y de todos se la llama experiencia local. La física cuántica ha demostrado que todo está unido a través de una energía conocida como el campo.

Una de las maneras —por no decir *la manera*— de liberarnos de los programas inconscientes es mediante el *Perdón*. Si te niegas a practicar el *Perdón* en tu vida, tu sufrimiento emocional permanecerá.

> «[...] Si doy de comer a los hambrientos, si perdono un insulto o si amo a mi enemigo en nombre de Cristo, se trata, sin duda alguna, de grandes virtudes. Lo que hago al más pequeño de mis hermanos se lo hago a Cristo. Pero ¿qué haría yo si descubriese que el más pequeño de todos, el más pobre de todos los mendigos y el más execrable de todos los que me han ofendido se encuentra en mi propio interior; que soy yo quien necesita la limosna de mi amabilidad; que soy yo el enemigo que reclama mi amor?».
>
> Carl Gustav Jung[4]

Cuando te das cuenta de que tu vida está mediatizada por programas inconscientes, lejos de caer en el victimismo, debes aplicarte el *Perdón* a ti mismo por el daño que te has hecho al aceptar estos programas tóxicos. Como decía en el capítulo anterior, si mis programas inconscientes son de víctima, el universo me enviará personas para que los desarrolle hasta que me canse, y aprenda una verdad superior: el respeto a mí mismo, expresado en una verdad ancestral: «Amar al prójimo como a ti mismo»; y yo añadiría: ni más ni menos.

> «Todos los dolores de la vida están creados por algún tipo de juicio, que hace que la creencia en la separación sea real, pero dentro de ti está la posibilidad de acabar con todo el sufrimiento mediante el perdón, y de disolver el sistema de pensamiento del ego. El diablo desaparece junto con él, porque son uno y lo mismo».[5]

El mundo está a la espera del perdón. Aplicarlo correctamente es la función de todos y de cada uno. Con su aplicación ahorramos tiempo, dolor y sufrimiento. Quiero decirte algo muy importante sobre el perdón: equivale a la percepción verdadera. Por lo tanto, no hay necesidad de perdonar, pues no hay nada que perdonar. Para una mente que vive en la dualidad esto es tremendo, no puede entenderlo, pues cree —ya estamos otra vez en las creencias— que algo externo puede amarte o hacerte daño, cuando, en realidad, lo que percibimos como externo está estrechamente vinculado a nuestra vibración, a nuestra forma de ver y percibir el mundo. Por todo ello, cuando vemos con la percepción inocente, no hay juicio, no hay culpables, no hay víctimas. Este es el perdón del Espíritu Santo.

> «Todo lo que nos está pasando es lo que nosotros, como mentes tomadoras de decisiones, queremos, a pesar de cómo finjamos sentirnos. Todos estaríamos de acuerdo en que el dolor es algo que no deseamos, pero si mirásemos lo que está ocurriendo en nuestras mentes, nos daríamos cuenta de que, de hecho, nos deleitamos en el dolor».[6]

UCDM dice cosas extraordinarias:

> «Hasta que no la superes [la cruz] eres libre de seguir crucificándote tan a menudo como quieras».[7]

> «Una vez más, nada de lo que haces, piensas o deseas es necesario para establecer tu valía».[8]

> «Es imposible que un Hijo de Dios pueda amar a su prójimo de manera diferente de como se ama a sí mismo».[9]

Al perdonarte, te liberas y liberas a todos tus ancestros. El *Perdón* deshace programas y te permite rehacer tu vida con más conciencia y con un libre albedrío más potente. Tu experiencia local trasciende la realidad no local de la experiencia. Y cuando te liberas, este *Perdón* también afecta a todos aquellos que se experimentaron a sí mismos en diversas realidades locales inherentes a sus vidas.

De esta manera, podemos trascender programas que han controlado nuestras vidas de forma inconsciente, y nos permitimos *elegir de nuevo* o, dicho de otra manera: nos reprogramamos.

> «Recuerda que todo es un sueño, y la medida de felicidad que encuentres en el sueño depende de tu perdón».[10]

¿QUÉ IMPLICA TODO ESTO?

Pues implica la necesidad de despertar de este sueño en el que creemos que nada escapa a nuestra conciencia, despertar de la creencia de que la realidad es simplemente lo que percibimos, que no existe nada más que lo que captan nuestros sentidos. Que tú y yo estamos separados, que nuestras mentes también lo están, que vivimos en un mundo donde hay que protegerse de enemigos invisibles, a los cuales llamamos enfermedad. Necesitamos despertar de la creencia de que nacemos para morir. Este es un sueño de dolor, de sufrimiento, de escasez, un sueño donde nadie se fía de nadie, un sueño que siempre se nos presenta con dos caras: la cara de la inocencia, con la que el mundo se nos muestra, y la cara de la maldad, de la traición, del egoísmo.

Debemos escapar de esta esclavitud, de esta noria que gira y gira, que nos hace creer que nos movemos, que vamos a alguna parte. Pero la verdad es que repetimos nuestras historias sin saber cómo salir de ellas.

Por fin sé que estoy dormido, por fin sé que mi vida es un sinsentido, que las repeticiones se deben a programas inconscientes que no controlo y que mi conciencia me engaña. Por fin sé que vivo en un sueño de locura, en un mundo demente donde unos pocos controlan a muchos y estos muchos prefieren seguir dormidos, sentirse víctimas de las circunstancias y así justificar sus vidas de miseria, sus vidas pobres, repetitivas, vidas de miedo, vidas de fuga de este miedo en busca de instantes de un poco de felicidad, como las fiestas, en las que por unos momentos parece que nos podemos olvidar de todo. Pero enseguida nos encontramos nuevamente inmersos en esta soledad, atrapados en un miedo irracional.

Por fin sé que hay otra manera de vivir en este mundo, que mi forma de verlo, mi forma de pensarlo, puede cambiarlo.

¡Debo despertar!

LA SALIDA DE EGIPTO

Somos el pueblo elegido. No somos conscientes de ello porque vivimos en un mundo de pobreza, de trabajo duro, de servilismo, de rutina, sin saber muy bien por qué vivimos así. Un mundo lleno de ídolos que toman infinitas caras, y creemos que nos pueden proteger, aunque no sabemos muy bien de qué. Creemos ser libres, capaces de escoger nuestro destino, pero vemos con sorpresa que nuestros salarios menguan, que hay una manipulación constante de nuestra opinión, que nos hacen *comulgar* con ruedas de molino, corrupción, contaminación, desplazados, drogas, y un largo etcétera que condiciona nuestras vidas y nuestras libertades. Podríamos decir: *pan y circo*, como en la antigua Roma, porque alguien inventó algo llamado inflación que nos empobrece y nos obliga a pagar mucho más por cualquier cosa que queramos adquirir. A esto lo llamamos vida.

Buscamos la seguridad en nuestros hogares para protegernos, aunque no sabemos bien de qué mal externo. Nos reunimos con personas en las que creemos que podemos confiar, pero estas tienen tanto miedo como nosotros, y fundamos nuestra amistad en un gran miedo a la soledad. Uniones que suman carencias, basadas en supuestos: «si yo estoy contigo, tú debes estar conmigo». Uniones de pactos tácitos que luego no se cumplen, y vivimos traiciones que no acabamos de comprender. Un mundo de locos, donde muchos se mueren de hambre mientras otros hacen dietas para adelgazar; un mundo desequilibrado, gris, reiterativo. Un mundo de esclavitud, en el que se nos conceden momentos de aparente felicidad, para que de esta manera sigamos siendo esclavos de un sistema gobernado por un faraón que no vemos, pero cuya presencia intuimos.

Pasan los años y nos sentimos orgullosos porque nuestro mundo es mucho más cómodo que hace unos siglos. No vemos que la tecnología, que nos distrae y nos hace aparentemente más felices, nos ha esclavizado todavía más. Ahora el faraón puede controlarnos con mayor facilidad; nos da *caramelos* para que pensemos que todo es más dulce, nos promete más libertad... Y yo pregunto: ¿qué libertad? La de escoger entre este u otro modelo de móvil, de coche, de zapatos, de ropa. Lo importante es que el faraón nos mantiene en un estado de insatisfacción permanente. Cuanto más tenemos, más necesitamos. Cuando nuestras relaciones aún no han empezado, ya están terminando; el compromiso brilla por su ausencia. Nos refugiamos en las drogas, en el sexo; buscamos un disfrute que siempre resulta efímero y nos empuja a otro.

Mientras tanto, el faraón nos observa y se alimenta; se engrandece con nuestras idas y venidas, con nuestras necesidades. Somos como niños pequeños que buscan el siguiente juguete para sentirse felices. Pagamos cada día más por menos; nuestra libertad es aparente. Si no podemos salir de casa, nos refugiamos en el televisor, que ofrece sueños de toda clase y deja nuestros cerebros planos. Ya no pensamos o, mejor dicho, se nos hace pensar lo que el faraón quiere.

El faraón nos habla de enfermedad, de crisis, de producción, de estado de bienestar, de sacrificios, de sufrimientos, de esfuerzos, de inversión, de ahorro. Nos piden que confiemos en aquellos que tantas veces nos han empobrecido, que han especulado con nuestro dinero, con nuestra salud, en definitiva, con nuestras vidas. Enfermamos porque no encontramos salida a toda esta vorágine de sinsentido y demencia. Somos una pandilla de inconscientes que creemos tener la libertad de escoger en lo que solamente es un sueño. La ansiedad y la depresión son la manifestación mental de encontrarse en un callejón sin salida.

¡Quiero salir!

Para salir de todo esto, lo primero que debemos hacer es cambiar la percepción, la dirección en la que buscamos a los responsables.

Nuestra mirada debe dirigirse a nosotros mismos, pues somos los únicos responsables, aunque no culpables. ¿Qué debemos hacer? ¿Luchar? Eso es precisamente lo que no hay que hacer, la lucha contra algo lo refuerza y le da vida.

Nuestra mente debe entrar en la inocencia, porque la invulnerabilidad radica en la mente inocente. En una lección del «Libro de ejercicios», el *Curso* nos deja muy claro la importancia de una mente inocente cuando dice: «Los pensamientos de ataque atacan mi invulnerabilidad».

Veamos una serie de reflexiones que resumen muy bien esta idea:

1. Ves el ataque como una amenaza real. Esto se debe a que crees realmente que puedes atacar.
2. Si crees que puedes ser atacado, es que piensas que no eres invulnerable.
3. Tienes la idea de que tu vulnerabilidad o invulnerabilidad es el resultado de tus propios pensamientos.

Hay que empezar a caminar por un sendero, por un desierto que nos lleve a la tierra prometida. ¡Vamos! Hay que entrenar la mente, disciplinarla para que haga algo a lo que no está acostumbrada. Una mente libre de juicios, una mente que sabe que nunca para y que no deja de fabricar nuestras vidas. Una mente que domina la empatía, que sabe cómo unirse a los demás, una mente dispuesta a no escuchar más la voz del faraón y a empezar a oír la *Voz* del Espíritu Santo. Esta *Voz* que no ordena, porque no es arrogante; es como un susurro que nos alienta a despertar, nos invita a salir del ciclo de la creencia en el sufrimiento, en la enfermedad, en los problemas, en las injusticias.

Durante esta travesía por el desierto, dudaremos si hemos hecho bien en abandonar las garras del faraón; pensaremos que hemos cometido un error, que nos estamos perdiendo. Pasaremos *penalidades*, pero son estrictamente mentales. Nuestras neuronas empezarán a desencajarse físicamente, a cambiar de conexiones. Estamos cambiando de percepción, y ellas deben refrendar estos cambios en los cerebros. No dormiremos bien, tendremos pesadillas, nos cuestionaremos a nosotros mismos. Pero debemos estar tranquilos, puesto que recibiremos el maná de las directrices del Espíritu Santo. Él nos alimentará con *Su Voz*, con su luz, con sincronías. No lo veremos, pero sabremos que siempre está ahí con nosotros. Lo observamos reflejado en todo lo que nos rodea; no podemos oír su *Voz* literalmente, porque todavía no estamos del todo despiertos.

En este espacio-tiempo que *UCDM* llama *la transición*, cada uno de nosotros irá a su paso. Pero, antes de entrar en pleno desierto, tendremos que atravesar las aguas del Nilo. Este inmenso río representa el caudal de nuestras emociones. Tenemos que aprender a dominarlas. Solo cuando estemos listos, sus aguas se abrirán y nos darán paso libre. No habrá vuelta atrás, es un camino sin retorno. El desierto pondrá a cada uno en su sitio, le permitirá experimentarse a sí mismo y abandonar los viejos juicios, mantener la calma frente a las adversidades, confiar en que la *Fuente* proveerá lo que necesitemos. Algunos dudarán y volverán a elevar los viejos ídolos. Pero ya no hay vuelta atrás, pronto comprenderán que el dolor y el sacrificio son ofrendas demasiados duras por las que se reciben pocos beneficios. Reemprenderán su camino hacia la tierra prometida; allí los espera agua fresca y dulce miel.

En el camino, todos aprendemos que no somos los elegidos, sino los que se eligen a sí mismos. Aprendemos a trascender lo que antes nos maniataba y nos enfermaba.

PROBLEMAS

Empecemos por los problemas, mejor dicho, por la creencia en ellos. Aprendemos que los atraemos a nuestras vidas porque creemos que es posible que aparezcan. *UCDM* ofrece la solución:

> «Es fácil entender las razones por las que no le pides al Espíritu Santo que resuelva todos tus problemas por ti. Para Él no es más difícil resolver unos que otros. Todos los problemas son iguales para Él, puesto que cada uno se resuelve de la misma manera y con el mismo enfoque».[1]

> «Un problema puede manifestarse de muchas maneras, y lo hará mientras persista. De nada sirve intentar resolverlo de una manera especial».[2]

Esta es la solución que nos enseña el Espíritu Santo:

> «Para Él, todos ellos son el mismo problema porque cada uno, independientemente de la forma en que parezca manifestarse, exige que alguien pierda y sacrifique algo para que tú puedas ganar. Mas solo cuando la si-

tuación se resuelve de tal manera que nadie pierde desaparece el problema, pues no era más que un error de percepción que ahora ha sido corregido».[3]

Y el *Curso* nos sigue iluminando con sus enseñanzas, que trascienden todo:

«Es imposible perder, y creer lo contrario es un error. Tú no tienes problemas, aunque pienses que los tienes».[4]

«Y todo problema es un error. Es una injusticia contra el Hijo de Dios, por lo tanto no es verdad».[5]

En nuestro deambular por el desierto de la transición aprendemos que no tenemos problemas; que estaremos en paz si entregamos al Espíritu Santo nuestro quehacer diario y vivimos con la certeza de que se nos proveerá lo mejor en cada momento.

En este proceso de transición, no hemos de olvidar la práctica constante del *Perdón*, tal como lo hemos ido definiendo hasta ahora bajo la luz del *Curso*.

Los problemas se convertirán en oportunidades para aprender, para conocernos a nosotros mismos y valorarnos. Nos enseñarán y creceremos con ellos, ya no serán obstáculos en el camino, sino oportunidades para elegir quiénes queremos ser.

«Lo que una vez pareció ser un problema especial, un error sin solución o una aflicción incurable, ha sido trasformado en una bendición universal».[6]

LAS INJUSTICIAS

Ahora ya sabemos que las injusticias no son reales, sino maneras de ver y de vivir las diversas situaciones.

Cuando en la transición vamos desarrollando nuestra mente consciente y comprendemos que nosotros atraemos lo que se nos presenta en nuestra vida, porque nunca hemos dejado de ser creadores, debemos plantearnos cómo vivir de otra manera.

En este camino por el desierto, lo que más necesitamos es sanar la percepción y aplicar el *Perdón*. No me cansaré de repetirlo, para que no se olvide, porque sé que las cosas nunca se reiteran lo suficiente. Hay que repetirlas hasta que circulen por la sangre y penetren en la médula.

> «En este mundo el perdón es el equivalente a la Justicia del Cielo».[7]

UCDM recuerda el fin de la injusticia:

> «Tú no puedes ser tratado injustamente. La creencia de que puedes es solo otra forma de la idea de que es otro, y no tú, quien te está privando de algo».[8]

> «Cuídate de la tentación de percibirte a ti mismo como que se te está tratando injustamente».[9]

> «La proyección de la causa del sacrificio es la raíz de todo lo que percibes como injusto y no como tu justo merecido».[10]

En este proceso de transición, que yo llamo la travesía del desierto, a medida que sanamos la percepción y aplicamos el *Perdón*, la distancia entre causa y efecto se va acortando hasta alcanzar un punto en el que la causa es igual al efecto.

ANTE LAS PUERTAS DE LA TIERRA PROMETIDA

Hemos llegado, por fin, al lugar que tanto anhelamos, allí donde todos los juicios se declaran nulos y la culpa y el pecado se deshacen. Es el fin de las injusticias, de los problemas, de los conceptos de sacrificio y sufrimiento. El ego queda deshecho; nuestros ojos, cansados por el viaje, recuperan su esplendor y por fin vemos el mundo real.

> «Existe una zona fronteriza en el pensamiento que se encuentra entre este mundo y el Cielo. [...] Nos hemos referido a ese lugar como el mundo real».[11]

Por fin hemos hallado la salvación, pero esta no está en el Cielo, sino en su umbral. Esto es así porque lo único que debe salvarse es la percepción.

> «La salvación es una zona fronteriza donde los conceptos de lugar y tiempo, así como el de elegir tienen aún significado, si bien se puede ver que son temporales, que están fuera de lugar y que toda elección ya se ha llevado a cabo».[12]

Entonces, ¿qué hay que hacer ahora?

El último paso lo da Dios, pero tú aún puedes elegir. En esta zona la elección es muy simple: entras en el Cielo o vuelves al mundo del faraón para ayudar —con la luz del Espíritu Santo— a despertar a tus hermanos y a hacer la travesía del desierto hacia la tierra prometida. Muchos entrarán en el Cielo y tendrán su merecido descanso. Pero comprenderán que su dicha no es total, porque no estarán completos, faltarán los hermanos que se han quedado con el faraón para unirse a las huestes de los que no han entrado y ayudarlos a comprender lo esencial: que todos somos UNO y todos debemos estar en el Cielo.

En este camino, descubrimos las leyes de la curación. Vamos a examinarlas detenidamente.

LAS LEYES DE LA CURACIÓN[13]

1. *Toda enfermedad tiene su origen en la separación.* La parte y el todo son uno; tú y tu hermano no estáis separados, pues vuestras mentes están unidas. Vuestras relaciones son oportunidades para conoceros, y todo lo que sucede entre tú y él es lo mismo para ambos. Cuando vives con esta conciencia, tu mente sana y todo es posible.

2. *La culpabilidad clama castigo, y se le concede.* Si te sientes culpable, esta petición no pasa desapercibida y se le otorga respuesta. Todos los males que crees que te han hecho los has pedido tú cuando te alimentabas de culpa e intentabas proyectarla en todo el mundo.

3. *Lo que se proyecta y parece ser externo a la mente, no se encuentra afuera en absoluto, sino que es un efecto de lo que está adentro y no ha abandonado su fuente. UCDM* nos recuerda que hay que invertir las leyes de la percepción.

4. *Ninguna ilusión tiene ni un ápice de verdad.* Podemos jerarquizar las ilusiones y determinar prioridades entre ellas, pero todas son falsas.

5. *El pecado no es ni siquiera un error.* Pero la creencia en su realidad ha provocado que algunos errores parezcan

estar más allá de toda esperanza de curación y representen la eterna justificación del infierno. Los pecados son simplemente creencias que justifican la separación entre nosotros.

6. El Perdón elimina lo que se interpone entre tu hermano y tú. Es la máxima expresión de amor en este mundo y acorta el tiempo de una forma inconmensurable.

7. Si lo que tienes es lo que eres, es imposible perder nada. El *Curso* nos recuerda que debemos desprendernos de nuestra pequeñez y comprender que no pedimos mucho, sino demasiado poco.

8. Causa y efecto no son dos cosas separadas, sino una sola. Somos el efecto de una causa ancestral que trasciende todo el espacio y el tiempo.

9. Cada idea que la mente concibe solo sirve para aumentar su abundancia y nunca para disminuirla. Esta ley, que es la ley de la abundancia, nos recuerda que el universo es abundante y que la Fuente de la cual mana todo no tiene fin. Esta ley funciona tanto para cosas vanas como para cosas santas.

10. Curar un efecto y no su causa tan solo provoca que el efecto cambie de forma. Y esto no es liberación. En el mundo de la separación, queremos sanar el efecto y no buscamos la causa. Y, si la buscamos, lo hacemos como algo externo a nosotros, no en nuestro interior.

11. La crucifixión se abandona en la redención, porque, donde no hay dolor ni sufrimiento, no es necesaria la curación. Esta ley de la curación me parece extraordinaria por su simpleza. Dejar de sufrir y de sentir dolor es nuestra opción.

12. Es natural usar el poder que Dios te ha dado como Él quiere que se use. Somos Hijos de Dios. Por lo tanto, podemos usar Su poder, porque somos Uno con Él. Pidamos inspiración para ello.

13. Tu nombre ancestral es el nombre de todos ellos, tal como el de ellos es el tuyo. Invoca el nombre de tu hermano y Dios te contestará, pues es a Él a quien invocas.

LA INTEGRACIÓN

La integración es el paso fundamental para la curación. Integrar y unificar son los medios del Espíritu Santo para la curación de una mente dividida. Debemos amar todos los aspectos de nosotros mismos, sin rechazar ninguno de ellos. Por eso *Un Curso de milagros* dice: «Es imposible que un Hijo de Dios pueda amar a su prójimo de manera diferente de como se ama a sí mismo».[1]

No hay que olvidar que el ego se hace fuerte en la lucha. El Espíritu Santo te ofrece la oportunidad de conocerte a ti mismo a través de los demás. *Un Curso de milagros* nos dice: «Tiene que llevar a cabo Su labor mediante el uso de opuestos porque tiene que operar para una mente y con una mente que está en oposición».[2]

EL DESPERTAR

«El secreto de despertar a tu inmortalidad no reside en dominar las cosas del mundo, sino en tu modo de mirar al mundo».

Gary R. Renard[3]

«Si prestas atención al mundo, a sus valores, te empobreces. Si miras al corazón humano y los valores eternos que residen en él, te enriqueces».

Enric Corbera

Despertar es tomar conciencia de que el mundo en el que vives no es real. Nuestros sentidos nos demuestran lo contrario; su función consiste en medir, pesar, sentir y ver solamente una parte de lo que llamamos realidad.

¿Cómo sabemos que nuestro mundo no es real? Porque cambia.

«[...] cualquier cosa que pueda ser destruida no es real.[4]

«Un ser humano es parte del todo que nosotros llamamos universo; una parte limitada en el tiempo y en el espacio. Se experimenta a sí mismo, sus pensamientos y sentimientos como algo separado del resto —una especie de ilusión óptica de su conciencia—».[5]

Todos sabemos, o deberíamos saber —lo recuerdo una vez más— que la percepción no es real. Siempre estamos interpretando, y esta interpretación determina nuestras vidas;

nos hace experimentar en el cuerpo una serie de pensamientos, sentimientos y emociones.

Cuanto antes nos demos cuenta de que vivimos en un sueño regido por un programa que proyectamos en la pantalla del mundo, antes sanaremos de las heridas tanto físicas como mentales.

Uno de los errores fundamentales que cometemos es el de asignar distintos papeles a los personajes de nuestro sueño. Creemos que si actuaran como a nosotros nos gusta, seríamos felices. Cuántas veces habré oído en mi práctica diaria: «¡Ojalá mi madre me quisiera como a mí me gusta que me quieran!». ¡Uf! Proyectamos nuestras necesidades en los demás. Cuántas veces habré dicho: «¡Libera a los otros de tus propias necesidades; libera a tu madre de la necesidad de quererte, deja que te quiera como ella sienta!». Este es un acto de amor.

UCDM es muy claro al respecto:

> «Cuando te invade la ira, ¿no es acaso porque alguien no llevó a cabo la función que tú le habías asignado?».[6]

> «¡Cuán felices serían tus sueños si no le asignaras a cada una de las figuras que aparecen en ellos el papel que debe representar!».[7]

¿CUÁNDO ENTRAMOS EN EL SUEÑO?

> «Una vez que alguien queda atrapado en el mundo de la percepción, queda atrapado en un sueño. No puede escapar sin ayuda, porque todo lo que sus sentidos le muestran da fe de la realidad del sueño».[8]

Todas estas citas de *UCDM* nos enseñan cuán egoístas somos, pues acusamos a los demás de ser egoístas porque no hacen lo que nos gustaría que hicieran.

Entonces empleamos otras estrategias, como hacer que el otro se sienta culpable, ponernos enfermos, alterar nuestro estado de ánimo para que nuestro hermano crea que, al no cumplir el papel que le hemos asignado, nos hace daño.

Lo primero que hay que hacer *es despertar en el sueño, no del sueño*. Este paso es crucial para dar el siguiente, que es el despertar. Cuando despiertas en el sueño, sabes con certeza que todos los personajes que hay en él los has atraído tú mismo. Que si lo quieres cambiar puedes acabar reforzándolo, y que se desvanece cuando no le prestas atención y decides vivir otro sueño en el sueño. El *Curso* nos habla de tener sueños felices.

> «Dije anteriormente que el primer cambio que tiene que producirse antes de que los sueños desaparezcan, es que tus sueños de miedo se conviertan en sueños felices».[9]

> «Los sueños felices se vuelven reales, no porque sean sueños, sino únicamente porque son felices».[10]

> «Se te ofrece un sueño en el que tu hermano es tu salvador, no tu enemigo acérrimo».[11]

Estas citas de *UCDM* enseñan que nuestras vidas están determinadas en función de cómo queremos ver el mundo. Mas no hemos de olvidar que, para cambiar los sueños de miedo por sueños felices, hemos de aplicar constantemente el *Perdón* en ellos.

Si queremos despertar del sueño, hay que dejar de prestar atención a los valores del mundo. Hay que empezar a mirar los valores que anidan en todos los corazones, porque es allí donde está nuestro tesoro.

Cuando despertamos en el sueño, lo segundo de lo que nos damos cuenta es de que no estamos separados de nadie ni de nada. Todo lo que nos rodea habla de nosotros, forma parte de nosotros. Si lo atacamos, nos empobrecemos. Si lo integramos, nos enriquecemos.

Otra cosa que nos mantiene atados a los sueños es la creencia en el dolor y en el placer como maneras de vivir. El dolor nos muestra que el cuerpo es real.

> «El dolor exige atención, quitándosela así al Espíritu Santo y centrándola en sí mismo. Su propósito es el mismo que el del placer, pues ambos son medios de otorgar realidad al cuerpo».[12]

Otra de las cosas que aprendes cuando despiertas en el sueño es que ya no quieres sufrir más, y esto se hace muy fácil cuando ya no quieres convencer a nadie de nada.

El dolor siempre se produce cuando quieres cambiar algo de tu sueño y para ello empleas el sacrificio. A la larga, este sacrificio se convierte en dolor emocional y se traduce en síntomas físicos.

El sueño se sustenta en la creencia de que la soledad y la separación no solo son posibles, sino reales. Entonces, el ego te hace vivir en el miedo y empiezas a buscar afuera las soluciones a tu soledad. Despertar implica saber que afuera no hay nada que pueda hacerte feliz. Tu sufrimiento consiste en la creencia de que hay algo afuera que deseas. El miedo es el mayor obstáculo para despertar.

Cuando pedimos un milagro, en realidad lo que pedimos es que se deshaga la percepción que tenemos del mundo que nos rodea. Por eso, *UCDM* dice:

> «El milagro te devuelve la causa del miedo a ti que lo inventaste. Pero también te muestra que, al no tener efectos, no es realmente una causa porque la función de lo causativo es producir efectos».[13]

Bien, ya estamos despertando, aplicamos el *Perdón* a nuestras vidas y dejamos de imponer papeles a los demás. Es decir, dejamos de ser guionistas y, para completar nuestra receta del despertar, seguimos inspirándonos en *UCDM*:

> «Para despertar, por lo tanto, tiene que dejar de juzgar».[14]

Cuando despertemos en el sueño, seguiremos soñando. Pero a este sueño se le llama sueño real. En él, ya no son posibles el miedo ni la enfermedad; ya no hacen falta los ídolos que nos protejan de todo mal y sus personajes ya no son traicioneros. Todo ello es posible porque nuestra mente se ha transformado en una mente inocente que no tiene conciencia del mal y, por lo tanto, este no existe en su mundo.

Para despertar hay que aplicar la máxima metafísica del *Curso*: el mundo no existe y el cuerpo tampoco.

> «¡El mundo no existe! Este es el pensamiento básico que este curso se propone enseñar».[15]

> «El cuerpo es algo externo a ti, y solo da la impresión de rodearte, de aislarte de los demás y de mantenerte separado de ellos y a ellos de ti. Pero el cuerpo no existe».[16]

Quiero recordar que, para hacer y estudiar *UCDM*, no hay que creer en él. No hay que creer en lo que dice; lo que hay que hacer es ponerlo en práctica. Es un curso de auto-aplicación, un recurso de enseñanza radical, y hay que practicar sus ideas cada día. El *Curso* no se aprende intelectualmente; es una experiencia única para cada uno.

Cuando el *Curso* nos dice que el cuerpo no existe, se refiere a que no es real, pues no cabe duda de que va a desaparecer, y lo que puede ser destruido, sencillamente no es real.

El cuerpo es un *avatar*, un lugar para que nuestro espíritu experimente la teórica separación.

Hay una frase de Arten en el libro de Gary R. Renard que me encanta:

> «Algunas personas que han estado estudiando *Un curso de milagros* durante mucho tiempo se consideran muy inteligentes. Piensan que conocen el significado del *Curso.* En algunos casos tal vez lo conozcan, y en otros casos tal vez no. Sin embargo, lo importante es que tomes tu comprensión del *Curso,* cualquiera que sea, y la apliques».[17]

Repito, el *Curso* no hay que entenderlo intelectualmente. Aprenderlo no es una cuestión de inteligencia, sino de aplicar el *Perdón* y el no juicio. Cuando hacemos esto, nuestro mundo, nuestro universo, cambia. Nos sentimos seguros y en paz. Hay mucho que perdonar y hay que entrenar la mente para no emitir juicios, para percibir sin juzgar. Para ello debemos solicitar la ayuda del Espíritu Santo.

Otra cosa muy importante para despertar es la plena comprensión de que el dolor que experimentamos en este mundo es el resultado de la culpa inconsciente. Por eso, la única cura es el *Perdón*.

Cuando adquieres cierta práctica en la aplicación del *Perdón* y del no juicio, tu mente entra en un estado de quietud. Observas el mundo y no piensas nada, no ves pensamientos en tu mente. Simplemente observas y dejas que tu corazón te diga lo que debes hacer, si es que debes hacer algo. Al mirar el mundo sin hacer juicio alguno, le quitas fuerza y, con ello, consigues que *esta realidad* —la ilusión— no te afecte.

> «Una mente tranquila no es un regalo baladí».[18]

EL NUEVO COMIENZO

Bien, ya has despertado en el sueño. Ahora quizás te preguntes qué debes hacer. Porque estás acostumbrado a tomar decisiones. Lo has hecho constantemente, aunque no siempre hayas sido consciente de ello.

Lo primero que debes tener claro es que no tienes que preocuparte por los pasos que has de dar. Ya eres consciente del Espíritu Santo en ti, ya sabes que serás guiado si mantienes la mente tranquila, que es algo que has aprendido a hacer.

Cuando nos encontremos mal porque sentimos un leve pinchazo en el estómago, un dolor de cabeza, cualquier molestia, debemos reflexionar, aquietar la mente y observar qué juicio ha pasado por nuestra mente sin que hayamos sido conscientes de él.

Si ya es demasiado tarde y hemos suscitado un ataque, hay que aplicar rápidamente el perdón y dejar de hurgar en el acontecimiento doloroso. Si no lo conseguimos, declaremos que no queremos sentirnos de esa manera y demos un gran paso hacia el autoconocimiento al afirmar: «He estado equivocado; el error es mío».

Cuando reconocemos que somos los autores de lo que vivimos, podemos hacer otra declaración no menos importante:

«QUIERO VER ESTO DE OTRA MANERA».[1]

Esta afirmación es una invitación a que se nos ilumine con otra percepción, pues estamos dispuestos a ver lo que necesitamos ver.

UCDM enseña en esta lección algo muy importante: que el día no transcurre al azar.

> «La clase de día que tienes lo determina aquello con lo que eliges vivirlo y la manera en que percibe tu felicidad el amigo a quien acudes en busca de consejo».[2]

> «Pues tu consejero y tú tenéis que estar de acuerdo con respecto a lo que deseas antes de que pueda ocurrir».[3]

> «Hoy solo se necesitan dos que deseen gozar de felicidad para que se la ofrezcan al mundo entero».[4]

¿EN QUÉ CONSISTE EL LIBRE ALBEDRÍO?

Consiste en escuchar al Espíritu Santo porque no sabemos lo que es mejor para nosotros. Cuando no sepas qué hacer o adónde ir, observa lo que te atormenta y escucha tu corazón.

El Espíritu Santo te recuerda:

> «[...] que tu voluntad no es odiar ni ser un prisionero del miedo, un esclavo de la muerte o una insignificante criatura de escasa vida».[5]

Nuestra voluntad, la del Hijo de Dios, consiste en salvar al mundo mediante nuestra propia salvación. Para ello, debemos bendecir al mundo, pues, si lo condenamos, nos condenamos a nosotros mismos.

En este nuevo comienzo tenemos que ser plenamente conscientes de que la mente alberga todos los pensamientos, porque nuestra mente es una con la mente de Dios.

> «Los pensamientos parecen ir y venir. Sin embargo, lo único que esto significa es que algunas veces eres consciente de ellos y otras no».[6]

Hay un pensamiento que espera ser consciente en nuestras mentes, un pensamiento al que no afectan el miedo ni todas las historias que parecen ocurrir en el mundo.

> «[...] dicho Pensamiento descansa en la certeza y en perfecta paz».[7]

Entonces, nuestra mente ya no se dejará engañar por las apariencias. Estará más allá del engaño porque no volverá a creer en ídolos de ninguna clase.

Ya estamos siguiendo la máxima del *Curso* que dice:

> «Si perdonas al soñador y percibes que él no es el sueño que él mismo tejió, no estás compartiendo con él su nefasto sueño. Por lo tanto, él no puede ser parte del tuyo, del cual ambos os liberáis».[8]

Por fin vivimos en el mundo real, cuyo único propósito es perdonar.

> «Y se reconoce que todas las cosas tienen que ser primero perdonadas y luego comprendidas».[9]

Ya sabemos que perdonar no es ningún sacrificio, que no se nos pide que perdonemos una ofensa, sino que no la veamos, porque esta no existe salvo en la mente que quiere ser ofendida.

Por todo ello, el perdón siempre está justificado.

> «No perdonas lo imperdonable ni pasas por alto un ataque real que merece castigo. [...] Si el perdón no estuvie-

> ra justificado, se te estaría pidiendo que sacrificaras tus derechos cuando devuelves perdón por ataque».[10]

En este nuevo comienzo ya no reforzamos los valores del mundo, ya no hay nada en ellos por lo que merezca la pena morir. Hemos de declararlos falsos, porque todo lo que hay en el mundo de la ilusión es irreal. Si quieres ser el salvador del mundo, no lo refuerces con tu percepción ni con tus juicios. No te unas al dolor; ofrece a tu hermano otra forma de verlo. Y esto se consigue siempre —repito: siempre— con el *Perdón*.

En este nuevo comienzo ya no crees en las enfermedades como algo al margen de la mente. Sabes que al cuerpo lo enfermamos con la mente enferma. Una mente llena de juicios, de condenación; una mente controladora que desea que las cosas sean como ella quiere; que establece relaciones especiales, esperando obtener de ellas lo que cree que le falta. Una mente idólatra, que piensa que hay algo externo a ella que puede satisfacer sus necesidades antinaturales de encontrar la felicidad, de dar con algo que calme el dolor. Una mente que proyecta su necesidad en los demás, que proyecta su santidad en otros, capaz de adorar cualquier cosa porque se siente separada de todo y de todos, y esto la llena de miedo.

UCDM declara:

> «No hay prueba más contundente de que lo que deseas es la idolatría, que la creencia de que hay algunas clases de enfermedad y de desdicha que el perdón no puede sanar. Esto quiere decir que prefieres conservar algunos ídolos y que todavía no estás completamente listo para abandonarlos todos».[11]

LA NUEVA INTERPRETACIÓN

Hemos estado interpretando el mundo y nos hemos creído nuestras interpretaciones. Esto ha sido así porque hemos formulado juicios constantemente. Repito: lo que más necesitamos es sanar nuestras percepciones.

> «Todo lo que ves afuera es el juicio de lo que viste dentro».[12]

> «[...] pues la mente que juzga se percibe a sí misma como separada de la mente a la que juzga, creyendo que al castigar a otra mente, puede librarse del castigo».[13]

> «Comprende que no reaccionas a nada directamente, sino a tu propia interpretación de ello. Tu interpretación, por lo tanto, se convierte en la justificación de tus reacciones. Por eso es por lo que analizar los motivos de otros es peligroso».[14]

Ya no daremos significado a lo que no entendamos, ya no reforzaremos los sueños de separación de nuestros hermanos. No apoyaremos el sacrificio ni consideraremos que con él unos pierden y otros ganan. Ya no creeremos en la soledad, en la enfermedad, en la pérdida ni en el ataque. Sabremos que es de nuestra mente de donde todo procede y pediremos al Espíritu Santo que nos guíe y sane nuestra percepción del mundo.

Ya sabemos que lo falso es creer que lo que percibimos es verdad, y lo verdadero es que lo que percibimos somos nosotros mismos, es nuestro estado mental.

Sabemos que podemos ver las cosas del mundo de otra manera. Que lo que nos rodea forma parte de nosotros y lo hemos atraído hacia nosotros. Que podemos elegir entre ver la santidad de nuestro hermano o su cuerpo.

Sabemos que podemos integrar lo que tenemos delante o proyectarlo afuera, creyendo que de esta manera nos liberamos. Sabemos que la curación siempre es integración. Que vemos en los demás aquello que no podemos ver en nosotros mismos. Que debemos estar alegres de tener tantos espejos en los cuales podemos vernos reflejados, y tantas oportunidades de aplicar el *Perdón*.

«El secreto de la salvación no es sino este:
que eres tú el que se está haciendo todo esto a sí mismo».[15]

EL INSTANTE SANTO

El instante santo te permite vivir en el presente, lejos de las depresiones del pasado y de las ansiedades del futuro. En el instante santo todas tus dudas quedan resueltas, porque ya no quieres que las cosas sean como a ti te gustaría que fuesen. Simplemente escuchas la respuesta que no está implícita en la pregunta y que te ofrece algo nuevo y diferente.

Descansa en la seguridad del instante santo, este instante expresa la eternidad y en Él desaparecen todas las sombras del pasado. El tiempo deja de ser motivo de preocupación, porque sabes que en cada instante de este llamado tiempo puedes vivir la Eternidad.

Para vivir en el instante santo debes desaprender tu pequeñez y dejar de lado todo juicio. Y, como dice el *Curso*: «Abandona cualquier plan que hayas elaborado para tu salvación [...]».[1]

EL ARTE DE DESAPRENDER

Ya estamos llegando al final. Este libro no pretende otra cosa que cuestionar nuestra forma de ver y entender el mundo.

UCDM es un método de reaprendizaje, cuyo primer paso consiste en tomar conciencia de que vivimos en un mundo de ilusión y de que la enfermedad, la pérdida y la muerte no son reales, aunque las experimentemos así. Pues, si el mundo en el que vivimos fuera real, ciertamente Dios sería cruel.

En el mundo del miedo aprendemos que las enfermedades son la manifestación de una lucha constante contra el tiempo; son la consecuencia de creer en la culpabilidad, en la separación, en la soledad y en que, para que alguien tenga, a otro le debe faltar. En el mundo hemos aprendido todo eso y lo hemos de desaprender y recordar la verdad de lo que somos.

Ahora sabemos que dar equivale a recibir; damos por el placer de dar y no para obtener. Sabemos también que la enfermedad es la manifestación de una falta de coherencia entre los pensamientos, los sentimientos y las acciones. Que la salud y la enfermedad se encuentran en el mismo sitio, es decir, en la mente. Por lo tanto, es la mente la que debe ser sanada.

Recordemos que el miedo siempre es una tensión entre aquello que sentimos que debemos hacer y aquello que creemos que debemos hacer. Y que damos demasiada importancia a lo que los demás piensen de nosotros. Por miedo a la soledad nos *prostituimos mentalmente* con sonrisas falsas, con posturas estudiadas, engalanando el cuerpo y convirtiéndolo en templo del ego y en baremo de comparación.

Que podemos vivir en el miedo o en el amor, y que debemos dejar nuestras necesidades en manos de *Aquel* que sabe lo que es mejor para nosotros.

Que una mente inocente no juzga jamás. Que, cuando eliminemos todo juicio, veremos el mundo real. Sabemos que podemos entregar al Espíritu Santo nuestros errores y los que vemos en los hermanos para que los expíen.

Cuando llegamos a un punto en que no sabemos quiénes somos, adónde vamos ni qué hacemos aquí, hemos alcanzado el feliz momento en que podemos decidir de nuevo.

Decido que, si mi hermano me grita, es porque tiene miedo y me está pidiendo ayuda. Sé que los que actúan con egoísmo tienen miedo.

Decido ver la santidad de mi hermano y no unirme a sus sueños de sufrimiento y dolor, porque sé que, si lo hago, los refuerzo en su mente y en la mía.

Decido no tener una mente enjuiciadora, sino una mente libre de juicio. Para que esto sea posible, entrego toda percepción que me moleste o me cause desasosiego al Espíritu Santo, con el fin de que me dé una percepción perfecta.

Decido aplicar constantemente el *Perdón* porque sé que así libero tiempo de todos. Soy consciente de que lo que más necesita el mundo es el *Perdón*.

Alegrémonos de poder ver y cambiar nuestras creencias. De esta manera, el cuerpo se puede curar. Alegrémonos de ser conscientes de que los pecados que condenamos en nuestros hermanos los hemos condenado antes en nosotros mismos. Alegrémonos de saber que el cuerpo enferma porque la mente no ha aprendido a percibir correctamente y de que debemos pedir la curación para la mente.

Alegrémonos de haber descubierto que el objetivo de los valores del mundo es mantener atada nuestra mente. Alegrémonos de habernos dado cuenta de que los conceptos mantienen vigente al mundo, de que todos ellos son falsos y que, en la medida en que los deshacemos, nos liberamos de la atracción del mundo.

> «El concepto del yo ha sido siempre la gran preocupación del mundo. Y cada individuo cree que tiene que encontrar la solución al enigma de lo que él es. La salvación se puede considerar como el escape de todo concepto».[2]

REAPRENDEMOS

UCDM nos dice:

> «Aprende ahora, sin dejarte abatir, que no hay ninguna esperanza de encontrar respuesta alguna en el mundo».[3]

> «Este curso solo intenta enseñarte que el poder de decisión no radica en elegir entre diferentes formas de lo que aún sigue siendo la misma ilusión y el mismo error. Todas las alternativas que el mundo ofrece se basan en esto: que eliges entre tu hermano y tú; que ganas en la misma medida en que él pierde y que lo que pierdes se le da a él».[4]

> «La salvación es un des-hacer. Si eliges ver el cuerpo, ves un mundo de separación, de cosas inconexas y de sucesos que no tienen ningún sentido».[5]

> «Aprende, pues, el feliz hábito de responder a toda tentación de percibirte a ti mismo débil y afligido con estas palabras: Soy tal como Dios me creó. Su Hijo no puede sufrir. Y yo soy Su hijo».[6]

EPÍLOGO

Este libro ha sido un camino, y espero que sea de autoconocimiento. Un libro para darnos cuenta de que somos guiados por programas inconscientes de los que podemos liberarnos para conquistar la tan anhelada libertad de escoger.

El libro nos habla del poder de decidir y de elegir. Explica que nuestra gran elección consiste en dejar que el Espíritu Santo nos guíe e ilumine en nuestro deambular por el mundo de la ilusión, hasta que despertemos en él y nos liberemos de este sueño.

Puede parecer que así renunciamos al libre albedrío. Pero el libre albedrío radica en darnos cuenta de que no sabemos qué es mejor para nosotros y en dejarnos *aconsejar*, aunque siempre, en última instancia, somos nosotros los que elegimos.

Ya somos conscientes de muchas cosas, y esto nos empuja a pasar a la acción. Por fin, somos verdaderos creadores de nuestra vida. Ya no juzgamos porque sabemos que por el juicio se paga un precio muy alto. Hasta ahora creíamos que los juicios no iban a ninguna parte. Gracias a la física de la consciencia, hoy sabemos que todo es energía y que esta acaba tomando forma en algún lugar. Y muchas veces ese lugar es nuestro propio cuerpo; nuestras creencias y juicios convergen en él.

Llevamos eones juzgando, y ello nos hace percibir el tiempo como lineal; aplicar el *Perdón* en nuestra vida nos ahorra tiempo y sufrimientos.

Tomemos conciencia de que la sanación está en nuestras manos. Como dice el *Curso*, nuestra mente está tan atrapada en la creencia en la enfermedad que exponernos a un milagro de curación nos produce miedo. Somos libres de recurrir a cuantos principios mágicos queramos, pero no olvidemos que la curación está en nuestra mente.

Es una alegría saber que nuestros problemas y sus soluciones están en el mismo lugar: en la mente. Por eso, es tan importante sanar la percepción. Quizás sea lo más importante, pues nuestra mente crea constantemente la realidad y, si la mente está enferma, ¿cuál va a ser nuestra experiencia?

La respuesta es muy simple: dolor, sufrimiento, escasez y enfermedad.

¡Sanemos!

Enric Corbera

INDICE DE REFERENCIAS

PREFACIO

1. Prefacio.xiv.§3
2. T-31.V.7:1-7
3. L.in.1:3

INTRODUCCIÓN

1. T-1.II.6:7
2. L-ep.1:1,3:1-3
3. T-21.in.1:1
4. T-7.V.7:5-6

HAY VERDADES QUE VAN MÁS ALLÁ DE LAS VERDADES ESTABLECIDAS

1. Bohr, Niels, «Discussion with Einstein on Epistemological Problems in Atomic Physics», en Einstein, Albert, Philosopher-Scientist, Peru, Illinois, Schilpp, 1949, p. 20. Información extraída del libro de Braden, Gregg, La verdad profunda, Sirio, Barcelona, 2012.
2. Braden, Gregg, La verdad profunda, Sirio, Barcelona, 2012, p. 207. Edición original de 2011 publicada por Hay House Inc.
3. Ibídem, p. 209.
4. Caprice, Alice (ed.), The Expanded Quotable Einstein, Princeton, New Jersey, Princeton University

Press, 2000, p. 220. Información extraída del libro de Braden, Gregg, op. cit., p. 211.

5. Braden, Gregg, op. cit., p. 198.
6. Ibídem, p. 209.
7. Se llama *materia oscura* a la mayor parte de la masa en el universo de composición desconocida, que no emite o refleja suficiente radiación electromagnética para ser captada directamente con los medios técnicos actuales.
8. http://www.cienciapopular.com/n/Astronomía/El Universo Oscuro/El Universo Oscuro.php
9. T-12.VIII.3:1
10. Prefacio.xiii.§3,5

HABLEMOS DE LA SOMBRA, ESA GRAN DESCONOCIDA

1. Sanfor, John A., "Lo que sabe la sombra", p. 1, en Zweig, Connie y Abrams, Jeremiah (ed.), Encuentro con la Sombra, Kairós, Barcelona, 1991.
2. Ibídem, p. 1.
3. Wilber, Ken, La conciencia sin fronteras, Kairós, Barcelona, 1999, p. 130.
4. Sanfor, John A., «¿Qué es la sombra?», en op. cit.
5. T-29.I.8:5
6. T-6.II.2:1
7. T-6.II.3:3
8. Wilber, Ken, op. cit.
9. Prefacio.xiii.§3
10. Prefacio.xiii.§4
11. Prefacio.xiii.§5
12. Prefacio.xiv.§2
13. Congen, John P., «El cuerpo como sombra», p.1., en op. cit.

14. Pierracos, John C., La anatomía del mal, Kairós, Barcelona, 1991, cap. 13, p. 1.
15. T-19.I.16:4-5
16. Corbera, Enric, El observador en Bioneuroemoción, El Grano de Mostaza Ediciones, Barcelona, 2015.
17. Miller, Patrick, Vive el milagro, El Grano de Mostaza Ediciones, Barcelona, 2013.

MENTE ERRÓNEA – MENTE RECTA

1. T-13.in.2:2-11
2. T-1.VI.2:1
3. Prefacio.xiv.§3
4. Aristóteles, 360 a. C., «Revolución del alma», en Pensamientos filosóficos, http://site/victorhugolmosolalde/home/pensamientos-filosóficos
5. Prefacio.xiv.§4
6. Prefacio.xv.§3
7. T-12.III.10:1
8. Moscoso, Manolete, «De la mente a la célula: impacto del estrés en psiconeuroinmunoendocrinología», en Revista peruana de Psicología, 2009.
9. T-2.I.5:10-11
10. T-2.IV.2:6
11. T-2.III.3:6
12. T-2.IV.2:8
13. T-2.VI.9:8
14. T-2.VI.2:5-6
15. T-2.VI.4:6
16. T-2.VI.9:13-14
17. Renard, Gary R., La desaparición del universo, El Grano de Mostaza Ediciones, Barcelona, 2010, pp. 45 y 339.

LA DUALIDAD FRENTE A LA NO DUALIDAD

1. De Mello, Anthony, El canto del pájaro, Sal terrae, Bilbao, 2015.
2. T-3.VI.2:7
3. T-13.in.3:1
4. T-2.IV.3:10-11
5. T-3.VII.6:1-3
6. Wapnick, Kenneth, El mensaje de *Un curso de milagros*, El Grano de Mostaza Ediciones, Barcelona, 2011, p. 367.
7. T-2.VI.2:7-8
8. T-2.VI.9:8
9. T-25.I.5:5-6

EN BUSCA DE LA PERCEPCIÓN INOCENTE

1. T-3.III.1:2
2. T-3-IV.2:1-2
3. T-3.IV.5:3
4. T-3.IV.6:1
5. T-3.VII.5:1
6. T-3.VI.2:7
7. T-3.VI.1:4
8. T-3.VI.2:12

HABLEMOS DEL ESPÍRITU SANTO

1. Marchand, Alexander, El universo es un sueño, El Grano de Mostaza Ediciones, Barcelona, 2011, p. 31.
2. T-9.I.1:1
3. T-5.V.1:3
4. T-5.V.3:6-7

5. Hawkins, David R., Dejar ir, El Grano de Mostaza Ediciones, Barcelona, 2014.
6. Renard, Gary R., Tu realidad inmortal, El Grano de Mostaza Ediciones, Barcelona, 2009, p. 288.
7. T-5.II.8:1
8. T-5.II.6:5-7
9. T-5.III.10:1-2
10. T-5.IV.4:4-5
11. T-5.VII.1:4
12. T-5.VII.6:5
13. M-5.III.2:1-2,4,6-10,3:4

LA DINÁMICA DEL EGO

1. Wapnick, Kenneth, El mensaje de *Un curso de milagros*, El Grano de Mostaza Ediciones, Barcelona, 2011, p. 483.
2. T-12.I.6:10
3. T-12.I.7:1
4. T-4.IV.5:5
5. T-4.VI.3:8-9
6. T-21.II.3:1
7. T-21.II.3:2
8. T-21.II.6:4
9. Wapnick, Kenneth, op. cit., p. 487.
10. T-7.VII.5:1-2
11. T-4.IV.9:6
12. T-7.VII.11:1
13. T-13.VIII.11:5-6,12:1-2,4-7,13:1-2

PROYECCIÓN FRENTE A EXTENSIÓN

1. T-16.II.9:1-2
2. T-4.VII.8:8

3. T-6.IV.10:1
4. T-6.II.2:1-2
5. T-6.II.3:1-3
6. T-6.II.3:5-6
7. Zohar, Danah, The Quantum self, Bloomsbury Publishing PLC, London, 1990.
8. «Parental olfatory experience influences behavior and neural structure in subsequent generations».
9. Saez, Cristina, «Emociones desde el útero», La Vanguardia, 9 de febrero de 2012.
10. T-6.II.4:3-4
11. T-6.II.5:1-2
12. T-6.II.9:1-7
13. T-6.II.12:1-3
14. T-6.I.3:1-2
15. T-6.V.A.3:2-3
16. T-6.V.A.3:4
17. T-6.V.A.5:5
18. T-6.V.B.9:2
19. T-6.V.C.4:4,6
20. T-6.V.C.10:1,4,9

LA ENFERMEDAD

1. T-23.in.1:5-6
2. T-5.VI.8:3
3. T-15.VII.2:1-2,5
4. T-15.VII.9:1,6:2
5. T-15.X.5:7-9
6. Renard, Gary R., La desaparición del universo, El Grano de Mostaza Ediciones, Barcelona, 2010.
7. T-17.III.10
8. T-16.I1:2
9. T-16.I.1:5

10. T-16.I.1:1-2
11. T-16.I.2:1
12. T-16.I.2:5
13. T-16.I.4:6-7
14. T-10.in.1:2-4
15. T-5.III.11:2-3
16. T-5.III.8:7-8
17. T-10.III.6:5
18. «Introducción» en Zweig, Connie y Abrams, Jeremiah (ed.), Encuentro con la sombra, Kairós, Barcelona, 1991.
19. T-6.in.1:3,7
20. T-6.I.3:1-2
21. T-6.I:1,6
22. T-6.I.19:2
23. T-6.III.3:7
24. T-10.V.2:2-4
25. Renard, Gary R., op. cit., p. 437.
26. T-10.V.12:1-3
27. T-10.V.9:9-11
28. Renard, Gary R. op. cit., p. 85.
29. T-23.IV.1:7-11
30. T-23.I.3:3
31. T-8.VII.7:4-5
32. T-23.II.2:5
33. T-23.III.1:1-9
34. T-23.III.6:9-12
35. T-23.II.9:4
36. T-23.IV.3:3
37. T-23.IV.6:5-6

¿DÓNDE ESTÁ LA ABUNDANCIA?

1. «¿Qué te parece esta reflexión de Aristóteles?», http://mx.answers.yahoo.com/question/index?qid=20090605162532AABN2Eu, consulta realizada el 30 de mayo de 2011.
2. T-21.II.3:1-2
3. T-21.II.3:6-4
4. T-7.VIII.2:6,3:2-9
5. T-7.II.3:1
6. T-7.VIII.1:6-11
7. T-19.IV.D.i.18:1-3
8. T-19.IV.D.i.20:5-7
9. T-7.V.10:6
10. T-3.VI.11:8

LOS ÍDOLOS DE LA ENFERMEDAD

1. T-10.in.1:1
2. T-10.in.1:2
3. T-10.in.2:4-7
4. T-13.VII.11:1,5-6
5. T-13.VII.12:1-7a
6. T-13.VII.13:1-2
7. T-13.IV.9:7
8. T-10.III.4:4
9. T-10.II.5:1-2
10. T-10.III.6:3
11. T-10.IV.6:1
12. T-10.V.1:3
13. T-10.V.2:1-3
14. T-10.V.2:4-5
15. T-4.in.1:1-3
16. Rom.7:19

17. T-12.II.1:5
18. T-3.VI.4:4
19. T-7.VIII.6:1
20. T-5.V.1:4-5
21. T-2.VI.3:4
22. L-pI.71.2:1-5
23. T-6.V.B.2
24. Carey, Nessa, La revolución epigenética, Biblioteca Buridán, Barcelona, 2013, p. 18.
25. T-8.IV.8:3-4
26. T-12.I.6:10
27. T-12.I.7:1-2
28. T-12.II.1:2

CÓMO ENCONTRARSE A UNO MISMO

1. L-in.1:3
2. T-2.VI.2:5-6
3. T-2.VI.9:5-8
4. T-3.VI.2:10-11
5. T-3.III.2:9
6. T-7.VII.3:9
7. T-12.I.5:1
8. T-12.III.10:1
9. T-31.VII.9:2-3
10. T-8.III.4:1-5
11. T-8.III.5:3-7
12. T-9.VII.1:1-5

SOLO TÚ PUEDES PRIVARTE A TI MISMO

1. T-22.VI.8:1-3
2. T-13.in.2:2-11
3. T-13.in.3:1-3

4. T-11.IV.5:3
5. T-17.VI.6:4-5
6. T-25.VII.11:1-2
7. T-27.I.3:1
8. T-9.I.1:4-5
9. T-9.I.7:1
10. T-9.I.10:1-2
11. T-24.VII.8:8-10
12. T-24.IV.3:1-2
13. T-9.II.7:6-8
14. T-9.II.11:1-6
15. T-9.II.12:1-2

INVERSIÓN CAUSA – EFECTO

1. T-5.IV.7:2
2. T-28.I.2:7-9
3. T-28.I.5:1-3
4. T-28.I.5:6
5. T-28.I.6:6
6. T-28.I.9:1
7. T-28.I.9:4-6
8. T-28.I.7:3
9. T-28.II.1:1-6
10. T-28.II.4:2-3
11. T-28.II.6:7-8
12. T-28.II.7:1-5
13. T-28.II.11:1-4
14. T-28.II.12:5
15. T-29.VI.1:1-2

LAS RELACIONES ESPECIALES

1. T-16.I.1:2

2. T-16.I.2:1
3. T-16.I.2:5a
4. T-16.IV.4:5-7
5. T-16.IV.6:5
6. T-16.V.3:4-6
7. T-16.V.4:3
8. T-16.V.9:2
9. T-16.V.8:3
10. T-16.V.9:2
11. T-16.VI.2:1-3
12. L-pI.21.2:3-5
13. T-24.I.3:5
14. T-24.I.4:4
15. T-24.II.9:3
16. T-24.III.4:4
17. T-24.III.2
18. T-15.VII.9:1-3
19. T-15.VII.10:1-3
20. T-15.X.5:6
21. T-15.X.5:7-8
22. T-15.X.5:9
23. T-15.X.8:1
24. T-15.XI.4:1-3
25. T-16.II.9:1-2
26. T-16.VI.12:1
27. T-15.VI.6:9
28. T-27.IV.6:9
29. L-pI.135.11:1-3
30. L-pI.135.15:1
31. L-pI.135.16:1-2
32. L-pI.135.23:2-3
33. T-17.III.10
34. T-17.VII.5:1

EL VERDADERO PODER

1. T-12.VII.9:1-2
2. De Mello, Anthony, Autoliberación interior, Editorial Lumen, Barcelona, 2004.
3. T-27.I.4:6
4. T-29.VII.1:1
5. T-29.VII.2:1,3:1
6. T-29.VII.6:1
7. T-29.VIII.2:4-5
8. T-16.II.3:3
9. Bohm, David, «La totalidad y el orden implicado», en el simposio Ciencia con conciencia, 22 de noviembre de 2008.
10. https://www.heartmath.org/articles-of-the-heart/the-math-of-heartmath/heart-brain-interactions/

EL TIEMPO ES HOLOGRÁFICO

1. T-2.VIII.2:7
2. Talbot, Michael, El universo holográfico, Palmyra, Barcelona, 2007, p. 23.
3. Corbera, Enric, El observador en bioneuroemoción, Sincronía, Madrid, 2013, p. 6.
4. L-pI.158.4:1
5. T-27.VII.8:1-3
6. T-26.V.6:1-2
7. T-5.II.6:5-7
8. Renard, Gary, R., La desaparición del universo, El Grano de Mostaza Ediciones, Barcelona, 2010.
9. T-28.I.9:4-6
10. McTaggart, Lynne, El experimento de la intención, Sirio, Barcelona, 2009, 3ª ed., p. 16.

11. Zammatteo, Nathalie, El impacto de las emociones en el ADN, Obelisco, Barcelona, 2015.
12. T-5.VII.6:5
13. McTagart, Lynne, op. cit., p. 254.
14. Ibídem, p. 255.
15. Ibídem, pp. 255-256.
16. T-15.I.1:1
17. T-15.I.8:3-5,9:5
18. T-15.II.1:7
19. McTaggart, Lynne, op. cit., pp. 256-257.
20. T-15.V.1:1-4
21. T-15.V.9:3
22. T-5.I.5:4
23. T-5.III.3
24. T-5.III.11:3
25. T-5.V.5:1-2
26. T-21.VII.8:4-5
27. T-21.VII.9:4
28. T-25.III.9:8-9

SANAR LA PERCEPCIÓN

1. T-21.V.1:1-2
2. T-21.V.1:7
3. T-21.V.1:9-10
4. http://www.scientificpsychic.com
5. T-21.V.8:1
6. http://www.bioneuroemocion.com
7. T-28.IV.1:1
8. T-28.IV.2:1-2
9. T-28.V.2:1
10. T-21.II.2:3-5
11. T-3.II.6:5

LA MENTE CUÁNTICA

1. T-3.VI.1:4,2:1
2. T-21.VI.3:1
3. T-21.VIII.1:1-2
4. T-21.VI.5:1
5. T-21.VI.7:1-2
6. McTaggart, Lynne, El experimento de la intención, Sirio, Barcelona, 2009, 3ª ed., p. 46.
7. Ibídem, p. 48.
8. Ibídem, p. 49.
9. T-25.III.1:3
10. T-31.III.6:1-2
11. T-7.V.10:6
12. T-11.VI.1:1
13. T-11.V.18:3-4
14. McTaggart, Lynne, op. cit.
15. T-25.I.3:1-4
16. «Solución líneas temporales», Wikipedia.
17. T-27.IV.1:1
18. T-27.IV.2:1
19. T-27.III.3
20. T-27.III.7:6-7
21. L-pI.135.11:1-2
22. L-pI.47.7:4-6
23. T-18.VII.7:6-9,8
24. «La ciencia del corazón. Ciencia y conciencia». Entrevista a Howard Martin, realizada por Francesc Príms.
25. T-2.III.5:1-2
26. T-4.VII.8:8

EL PERDÓN

1. Hawkins, David, R., Dejar ir, El Grano de Mostaza Ediciones, Barcelona, 2014, pp. 33 a 35.
2. T-18.VII.4:3-11,5
3. T-15.X.2:5-6
4. T-15.X.5:9
5. T-15.X,8:1
6. T-15.XI.4:1
7. T-15.XI.4:3
8. T-15.VII.6:1-2
9. T-27.II.12:1
10. T-27.II.14:1-4
11. T-27.II.16:1
12. T-9.IV.1:2
13. T-29.VI.2:14
14. Renard, Gary R., Tu realidad inmortal, El Grano de Mostaza Ediciones, Barcelona, 2009, p. 264.
15. Ibídem, p. 265.

NUESTROS PROGRAMAS INCONSCIENTES

1. T-3.IV.2:1-2
2. Robertson, Robin, Introducción a la psicología junguiana, Obelisco, Barcelona, 2011, 3ª ed., p. 31.
3. Romero, Federico, «¿Qué es un egregor y cómo se puede identificar?», http://www.monossabios.com/21_feb_08_federico_romero_que_es_un_Egregor_.html, consulta realizada el 22 de junio de 2013.
4. Jung, Carl G., El hombre redescubriendo su alma.
5. Palabras de Pursah, en Renard, Gary R., Las vidas en las que Jesús y Buda se conocieron, El Grano de Mostaza Ediciones, Barcelona, 2017.

6. Wapnick, Kenneth, El final de nuestra huida del amor, El Grano de Mostaza Ediciones, Barcelona, 2018.
7. T-4.in.3:9
8. T-4.I.7:6
9. T-5.in.3:6
10. Palabras de Arten, en Renard, Gary R., Tu realidad inmortal, El Grano de Mostaza Ediciones, Barcelona, 2009, p. 53.

LA SALIDA DE EGIPTO

1. T-26.II.1:3
2. T-26.II.1:5-6
3. T-26.II.2:2-3
4. T-26.II.3:2-3
5. T-26.II.4:2-3
6. T-26.II.7:5
7. T-26.IV.1:1
8. T-26.X.3:2-3
9. T-26.X.4:1
10. T-26.X.3:4
11. T-26.III.2:1,3:2
12. T-26.III.3:6
13. T-26.VII.

EL DESPERTAR

1. T-5.in.3:6
2. T-5.III.11:3
3. Renard, Gary R., Tu realidad inmortal, El Grano de Mostaza Ediciones, Barcelona, 2009, p. 118.
4. T-6.I.4:3
5. Albert Einstein

6. T-29.IV.4:1
7. T-29.IV.5:1
8. Prefacio.xiii.§5
9. T-18.II.6:3
10. T-18.V.4:1
11. T-29.V.7:1
12. T-27.VI.1:3-4
13. T-28.II.11:1-2
14. T-29.IX.2:5
15. L-pI.132.6:2-3
16. T-18.VI.9:1-2
17. Renard, Gary R., op. cit., p. 118.
18. Ibídem, p. 58.

EL NUEVO COMIENZO

1. T-30.I.11:4
2. T-30.I.15:2
3. T-30.I.16:2
4. T-30.I.17:1
5. T-30.II.3:3
6. T-30.III.7:1-2
7. T-30.III.10:3
8. T-28.V.3:1-2
9. T-30.V.1:6
10. T-30.VI.2:3-6
11. T-30.VI.6:1-2
12. T-12.VII.12:4
13. T-13.in.1:4
14. T-12.I.1:4-6
15. T-27.VIII.10:1

EL ARTE DE DESAPRENDER

1. T-15.IV.2:6
2. T-31.V.14:1-3
3. T-31.IV.4:3
4. T-31.IV.8:3-4
5. T-31.VI.2:1-2
6. T-31.VIII.5:1-4

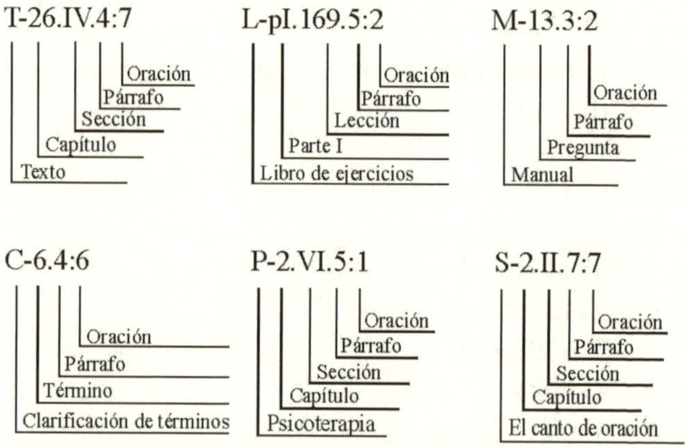

Nota: Esquema de Foundation for A COURSE IN MIRACLES® para leer las referencias del *Curso*

ÍNDICE DE CAPÍTULOS